U0909609

历史文化中的超级女性

赵玉君 编著

中国书籍出版社
China Book Press

图书在版编目(CIP)数据

历史文化中的超级女性/赵玉君编著．—北京:中国书籍出版社,2012.9

ISBN 978-7-5068-3108-6

Ⅰ.①历…　Ⅱ.①赵…　Ⅲ.①女性—人物研究—中国　Ⅳ.①K828.5

中国版本图书馆CIP数据核字(2012)第209177号

责任编辑/ 胡海涛
责任印制/ 孙马飞　张智勇
封面设计/ 中联学林
出版发行/ 中国书籍出版社
地　　址: 北京市丰台区三路居路97号(邮编:100073)
电　　话: (010)52257143(总编室)　(010)52257153(发行部)
电子邮箱: chinabp@vip.sina.com
经　　销/ 全国新华书店
印　　刷/ 三河市华东印刷有限公司
开　　本/ 710毫米×1000毫米　1/16
印　　张/ 16
字　　数/ 278千字
版　　次/ 2013年4月第1版　2013年4月第1次印刷
书　　号/ ISBN 978-7-5068-3108-6
定　　价/ 39.00元

前　言

在中国古代历史的巨幅画卷中，女性人物以她们各自独具的特色，挥洒下多姿多态、绚丽缤纷的浓墨重彩。无论是炼石补天、捏泥造人的女娲，还是断杼教子、为子三迁的孟母；不论是活跃在风云多变的政治舞台上的精英们，还是浸润在诗词歌赋的轻歌曼语里的才女们；不管是为了国家大义而驰骋疆场、为了民族和睦而舍生忘死的巾帼英杰，抑或是为了追求真情大爱而坚持坚守、至死不渝的性情女子；及至那些给这幅艳丽的图画涂上不和谐污点的恶毒女性们，她们都在上下五千年的历史洪流中，依然醒目地伫立在我们面前，一任世人的或赞叹、或感叹、或慨叹、或唾弃。

关于这些女性们的事迹和故事，从来就没有被忽略或遗忘过，那些专注历史研究的学者们，对这些女性们的生平、事迹和功过，不厌其烦地进行了深入细致的挖掘和剖析；那些擅长文学描写的文人们，则用他们的生花妙笔，对这些女性的方方面面进行了生发与演绎，使她们的形象更加饱满活泼灵动起来。历史与文学双管齐下，真实与虚幻交相辉映，让我们多角度全方位地透视了这些影响了中国几千年历史的非凡女性们。

本书正是在这样厚实的基础上，以尊重历史为前提，对各个时代各个领域具有重大影响的女性们一一加以梳理，汲取了各家对这些女性研究中最具真实性、合理性、故事性的成分，兼具了趣味性和可读性的特征，编辑成册，以期让那些对如此重要的女性们还不甚了解或了解不多的人们，有一个清晰的认识——因为将这些女性们从千秋各具中提取共性分类而述，并对她们的生平、事迹、成就及相关故事与传说等标题而设，是本书最大也最具新意的特点。

感谢无数文人学者的努力，他们的成就让我们的编写工作变得容易许多；同样不能忽略了本书编写者的勤勉，才使该书材料翔实、故事生动、条理清晰、言简意赅。相信本书会成为广大关心女性命运的历史爱好者和青少年们的必读之作。

本书的编写得到山东中医药高等专科学校丁玉波老师和青岛农业大学图书馆王颖老师的大力协助，特表谢意。

由于编者水平有限，编写时间过于仓促，文中难免有疏漏之处，还望得到同行专家的批评指正。

编　者

目　录
CONTENTS

一、开创历史的伟大女性

1. 女娲

【生平考略】女娲,上古时代人,姓风,亦称娲皇、女娲娘娘。她是伏羲的妹妹,生于古成纪(今甘肃秦安县),主要活动于黄土高原。她的陵寝位于山西洪洞县赵城镇东的侯村。女娲陵的存在时间可能在三四千年以上,同黄帝陵一样,也是中国古代皇帝祭奠的庙宇。当地在每年农历三月初十前后,均举行长达7天的大型庙会和祭祀活动。关于女娲有很多的神话传说,但无论哪一种,女娲都是中华民族伟大的创世神和始祖神。

【神话传说】传说女娲与伏羲是兄妹,她与伏羲结婚而产生人类,后来女娲禁止兄妹相婚,这反映了中国原始时代由血缘婚进步到族外婚的情况。又传说女娲用黄土仿照自己造成了人,创造了人类社会。还有传说自然界发生了一场特大灾害,天塌地陷,猛禽恶兽都出来残害百姓,女娲熔炼五色石来修补苍天,并杀死恶兽猛禽。另传说女娲制造了一种叫笙簧的乐器,于是人们又奉女娲是音乐女神。《风俗通义》记载她替人类建立了婚姻制度,使青年男女相互婚配,繁衍后代,因此被传为婚姻女神。很多关于女娲的传说一直流传至今,影响甚为广泛深远。至今中国云南的苗族、侗族还将女娲作为本民族的始祖加以崇拜。

女娲造人:《太平御览》记载:女娲在造人之前,于正月初一创造出鸡,初二创造狗,初三创造羊,初四创造猪,初六创造马,初七这一天,女娲用黄土和水,仿照自己的样子造出了一个个小泥人,她造了一批又一批,觉得太慢,于是用一根藤条,沾满泥浆,挥舞起来,一点一点地泥浆洒在地上,都变成了人。为了让人类永远流传下去,她创造了嫁娶之礼,自己充当媒人,让人们懂得造人的方法,凭自己的力量传宗接代。

另一种传说《独异志》说的是:女娲与伏羲为兄妹。当宇宙初开时,天地之间只有他们兄妹二人,再无其他人类。在昆仑山下,两人相议想结为夫妻,又自觉羞耻。兄即与妹上昆仑山,咒曰:天若同意我兄妹二人为夫妻,请您将天上的云都合成一团,要不就把云散了吧。只见天上的云立即合起来,他们俩就成了夫妻,中华民族都是他们俩的子孙后代。

女娲补天:女娲补天是三晋大地影响最广泛的神话。这个神话出自《淮南子·览冥篇》,全文如下:

往古之时,四极废,九州裂,天不兼覆,地不周载;火爁炎而不灭,水浩洋而不息;猛兽食颛民,鸷鸟攫老弱。于是女娲炼五色石以补苍天,断鳌足以立四极,杀黑龙以济冀州,积芦灰以止淫水。苍天补,四极正;淫水涸,冀州平;狡虫死,颛民生;背方州,抱圆天。

在洪荒时代,水神共工和火神祝融因故吵架而大打出手,最后祝融打败了共工,水神共工因打输而羞愤地朝西方的不周山撞去,哪知不周山是撑天的柱子,不周山崩裂了,支撑天地之间的大柱断折了,天倒下了半边,出现了一个大窟窿,地也陷成一道道大裂纹,山林烧起了大火,洪水从地底下喷涌出来,龙蛇猛兽也出来吞食众生。人类面临着空前大灾难。

女娲目睹人类遭到如此奇祸,感到无比痛苦,于是决心补天,以终止这场灾难。她选用各种各样的五色石子,架起火将它们熔化成浆,用石浆将残缺的天窟窿填好,随后又斩下一只大龟的四脚,当做四根柱子把倒塌的半边天支起来。女娲还擒杀了残害人民的黑龙,刹住了龙蛇的嚣张气焰。最后为了堵住洪水不再漫流,女娲还收集了大量芦草,把它们烧成灰,埋塞向四处铺开的洪流。

经过女娲一番辛劳整治,苍天总算补上了,地填平了,水止住了,龙蛇猛兽敛迹了,人民又重新过着安乐的生活。但是这场特大的灾祸毕竟留下了痕迹。从此天还是有些向西北倾斜,因此太阳、月亮和众星辰都很自然地归向西方,又因为地向东南倾斜,所以一切江河都往那里汇流。当天空出现彩虹的时候,就是我们伟大的女娲的补天神石的眩光。

【女娲文化】女娲是中华民族的共同人文始祖,是中华民族伟大的母亲。女娲文化源远流长,博大精深,内容丰富,是史前文明和中华民族优秀的传统文化,也是已经开展的中国史前文明探源的重要研究对象。《楚辞·天问》、《礼记》、《史记》、《山海经·大荒西经》、《淮南子·览冥训》、清朝嘉庆《涉县志》等史料都有关于女娲的记载。根据记载,始祖女娲就是在涉县的古中皇山上抟土造人、炼石补天的。女娲的故事脍炙人口、流传广泛，在整个古文化系列中占有重要地位。它是人类发展史和民俗研究的重要组成部分，其价值一是有突出的历史文化研究价值，是传承华夏文明和民族精神的重要史料；二是具有实现民族大融合、增强民族凝聚力、构建和谐社会的重要作用；三是对增强创业精神、充实中华民族文化宝库、促进文化交流具有重要作用；四是体现了奇特的民间、民俗文化现象，对人生礼仪、人类生存、文化传承具有深远的历史意义。

2. 嫘祖

【生平考略】嫘祖，或曰累祖，又名雷祖。上古时人，据说嫘祖为西陵氏之女（今河南西平县西），一说嫘祖诞生于5000年前的古西陵国（即今四川省盐亭县金鸡镇青龙山嫘祖穴），和炎黄二帝同一时期，是传说中的北方部落首领轩辕黄帝的正妃。她与黄帝生了玄嚣、昌意两个儿子，而夏、商、周三世帝王，春秋十二诸侯以及战国七雄的祖先均为黄帝与嫘祖的血系，跟他们是一脉相承的。传说是嫘祖兴起“八拜成婚”，倡导男30而婚，女20而嫁的文明婚姻礼俗，为此嫘祖被誉称为“婚姻文明”的创始者。嫘祖还是我国伟大的丝绸发明家，她首创种桑养蚕的方法，抽丝编绢的技术，因此被尊为先蚕，或“嫘祖始蚕”、“蚕丝鼻祖”。嫘祖在和黄帝巡视天下时，病逝于途中，黄帝谥她为“祖神”。

【主要事迹】相传少年时的嫘祖便显现出与众不同的聪慧。有一天，她在摘桑葚时，偶然发现桑虫结的黄茧，就摘来含在口中玩耍，由于唾液浸泡加热溶解了胶质，嫘祖无意中顺手理出了茧中的丝线。用手一扯，还挺结实的，不像蜘蛛丝那样容易折断。聪明的嫘祖顿时产生编织蚕丝来代替兽皮树叶做衣服的想法。于是，她就将野桑茧变为家养，发明了一些缫丝的工具，实现了她用丝绸做衣服的梦想。从此，开启了西陵部落衣着文明的时代，结束了穿树叶、披兽皮的生活方式。此后，年轻的嫘祖因为发明丝帛而称雄西陵，受到黄帝的仰慕，与黄帝联盟联姻，巡行天下，教民养蚕，普及蚕桑丝绸文化。嫘祖因为辅佐黄帝统一中原，奠立国基，因此被称为母。

【历史功绩】嫘祖开创了人类社会的文明，首创育桑养蚕、抽丝织绢之术，肇造衣饰文明，表现了嫘祖的聪颖及与大自然搏斗中的种种艰苦奋斗的创业精神，也反映了她对人类从愚昧走向文明所做出的巨大贡献。其次嫘祖从为人类抽丝制衣开端，又首倡嫁娶相媒，在部落战争中与轩辕黄帝结为百年之好，开族外通婚之先河，是“婚姻文明”的创始者。为此，嫘祖作为人文母祖，开创人类文明的第一位女性,也毫无疑问的是世世代代妇女们首先应该学习的光辉的典范。

【神话传说】黄帝战胜蚩尤后,建立了部落联盟,黄帝被推选为部落联盟首领。他带领大家发展生产,种五谷,驯养动物,冶炼铜铁,制造生产工具,而做衣冠的事,就交给正妃嫘祖了。在做衣冠的过程中,嫘祖和黄帝手下的另外三个人作了具体分工:胡巢负责做帽子,伯余负责做衣服,于则负责做鞋,而嫘祖则负责提供原料。她经常带领妇女上山剥树皮,织麻网,她们还把男人们猎获的各种野兽的皮毛剥下来,进行加工。不久,各部落的大小首领都穿上了衣服和鞋,戴上了帽子。可嫘祖因为劳累过度而病倒了。她不想吃饭,一天天地消瘦下来。大家焦急万分、坐卧不安。守护在嫘祖身边的几个女子想了各种办法,做了好多嫘祖平时爱吃的东西。谁知嫘祖一看,毫无食欲。

有一天,这几个女人悄悄商量,决定上山摘些野果回来给嫘祖吃。她们一早就进山,跑遍了山山峁峁,摘了许多果子,可是用口一尝,不是涩的,便是酸的,都不可口。直到天快黑了,突然在一片桑树林里发现满树结着白色的小果。她们以为找到了好鲜果,就忙着去摘,谁也没顾得尝一小口。等各人把筐子摘满后,天已渐渐黑了,就匆匆忙忙下山。回来后,这些女子尝了尝白色小果,没有什么味道;又用牙咬了咬,怎么也咬不烂。大家你看我,我看你,谁也不知道是什么果子。正在这时,造船的共鼓走过来,弄清事情的经过后,给她们出了个主意:用水煮。可是煮了好长时间,还是咬不烂。正当大家急得不知该怎么办的时候,有一个女子随手拿起一根木棍,插进锅里乱搅,边搅边说:"看你烂不烂,看你熟不熟!"搅了一阵子,把木棒往出一拉,木棒上缠着很多像头发丝细的白线。这是怎么回事?女子们继续边搅边缠,不大功夫,煮在锅里的白色小果全部变成雪白的细丝线,看上去晶莹夺目,柔软异常。她们把这个稀奇事立即告诉嫘祖。嫘祖是个急性子,不听则罢,一听马上就要去看。这些女子为了不让她走动,便把缠在棒上的细线拿到她身边。嫘祖是个非常聪明的女人,她详细看了缠在木棒上的细丝线,又询问了白色小果是从什么山上、什么树上摘的,然后她高兴地对周围女子说:"这不是果子,不能吃,但却有大用处。你们为黄帝立下一大功。"

说也怪,嫘祖自从看了这白色丝线后,天天都提起这件事,病情也一天比一天减轻,开始想吃东西了。不久,她的病就全好了。她不顾黄帝劝阻,亲自带领妇女上山要看个究竟,嫘祖在桑树林里观察了好几天,才弄清这种白色小果,是一种虫子口吐细丝绕织而成的,并非树上的果子。她回来就把此事报告黄帝,并要求黄帝下令保护桥国山上所有的桑树林。黄帝同意了。

从此,在嫘祖的倡导下,开始了栽桑养蚕的历史。后世人为了纪念嫘祖,就将她尊称为“先蚕娘娘”。

3. 姜嫄

【生平考略】姜嫄,亦作“姜原”,上古时代陕西省武功县人,姓姜,原为炎帝后代有邰氏的女儿,后来成为黄帝曾孙帝喾的元妃,周人始祖后稷(名弃)之母。相传姜嫄踩巨人足迹而生下后稷,后稷成了农神,姜嫄也被后世尊为圣母。今武功县武功镇的南门外有姜嫄圣母墓、圣母祠,在圣母祠的正殿中悬有“母仪邰城”的巨匾,表达了后人对这位生育农神、造福人类的伟大母亲的崇敬和怀念。

【历史功绩】与大量的史前传说人物不同,姜嫄是一个真实存在的人,而且是周人的女祖宗。她生了弃,也就是今天我们大家都知道的“教民稼穑”的后稷。后稷是开创华夏农耕文明的伟大的农艺师,是对华夏民族做出了卓越贡献的人,而这一切都是姜嫄培养、教育的结果。在弃的成长、发展过程中,他的母亲既是启蒙人,又是他的助手和传道者,后稷的丰功伟绩倾注着母亲的心血,可以说是姜嫄与后稷母子俩共同推动了中华农业文明。

【“稷以迹生”的故事】相传上古帝王帝喾的元妃姜嫄,本为炎帝之后人,为求子到郊外祭天神。看到路上有一上帝留下的巨大的脚印,姜嫄便欣然踩在上面,谁知她刚刚踏进巨人足迹大拇指的地方,就感到身体里有种震动。回家不久,姜嫄就怀孕了。时间很快过去了,到分娩的时候,姜嫄生下一个小男孩。因为他是一个没有爸爸的孩子,姜嫄怕人笑话,就把他丢弃在小巷里。令人惊异的是,马牛等动物见了这个小孩,都绕道而行。姜嫄又把他丢弃在森林里,恰巧这时候有很多人来森林,把他迁出森林。于是姜嫄又把他丢弃到结冰的河上,可是又有成群的飞鸟都来围在这小孩的周围,用羽毛为他保暖。姜嫄见这小孩多次被抛弃却大难不死,最终意识到他将来一定会有出息,于是就改变主意把他抱回家抚养。并取名为弃。弃从小就喜欢种植各种植物,长大以后成了种庄稼的能手。后来帝尧任命他为农官后稷。在他的管理下,天下农业连年丰收。后来人们就把弃视为灶稷神(即庄稼神)。

4. 孟母

【生平考略】孟母(? —前317年),孟子的母亲仉氏,为战国时邹国人,后人通称她为孟母。她幼时聪慧,长大以后有贤德,是一位有见地、善于教子的女性,后人把她与北宋文学家欧阳修的母亲、“精忠报国”岳飞的母亲岳母、晋代名将陶侃的母亲陶母列为母亲的典范,号称中国“四大贤母”,而且位居“贤母”之首。

【主要事迹】相传孟母在怀有孟子时就充分认识到胎教的重要性,《韩诗外传》中记载她的一段话说:“吾怀妊是子,席不正不坐,割不正不食,胎教之也。”孟子出生后仅3岁其父就去世。丈夫死后,孟母下定决心,要凭着自己的双手谋取衣食所需,更要以自己的力量,把独生儿子教养成为一个有用的人。为了让孟子健康成长,孟母三迁居所,为了让孟子读书持之以恒,孟母用“断织”来警喻“辍学”的危害,指出做事半途而废的后果是十分严重的。更重要的是孟母教育儿子做人要诚实,所谓“言必行,行必果。”当孟家还在庙户营村市集旁居住时,东邻有人杀猪,孟子不解地问母亲:“邻家杀猪干什么?”孟母当时正忙,便随口漫应:“给你吃!”孟子十分高兴等待食肉,孟母为了不失信于儿子,忍痛在捉襟见肘的生活费中,拿出一些钱买了一块肉,让儿子吃了个痛快。孟母一生操劳,对儿子的教育可以说是无微不至,即使在孟子成亲之后,也是孟母对他晓以夫妇之道也须用礼仪相处。在母亲的教育关怀下,孟子得以与妻子和睦生活。

春秋战国时代,学术蓬勃发展,诸子百家争奇斗胜,使人眼花缭乱,不知如何选择才好,然而孟母有自己的主张,她无视于老庄的玄虚,不屑于杨朱的功利,唯独醉心于孔子的忠恕之道,亲自寻寻觅觅,终于在孔门诸子中为孟子找到启蒙老师——孔子的孙子孔极。孟子十五岁时,在母亲的鼓励下,由邹城来到了曲阜,接受到儒学的精髓。从此孟子在子思门下埋头读书五年,学问德业,突飞猛进,终于继承了孔子的衣钵,成为后世儒家追慕向往的亚圣。

孟子成就了自己的儒家学业后,又是在孟母的激励下为实现自己的政治抱负而周游列国,正当孟子大力施展自己的政治才能,并且受到了空前的尊敬与欢迎时,孟母却一瞑不视。在孟母归葬故乡时,过去的乡邻争相在路旁祭奠,极尽哀思。如今在山东省邹城县北二十里的马鞍山麓,还留有古柏森森的孟母墓,历代都有石刻颂扬她的坚贞志节与慈母风范,并建有孟母祠。

【历史影响】孟母教子的影响颇为深远,早在西汉时期韩婴的《韩诗外传》

中,就用有关孟母的故事来解释诗义,刘向的《列女传》中,首次出现了“孟母”这个专用名词。东汉女史学家班昭曾作《孟母颂》,西晋女文学家左芬也作《孟母赞》。南宋时的启蒙课本《三字经》引证的第一个典故就是“昔孟母,择邻处,子不学,断机杼”,这一普及于封建社会后期的启蒙读物虽经明、清学者陆续修订补充,而孟母三迁、断机教子的故事始终冠于篇首。作为一位伟大的女性,孟母在儿子的整个成长过程中,能够按阶段给予不同形式的教育培养,她是一支蜡烛,燃烧了自己,照亮了儿子。孟轲之所以能成为我国古代的大思想家、儒家的代表人物、被称为亚圣,主要获益于他的母亲。孟母是孟子的第一位老师,母教一人,应该说有了孟母,才有了孟子。她一生克勤克俭,含辛茹苦,坚守志节,抚育儿子,从慎始、励志、敦品、勉学以至于约礼、成金,数十年如一日,丝丝入扣,毫不放松,她的教育,既成就了一代亚圣孟子,更为后世的母亲留下一套完整的教子方案,她的教子实践成为中国人的教子圣经,懿范千秋,而她本人也成为典型的模范母亲,名垂千古。

【“孟母教子”的故事】

孟母三迁:讲的是孟母为了教育儿子成才,选择良好的环境,为孟子创造学习条件的故事。早年,孟子一家居住在城北的乡下,他家附近有一块墓地。墓地里,送葬的人忙忙碌碌,每天都有人在这里挖坑掘土。死者的亲人披麻戴孝,哭哭啼啼,吹鼓手吹吹打打,颇为热闹。年幼的孟子,模仿性很强,对这些事情感到很新奇,他看到这些情景,也学着他们的样子,一会儿假装孝子贤孙,哭哭啼啼,一会儿装着吹鼓手的样子。他和邻居的孩子嬉游时,也模仿出殡、送葬时的情景,拿着小铁锹挖土刨坑。孟母一心想使孟子成为好读书、有学问的人,看到儿子的这些怪模样,心里很不好受。因为感到这个环境实在不利于孩子的成长,认为“此非所以居吾子也”,孟母就把家搬到城里。

战国初期,商业已经相当发达,在一些较大的城市里,既有坐商的店铺,也有远来做生意的行商。孟子居住的那条街十分热闹,有卖杂货的,有做陶器的,还有榨油的油坊。孟子住家的西邻是打铁的,东邻是杀猪的。闹市上人来人往,络绎不绝。行商坐贾,高声叫卖,好不热闹。孟子天天在集市上闲逛,对商人的叫卖声最感兴趣,每天都学着他们的样子喊叫喧闹,模仿商人做买卖。孟母又觉得家居闹市对孩子更没有好影响,于是又搬了家。

这次搬到城东的学宫对面。学宫是国家兴办的教育机构,聚集着许多既有学问又懂礼仪的读书人。学宫里书声琅琅,可把孟子吸引住了。他时常跑到学宫门前张望,有时还看到老师带领学生演习周礼(周礼,是周朝的一套祭祀、朝拜、来往的礼节仪式),在这种气氛的熏陶下,孟子也和邻居的孩子们做着演习周礼的游戏。“设俎豆,揖让进退。”不久,孟子就正式进入这所学宫学习礼乐、射御、术数、六艺等经书。孟母非常高兴,便在此地定居下来了。

断机教子:讲的是孟母鼓励孟子读书不要半途而废的故事。孟子具有天生的灵性与慧根,但也有一般幼童共有的贪玩心理。最初孟子对学习很有兴趣,时间一长就厌烦了,经常逃学。孟母知道后问孟子:“你学到什么程度了?”孟子答道:“尚未博学。”孟母不悦,拿起刀来,当着孟子的面把织布机上的经线割断。就在孟子惊愕不解时,孟母说道:“你的废学,就像我割断织布机上的线,这布是一丝一线织起来的,现在割断了线,布就无法织成。君子求学是为了成就功名,博学多问才能增加智慧。你经常逃学怎么能成为有用之才呢?你今天不刻苦读书,而是惰于修身养德,今后就不可以远离祸患,只做一些蝇营狗苟的事,将来不做强盗,也会沦为厮役!”孟母用“断织”来警喻“辍学”,指出做事必须要有恒心,一旦认准目标,就不为外界所干扰而半途而废的后果是十分严重的。“断织喻学”的一幕在孟子小小的心灵中,留下了既惊且惧的深刻印象,孟子从此旦夕勤学,终于成为我国历史上的儒学大师。

孟子出妻:讲的是孟母教育孟子夫妻要以礼相待的故事。古《列女传》中记载:一个夏日的中午,天气异常炎热,孟子的妻子田氏自己在屋里织布,因酷热难耐,就脱掉了上衣。这时,孟子推门而入,见妻子衣衫不整,十分生气,认为妻子有失礼仪,便要休妻。孟母知道后呵斥孟子说:“礼制规定,进门时,要先问谁在屋里;上堂时,要发出声音;进到屋里,目光要向下。这样是为了尊重别人的隐私。而你没有按照礼制的规定去做,自己没先敲门,没出声音,就登堂而入。你要求别人守礼,首先要对别人尊重,是你失礼在先,怎么反而责怪别人呢?”孟母的一番话使孟子心服口服,深感惭愧,不但打消了休妻的念头,并且向妻子赔礼道歉,与妻子和乐相处如初。

5. 黄道婆

【生平考略】黄道婆(约1245—?),又名黄婆,松江府乌泥泾镇(今上海华泾镇)人,元代著名的棉纺织家,对中国古代棉纺业的发展有很大贡献。她出身于贫苦农民家庭,在生活的重压下,十二三岁就被卖给人家当童养媳。黄道婆非常勤劳,她白天下地干活,晚上纺纱织布到深夜,这样,还要经常遭受公婆、丈夫的打骂。有一次,黄道婆因织布时速度慢了一些,公婆、丈夫以此为借口,将她毒打一顿,并锁在柴房里不给她饭吃,不让她睡觉。黄道婆再也忍受不住这种非人的折磨,决心逃出去另寻生路。于是半夜时分,她在房顶上掏了一个洞,逃出来,躲到停靠在黄浦江上的一艘帆船上,后来就随船到了海南岛南端的崖州(即现在的海南崖县)。黄道婆到崖州后,以道观为家,约三十年与黎族姐妹劳动、生活在一起,并跟她们学会了运用制棉工具和织崖州被的方法。

【主要事迹及影响】黄道婆于元代元贞年间(公元1295—1296年)重返故乡,将学得的棉纺技术带回家乡。黄道婆重返故乡时,植棉业已经在长江流域大大普及,但纺织技术仍然很落后,于是她就致力于改革家乡落后的棉纺织生产工具。一方面她毫无保留地把自己精湛的织造技术传授给故乡人民,教家乡妇女学会黎族的棉纺织技术;另一方面她又着手改革出一套赶、弹、纺、织的工具:去籽搅车,弹棉椎弓,三锭脚踏纺纱车……尤其是在纺纱工艺上,黄道婆创造出新式的纺车。当时淞江一带用的都是旧式单锭手摇纺车,功效很低,要三四个人纺纱才能供上一架织布机的需要。黄道婆就跟木工师傅一起,经过反复试验,把用于纺麻的脚踏纺车改成三锭棉纺车,使纺纱效率一下子提高了两三倍,而且操作也很省力。因此这种新式纺车很容易被大家接受,同时在淞江一带很快地被推广开来。黄道婆除了在改革棉纺工具方面做出重要贡献以外,她还把从黎族人民那里学来的织造技术,结合自己的实践经验,总结成一套比较先进的"错纱、配色、综线、絮花"等织造技术、热心向人们传授。因此,当时乌泥泾出产的被、褥、带、帨等棉织物,上有折枝、团凤、棋局、字样等各种美丽的图案,鲜艳如画。一时"乌泥泾被"不胫而走,附近上海、太仓等地竞相仿效。这些纺织品远销各地,很受欢迎,很快淞江一带就成为全国的棉织业中心,历几百年久而不衰。16世纪初,当地农民织出的布,一天就有上万匹。18世纪乃至19世纪,淞江布更远销欧美,获得了很高声誉。当时称淞江布"衣被天下",这伟大的成就凝聚了黄道婆的大量心血。

黄道婆因在棉纺织业方面所做出的突出贡献而为广大乡民所崇敬。在她逝世的时候,大家怀着悲痛心情,纷纷捐资把她安葬在上海县曹行乡。历代松江人民都感念她的恩德,在顺帝至元二年(公元1336年)为她立祠,岁时享祀。后因战乱,祠被毁。至正二十二年(公元1362年),乡人张守中重建并请王逢作诗纪念。明熹宗天启六年(公元1626年),张之象塑造黄道婆像于宁国寺。清嘉庆年间,上海城内渡鹤楼西北小巷立有小庙。黄道婆墓在今上海县华泾镇北面的东湾村,于1957年重新修建并立有石碑。上海的南市区曾有先棉祠,建黄道婆禅院。上海豫园内,有清咸丰时作为布业公所的跋织亭,供奉黄道婆为始祖。

【历史作用】黄道婆的历史功绩首先是对棉纺织技术所做出的巨大贡献。

她把从海南人民那里学来并掌握的织造技术，毫无保留地传授给松江地区的人民。尤其是她发明的先进纺织工具，使当时以棉织业为生的千余家织户产量成倍增长。她所总结出的“错纱配色，丝线絮花”等织布技艺，使松江地区人民能织出宽幅的被、褥、带等多种棉纺织品，并能交织成折枝、团凤、棋局、字样等生动美丽的图案。而“乌泥泾被”成为名闻全国的产品，周边地区都竞相仿效，先进的纺织技术不胫而走，迅速传播开来。所有这一切都是黄道婆一生刻苦学习研究、辛勤劳动实践创新的成果。

其次是黄道婆把自己的经验和创造毫无保留地传授给别人，对推进松江的棉纺织业的快速繁荣与发展起了极大的作用。元朝末年，仅松江一地从事棉纺织业的就有一千多家。所制棉布不仅数量多，而且质量也很高。“布，松江者佳”(《嘉禾志》卷六)，于是松江城的人口迅速增加，商业很快成为全国棉纺织业的中心。

“黄婆婆，黄婆婆，教我纱，教我布，两只筒子两匹布。”流传在上海一带的这首儿歌集中反映了黄道婆对棉纺织技术所做出的巨大贡献，同时也传达出黄道婆这位农家出身的革新家的业绩，将在我国纺织史上永远灿灿发光，流芳千古。

二、笼罩在神话传说中的美丽女神

6. 娥皇与女英

【生平考略】娥皇、女英，上古尧舜时人，又称“皇英”，为上古酋长尧帝的两个女儿，也是位于中国爱情史上开端的两个女人。姐姐叫娥皇，即湘君；妹妹叫女英，即湘夫人。姐妹同嫁帝舜为妻，娥皇封为后，女英封为妃。娥皇无子，女英生商均。

据说尧帝晚年，想物色一个聪明、能干、正直、善良的人接替他的王位，于是四处寻访。他来到妫水（今山西省永济县以南）边的一个小村子，听说村里有个叫舜的小伙子为人忠厚，孝敬父母，很有才干，尧觉得他就是他要找的接替王位的人，于是便把两个女儿嫁给了他。她们在舜家里辛勤劳动，操持家务，尽心尽力侍候公婆，二人全是好媳妇。但是舜的父母和弟弟象阴险毒辣，对舜嫉妒、怨恨，他们曾设下了许多毒计要害死舜。娥皇和女英则凭着她们的智慧，使舜一次次转危为安。

有一次，象来到舜家，叫他去帮助修谷仓。这是他们设下的圈套，想在舜修谷仓的时候放火烧死舜。娥皇、女英姊妹俩早就看穿了他们的诡计，她们让舜穿上了一件五彩斑斓的衣服。舜来到父母家，他在修补谷仓顶的时候，凶残的父母果然撤掉梯子，放了一把火。舜焦急万分，张开手臂向青天呼救。就在他张开手臂露出五彩衣时，五彩衣忽然变成了羽毛，舜立即化作大鸟，在烈火和浓烟中冲上了蓝天。看到这个景象，他的父母和弟弟象目瞪口呆。以后，舜在心爱的妻子的帮助下，又接连躲过了父母的两次陷害。

后来，舜接替尧作了帝王。继位后，舜果真不负尧的信任，让禹治洪水，使人民过上了安定的生活。娥皇、女英也鼎力相助舜为百姓做好事。舜晚年时，九嶷山一带发生战乱,舜想到那里视察一下实情。于是舜就把这想法告诉了娥皇、女英,两位夫人想到舜年老体衰,争着要和舜一块去。舜考虑到山高林密,道路曲折,于是只带了几个随从,悄悄地离去。娥皇、女英得知舜已走的消息后,立即起程。追到扬子江边,遇到了大风,一位渔夫把她们送上洞庭山。当她们得知舜帝已死,埋在九嶷山下时,便天天扶竹向九嶷山方向泣望,把这里的竹子染得泪迹斑斑。后来,她俩投湘水而亡,成了湘水之神。自秦汉时起,湘江之神湘君与湘夫人的爱情神话,被演变成舜与娥皇、女英的传说。后世因此附会称二女为湘君(娥皇)、湘妃(女英)或湘夫人。

【相关神话故事】

娥英泉的传说

相传尧帝把自己的两个女儿嫁给舜后,究竟谁为正宫,谁为妃子,尧和夫人争论不休,最后商定了一个办法。当时舜王要迁往蒲坂,尧命二女同时由平阳向蒲坂出发,哪个先到哪个为正宫,哪个后到,哪个为偏妃。娥皇、女英听了父王的话,各自准备向蒲坂进发。娥皇是个朴实的姑娘,便跨了一头大马飞奔前进,而女英讲排场,乘车前往,并选由骡子驾车,甚觉气派。可是正值炎夏、牲口浑身淌汗,路过西杨村北,遇一溪水,二女休息片刻,让牲口饮水解渴,以便继续赶路。在行进中,不料女英驾车的母骡,突然要临盆生驹,因此车停了。这时娥皇的乘马已奔驰在遥远的征途,而女英受了骡子生驹的影响,落了个望尘莫及。正宫娘娘的位置为娥皇所获取,女英气愤之余,斥责骡子今后不准生驹。因此传说骡子不受孕,不生驹,都是女英封下的。后人将为时牲口饮水的地方,就叫娥英泉,现在襄汾县西杨村附近。

湘妃竹的传说

相传尧舜时代,湖南九嶷山上有九条恶龙,住在九座岩洞里,经常到湘江来戏水玩乐,以致洪水暴涨,庄稼被冲毁,房屋被冲塌,老百姓叫苦不迭。舜帝关心百姓的疾苦,他得知恶龙祸害百姓的消息,饭吃不好,觉睡不安,更不顾自己年老体衰,一心要到南方去惩治恶龙,还百姓安康幸福的生活。

舜帝的两个妃子娥皇和女英虽然出身高贵,又身为帝妃,但她们从不贪图享乐,而且和舜帝一样,总是关心着百姓的疾苦。因此她们对舜的这次远离家门,虽然依依不舍,但想到这是为了给湘江的百姓解除灾难和痛苦,还是强忍着内心的离愁别绪送舜上路了。

舜帝走了，娥皇和女英在家等待着他征服恶龙的喜讯，并且日夜祈祷，盼望他早日胜利归来。可是，一年又一年，燕子来去了几回，花开花落了几度，舜帝依然杳无音信，她们担心了。娥皇说："莫非他被恶龙所伤，还是病倒他乡？"女英说："莫非他途中遇险，还是山路遥远迷失方向？"二人思前想后，与其待在家里久久盼不到音讯，见不到归人，还不如前去寻找。于是，娥皇和女英决定到南方湘江去寻找丈夫。

她们迎着风霜，跋山涉水，翻山越岭，终于来到了九嶷山。她们沿着大紫荆河到了山顶，又沿着小紫荆河下来，踏遍了九嶷山的每条小径，找遍了九嶷山的每个山村。这一天，她们来到了一个名叫三峰石的地方，这儿耸立着三块大石头，翠竹围绕，有一座珍珠贝垒成的高大的坟墓。她们感到惊异，便问附近的乡亲："是谁的坟墓如此壮观美丽？三块大石为何险峻地耸立？"乡亲们含着眼泪告诉她们："这便是舜帝的坟墓，他老人家从遥远的北方来到这里，帮助我们斩除了九条恶龙，人民过上了安乐的生活，可是他却鞠躬尽瘁，流尽了汗水，淌干了心血，受苦受累病死在这里了。"原来，舜帝病逝之后，湘江的父老乡亲们为了感激舜帝的厚恩，特地为他修了这座坟墓。九嶷山上的一群仙鹤也为之感动了，它们朝朝夕夕地到南海衔来一颗颗璀璨夺目的珍珠，撒在舜帝的坟墓上，便垒成了这座珍珠坟墓。三块巨石，是舜帝除灭恶龙用的三齿耙插在地上变成的。娥皇和女英得知舜帝病逝的实情后，悲痛万分，二人抱头痛哭，一直哭了九天九夜，眼睛哭肿了，嗓子哭哑了，眼睛流干了。最后，哭出血泪来，也死在了舜帝的旁边。

娥皇和女英伤心的眼泪，洒在了九嶷山的竹子上，点点滴滴，渗进了竹子的肌理，竹竿上便呈现出点点泪斑，有紫色的，有雪白的，还有血红血红的，有的竹子上还印有指纹，传说是二妃在竹子上抹眼泪印上的；有的竹子上印有鲜红鲜红的血斑，便是两位妃子眼中流出来的血泪染成的。后来，人们为了纪念这两位善良的女子，便把这种洒上过她们泪水的斑竹叫做"湘妃竹"。

附：吟"湘妃竹"诗

唐朝诗人李贺有《湘妃竹》诗："筠竹千年老不死，长伴秦娥盖湘水。蛮娘吟弄满寒空，九山静绿泪花红。离鸾别凤烟梧中，巫云蜀雨遥相通。幽愁秋气上青枫，凉夜波间吟古龙。"

唐人高骈诗《二女庙》："帝舜南巡去不还，二妃幽怨水云间。当时珠泪垂多少,直到而今竹尚斑。”

女诗人李淑曾作《斑竹怨》云:“二妃昔追帝,南奔湘水间。有泪两湘竹,至今湘竹斑。云深九嶷庙,日落苍梧山。余恨在湘水,滔滔去不还。”

贾岛诗云:“拣得林中最细枝,结根石上长身迟,莫嫌滴沥红斑少,恰是湘妃泪尽时。”

毛泽东主席《七律·答友人》词:“九嶷山上白云飞,帝子乘风下翠微。斑竹一枝千滴泪,红霞万朵百重衣。”

7. 织女

【相关记载】织女,传说是天帝的孙女,王母娘娘的外孙女。相传每年农历七月七日之夜,牛郎织女于银河上的鹊桥相会,她们的爱情故事给人虚幻而浪漫的憧憬。

《诗·小雅·大东》中有“维天有汉,监亦有光。跂彼织女,终日七襄。虽则七襄,不成报章;睆彼牵牛,不以服箱。”这样的诗句。诗的大意是说天上的织女,坐在织布机旁,无心织绢,却一心一意地想着银河对岸的牵牛星,并为之眷念不已。可见在西周时代,就有了织女和牛郎爱情故事的想象与传说。

《史记·天官书》中记载说:“婺女,其北织女。织女,天女孙也。”张守节正义:织女三星,在河北天纪东,天女也,主果蓏丝帛珍宝。后衍化为神话人物。

汉班固《西都赋》:“临乎昆明之池,左牵牛而右织女。”

《岁华纪丽》卷三引汉应劭《风俗通》佚文:“织女七夕当渡河,使鹊为桥。”

《月令广义·七月令》引南朝梁殷芸《小说》:“天河之东有织女,天帝之子也。年年机杼劳役,织成云锦天衣,容貌不暇整。帝怜其独处,许嫁河西牵牛郎,嫁后遂废织纴。天帝怒,责令归河东,但使一年一度相会。”后常用此典以咏夫妻暌隔,或借以表达男女相思、相爱之情。

综上所述,可以推断牛郎织女的凄美爱情故事,大约是发生在西周时代,当时的奴隶社会等级十分严苛,这个故事就是普通人追求幸福的心声与饱受压抑的写照,托言天上双星,实际上也就是人间的实情。

【织女与乞巧节】乞巧节又名七夕节。上古的时候,天空碧蓝如洗,一点云彩也没有。天帝觉得太单调了,就吩咐他的7个女儿纺纱织布,给“天”做件衣服。7个女儿织出的布不是灰色就是白色,很单调。7姐妹中最小的妹妹是个有心的人,她在花园里发现一种开着7种颜色的花,于是就采了许多这种花,把漂亮的颜色染到纱支上去，经过她的努力，终于纺出了五彩缤纷的彩纱。姐妹们都很高兴，夸她手巧。大家决定，平时让“天”穿白衣服；下雨时穿灰色衣服；早晨和傍晚穿彩色衣服。天帝知道后，非常高兴，便将最小的女儿封为“织女”。

后来，织女偷偷下凡，与人间的牛郎相爱，并结婚生子。这件事被天帝知道后，非常恼怒，于是就把织女抓回天宫，不允许她再和牛郎生活在一起，只让他们每年农历的七月七日在鹊桥相会。

人们传说在七夕的夜晚，抬头可以看到牛郎织女的银河相会，或在瓜果架下可偷听到两人在天上相会时的脉脉情话。女孩子们在这个充满浪漫气息的晚上，对着天空的朗朗明月，摆上时令瓜果，朝天祭拜，乞求天上的女神能赋予她们聪慧的心灵和灵巧的双手，让自己的针织女红技法娴熟，更乞求爱情婚姻的姻缘巧配。过去婚姻对于女性来说是决定一生幸福与否的终身大事，所以，世间无数的有情男女都会在这个晚上，夜深人静时刻，对着星空祈祷自己的姻缘美满。所以七夕节也被称为“乞巧节”或“女儿节”，又被称为中国人的情人节。

七夕节最普遍的习俗，就是妇女们在七月初七的夜晚进行的各种各样的乞巧活动。乞巧的方式大多是姑娘们穿针引线验巧，做些小物品赛巧，摆上些瓜果乞巧，各个地区乞巧的方式不尽相同，各有趣味。在山东济南、惠民、高青等地的乞巧活动很简单，只是陈列瓜果乞巧，如有喜蛛结网于瓜果之上，就意味着乞得巧了。而鄄城、曹县、平原等地吃乞巧饭的风俗却十分有趣：七个要好的姑娘集粮集菜包饺子，把一枚铜钱、一根针和一个红枣分别包到三个水饺里，乞巧活动以后，她们聚在一起吃水饺，传说吃到钱的有福，吃到针的手巧，吃到枣的早婚。

在江南，一些刺绣的女孩会在夜晚月光下，将一根绣花针轻轻放到一碗水面上，借助水的表面张力将针托浮，在月光照射下，针周围会出现水波纹，哪一个波纹最复杂，就会绣出最好的作品。有时针上穿有红丝，也是向织女“乞巧”。唐代诗人林杰的《乞巧》诗说：“七夕今宵看碧霄，牛郎织女渡河桥，家家乞巧望秋月，穿尽红丝几万条。”

另外有些地方乞巧节的活动，是带有竞赛的性质，类似古代斗巧的风俗。近代有穿针引线、蒸巧饽饽、烙巧果子等。还有些地方有做巧芽汤的习俗，一般在七月初一将谷物浸泡水中发芽，七夕这天，剪芽做汤，该地的儿童特别重视吃巧芽。而牧童则会在七夕之日采摘野花挂在牛角上，叫做“贺牛生日”（传说七夕是牛的生日）。

【关于牛郎织女的传说】七夕节始终和牛郎织女的传说相连，这是一个很美丽的、千古流传的爱情故事，也是我国四大民间爱情传说之一。

相传在很早以前，南阳城西牛家庄里有个聪明、忠厚的小伙子，父母早亡，只好跟着哥哥嫂子度日，嫂子马氏为人狠毒，经常虐待他，逼他干很多的活。一年秋天，嫂子逼他去放牛，给他九头牛，却让他等有了十头牛时才能回家，牛郎无奈只好赶着牛出了村。

牛郎独自一人赶着牛进了山，在草深林密的山上，他坐在树下伤心，不知道何时才能赶着十头牛回家。这时，有位须发皆白的老人出现在他的面前，问他为何伤心，当得知他的遭遇后，便笑着对他说："小伙子，别难过，在伏牛山里有一头病倒的老牛，你去好好喂养它，等老牛病好以后，你就可以赶着十头牛回家了。"

牛郎翻山越岭，走了很远的路，终于来到伏牛山找到了那头有病的老牛。他看到老牛病得厉害，就去给老牛打来一捆捆草，一连喂了三天，老牛吃饱了，才抬起头告诉他：自己本是天上的灰牛大仙，因触犯了天规被贬下天来，摔坏了腿，无法动弹。自己的伤需要用百花的露水洗一个月才能好。牛郎不畏辛苦，细心地照料了老牛一个月，白天为老牛采花接露水治伤，晚上依偎在老年身边睡觉，到老牛病好后，牛郎高高兴兴赶着十头牛回了家。

回家后，嫂子对他仍旧不好，曾几次要加害他，都被老牛设法相救，嫂子最后恼羞成怒地把牛郎赶出家门，牛郎只要了那头老牛相随。

一天，天上的织女和诸仙女一起下凡游戏，在河里洗澡，牛郎在老牛的帮助下认识了织女，二人互生情意，后来织女便偷偷下凡，来到人间，做了牛郎的妻子。织女还把从天上带来的天蚕分给大家，并教大家养蚕，抽丝，织出又光又亮的绸缎。

牛郎和织女结婚后，男耕女织，情深意重，他们生了一男一女两个孩子，一家人过着幸福美满的生活。但是好景不长，这事很快便让天帝知道，王母娘娘亲自下凡来，强行把织女带回天上，从此恩爱夫妻被拆散。

牛郎上天无路，还是老牛告诉牛郎，在它死后，可以把它的皮扒下，披上就可以上天。牛郎按照老牛的话做了，披上牛皮，把一对儿女放在箩筐里，挑起他们便腾云驾雾上天去追织女，眼见就要追到了，岂知王母娘娘拔下头上的金簪往他们中间一划，霎时间，一条天河波涛滚滚地横在了织女和牛郎之间，无法横越了。

织女望着天河对岸的牛郎和儿女们，直哭得声嘶力竭，牛郎和孩子也哭得死去活来。他们的哭声，孩子们一声声"妈妈"的喊声，是那样揪心裂胆，催人泪下，连在旁观望的仙女、天神们都觉得心酸难过，于心不忍。王母见此情此景，也稍稍为牛郎织女的坚贞爱情所感动,便同意让牛郎和孩子们留在天上,每年七月七日,让他们相会一次。

从此,牛郎和他的儿女就住到天上,隔着一条天河,和织女遥遥相望。在秋夜天空的繁星当中,我们至今还可以看见银河两边有两颗较大的星星,晶莹地闪烁着,那便是织女星和牵牛星。和牵牛星在一起的还有两颗小星星,那便是牛郎织女的一儿一女。

8. 何仙姑

【生平考略】何仙姑,道教八仙之一。古代有许多女仙,何仙姑是八仙中唯一的女神仙,其形象多为一手持荷花的美丽女子。或称,她手持荷花,才以谐音为何姓。另据说原来曹国舅手持的法宝是“笊篱”,但堂堂国舅拿着家庭妇女用来做饭的工具实有不雅,换一个女仙来拿这件法宝更为合适。笊篱在以后因美学上的需要才变成了荷花。对于何仙姑的身世向来众说纷纭,浙江、安徽、福建等地皆有本地之何仙姑。下面谈谈几种主要的说法:

其一,宋朝欧阳修《集古录跋尾》说,宋庆历(1041—1048)年间,衡山有一位叫何仙姑的女宫被天火所毁,残留的宫柱上雕刻有“谢仙火”三字。人们不知这三字为何意,就问何仙姑,何仙姑回答说:“雷部中鬼。”意思是说谢仙为雷部中鬼。人们翻《道藏》,果然找到谢仙之名,其神职为司火。这样,人们更加崇拜何仙姑,奉之为真仙。

其二,魏泰《东轩笔录》载,永州一何氏女,小时候遇仙人,授一枚仙桃,食后永不饥饿,并能预知吉凶,同乡人称她为何仙姑,士大夫也常常找她卜问前程。据宋曾敏行《独醒杂志》记载:狄青早年在争南侬时路过永州,听说何仙姑能预知吉凶,便特地去询问战争的结果,何仙姑说:“公不必见贼,贼败且走。”开始狄青不信,后来宋军先锋与南侬智高的兵交战,不几回合,智高战败并逃入大理国。

其三,《历世真仙体道通鉴后集》卷五、《历代神仙通鉴》卷四载:何仙姑为增城县何泰之女,唐天后时,居住在云母溪,约十四五岁的时候,有一天晚上梦见神人教食云母粉,说可轻身不死。何仙姑按神人指点服食了云母粉,发誓终身不嫁人,便渐渐有了一些仙气,能从一个山顶凌空走到另一个山顶。唐中宗景龙(707—710)年中,终于升天成仙。

其四,另有一个传说,何仙姑本名何秀姑,是增城县小楼区新桂乡人,唐武则天某年夏历三月初七出生。其父何泰以做豆腐为业。秀姑自小聪明伶俐,十四岁时幸遇云游到此的吕洞宾。吕洞宾给她吃了一些云母片,从此能知人间祸福,并常去罗浮山里访仙。后父母为她找了个姓冯的婆家,秀姑不肯嫁人,自投家门前的水井。投井时只穿着一只鞋,还有一只鞋留在井台上,但死不见尸。此后,她从福建莆田的江河里漂出来,原来那井与河是相通的,在当时传为奇案,遂有秀姑"登仙"的传说。另说是莆田的县令调往增城任职的途中,船舵后方有女尸逆水追随,此尸乃何仙姑真身。

其五,何仙姑原名何琼,唐高宗开耀元年出生于零陵一户普通的庄户人家。当地人说,在何琼出世的那天,一团鲜艳祥瑞的紫气笼罩在何家茅屋的上方,一群仙鹤在紫气中上下飞舞,不一会儿,一只硕壮的梅花鹿驮着一个扎小辫、身系红肚兜的女童飞奔闯入何家,就在这时何母生下了一个白白胖胖的女婴。

零陵郡西有一座云母山,山上盛产五色云母石,云母石是古代服食求仙的上药;一条清澈蜿蜒的小溪由山上奔流而下,称为云母溪,何琼家就在秀美的云母溪畔。喝云母水长大的何琼,出落得美丽灵秀,她自小就喜欢一人在云母溪边嬉戏漫游。十四岁那年,她在云母溪畔遇见了一位白发苍苍的长胡子老翁,老翁向她询问了一些当地山水的情况,何琼都伶俐地一一作答。老翁非常高兴,从自己的背囊里取出一枚鲜灵灵的蟠桃送给何琼。何琼接过,谢了谢老翁,然后三下五除二地把蟠桃吃下了肚,老翁看着她吃完,满脸笑容地点点头,转身就不见了。回家后,何琼一连几天都不感饥饿,因而也就不想吃东西,精神却比以往更旺盛,一个月之后,何琼又在云母溪边遇到了那位老翁,这次老翁把她带到云母山上,教她如何采集云母以及怎样服食云母。何琼依照他的话,每天到云母山上采食云母,渐渐感觉到自己身轻如燕,往来山顶,行走如飞。此外,她还能辨识和采摘山中的各种仙草灵药,为附近的百姓治疗各种疾病,且能预测人事,因此周围的人都称她是"何仙姑。"

其六,《辞海》中对何仙姑的有关记载:1979 年版《辞海》称,何仙姑相传是唐广州增城女子,住云母溪。1997 年版《辞源》则采用宋魏泰《东轩笔录》永州何氏女说。

【何仙姑与八仙过海的故事】一提起何仙姑,人们很容易想起"八仙过海"的故事。八仙是宋金时期出现的一组神仙群。据载,八仙还分上八仙、中八仙、下八仙,何仙姑等八仙属中八仙。相传,一次,八仙在蓬莱阁上聚会饮酒,酒至酣时,铁拐李提议乘兴到海上一游。众仙齐声附和,并言定各凭道法渡海,不得乘舟。汉钟离率先把大芭蕉扇往海里一扔,袒胸露腹仰躺在扇子上,向远处漂去。何仙姑将荷花往水中一抛,顿时红光万道,何仙姑伫立在荷花之上,随波漂游。随后,吕洞宾、张果老、曹国舅、铁拐李、韩湘子、蓝采和也纷纷将各自的宝物抛入水中,他们也借助其宝物大显神通,畅游东海。后来八仙与四海龙王死战,恰好南海观音菩萨经过,并出面调停罢战。八位仙人拜别观音菩萨,各持宝物,兴波逐浪遨游而去。这就是“八仙过海”的故事。

【何仙姑与武则天】此故事来源于何仙姑原名何琼的传说。据说何琼得道成仙的消息一传十,十传百,越传越远,最后竟传到京城皇宫武则天的耳中。武则天是唐高宗的皇后,当时她把持着朝廷实权。武则天自小受母亲的影响信仰佛教,等到当了皇后,她又极力在宫内和全国上下推崇佛教,想以此压倒李唐王朝所尊奉的道教势头,并利用某些佛经作为她篡位称帝的理论根据。佛教“法相宗”宣扬“二空”,就是说要把自我与万物都看成是空泛虚无的,这样才能达到宇宙万物与我合而为一的高渺境界。通俗地说,就是用心感悟,做到物我两忘,那么就能白昼飞升、腾云驾雾、长生不老了。武则天对这一点十分信服。当她听说零陵地方出了一个何仙姑,能够不食人间烟火,自由往来于山岳之巅,感到十分有趣,于是特地派人前往探视,并赐予何仙姑一袭朝霞服。何仙姑接受了朝霞服,兴致勃勃地穿戴起来,周围的百姓闻讯从四面八方赶来观瞻,只见何仙姑身上霞光万道,熠熠夺目,好像神仙下凡。乡亲们见状大惊,不由自主地齐齐跪倒在地,朝何仙姑顶礼膜拜。

此后的一天,何仙姑进入云母山密林深处采药,遇到两位神奇的人,他们中有一个瘸腿的老汉,手拄铁拐,身背硕大的酒葫芦,衣着褴褛,形似乞丐;另一个着一身整洁的蓝布衫,手持药锄,肩背药筐,神态甚是俊逸。这两人在何仙姑前面不远的地方,一搭一唱,口中念念有词,不一会儿,竟腾空而去,倏忽不见踪影,这两人乃是八仙中的铁拐李和蓝采和。何仙姑留意着他们的样子,念叨着偷学来的口诀,居然也像他们一样,能凌风驾云,飞越山谷。为此,她常常一人悄悄来到深山中修练。通过一番修炼,她的身法愈来愈熟练,飞得也越来越远。她利用这种功夫时常飞到遥远的大山中,朝去暮回,带回一些奇异的山果给家人品尝,家人吃了这些果实觉得香甜可口、精神倍增,但终究不知是何种果实。

见她每日早出晚归,何母心生疑虑,盘问她到何处去干何事了,何仙姑拗不过母亲,就说每日往名山仙境与仙佛谈佛论道去了。渐渐地,何仙姑通晓佛道的消息又传开了。武则天听说后,便派使者前往零陵,备妥銮舆,召请何仙姑前往东都洛阳论佛道。众官员与何仙姑一同跋山涉水来到洛阳城外,在等船渡洛水时,众人突然不见了何仙姑的踪影。使臣们非常恐慌,连忙命人四处寻找,却没找到一点蛛丝马迹,众人吓得坐在洛河边发呆。薄暮时分,何仙姑翩然凌空而降,不急不忙地告诉使者:“我已前往禁宫见过了天后,你们可以回朝复命了。”

使臣们将信将疑地回到洛阳宫中,一打听,果然何仙姑当天来拜见过武后,并和她在宫中作了半日长谈,使臣们为之惊讶不已。

据说何仙姑在宫中与武后大谈长生不老之术,她劝说武后,要长寿首先要做到寡欲,摒绝声色,看破名利;其次则要多行善事,须扼制酷刑,严禁诬枉,施行仁政,修德积福。同时她还论及治国安邦之道,务必要亲贤臣远小人,万万不可以以异姓人为皇嗣。她所言及的内容,竟是对武后十分有针对性的。武后是个聪明人,何仙姑一番入情合理的话,她不但听在心里,也渐渐地付诸行动。不久,来俊臣等一班酷吏受法一一遭诛;接着重用贤臣狄仁杰。至于皇嗣一事,武后本想立侄儿武承嗣为太子,在狄仁杰的忠谏下,她遵循了何仙姑的告诫,放弃了立异姓的初衷。至于清心寡欲、摒绝声色、看破名利等项,已经沉溺于情欲和权欲之中的武则天却始终无法做到,所谓到了迷途难返的地步。

武则天为了酬谢何仙姑的一番美意,特下令零陵地方官吏在零陵城南的凤凰台,建造了一座雄伟的会仙馆,作为何仙姑讲道弘法之处。

【何仙姑诗作】何仙姑不仅佛学深厚,且善于吟诗。相传当武则天在凤凰台上为她建造好会仙馆后,何仙姑在讲道之余,常坐在馆前的石阶上,剥食一种圆形的仙果,并随手将果核四下抛去。后来,会仙馆的四周长出一株株荔枝树,这些树上结出的荔枝竟都是翠绿的青皮荔枝,人们称为“凤凰台上,荔枝挂绿”。何仙姑为“凤凰台”还题了一首诗:

凤凰云母似天花,
炼作芙蓉白云芽;
笑煞狂徒无主张,
更从何处觅丹砂。

这首诗表面是写凤凰台,实际上诗里暗藏着服食求道的真谛,即服食云母的方法。人们从何仙姑服食修炼的特点,说她是道教信徒;也有人根据她讲道说法的思想内容,把她归于佛教弟子。实际上,何仙姑可以说是一个亦道亦佛,又非道非佛的人物。本身已臻天人合一的境界,凡间的佛道岂能框定她!

一天,何仙姑突然灵感顿至,又写下了一首“题麻姑峰”的诗:

麻姑笑我恋尘嚣,
一隔仙凡道路遥;
飞去沧州弄明月,
倒骑黄鹤听吹箫。

这首充满仙韵的诗似乎暗含着某种预兆。果然,唐中宗景龙元年的某一天,26岁的何仙姑坐在凤凰台上,仰望着苍远的天空出神,忽然看见铁拐李站在远处的云端、舞动着他的铁拐,似乎是在招呼她。不知不觉中,何仙姑的身体像彩凤一般冉冉升起,凌空而上,追随着铁拐李而去,她脚上的一只珠鞋掉落在地上。第二天,珠鞋坠落的地方忽然出现一口水井,井水清澈甘甜,阵阵异香扑鼻而来,四周井栏,形状恰似一只弓鞋的模样。当地的人们在井旁建了一座何仙姑庙,日日香火鼎盛,因为那水井里的水,不但清凉解渴,而且能治愈各种痼疾,因而为远近人们津津乐道。

何仙姑白日飞升,得道成仙,从而成为八仙中唯一的红粉,形成万绿丛中一点红的局面。成仙后的何仙姑念念不忘人间的疾苦,经常在南方一带行云布雨、解救苦难,消除灾疫,凡是善良人需要她的帮助,只需默默向天空祈祷,她就像"及时雨"一样赶到,给予人们神奇的力量。

唐玄宗天宝九年,距离何仙姑成仙已经三十多年了,一天大雨过后,碧空如洗,零陵地方很多的人都看到一朵五彩祥云悠然飘过,何仙姑身着朝霞服站立云端,正当人们跪地膜拜之际,一束黄绫由空中飘落到凤凰台上,上面写着这样的诗句:

云母溪畔胜天台,千树万树桃花开;
玉箫吹过黄龙洞,勿引长度跨鹤来。
寄语张家与李家,休将尘事闹闲情;
蓬莱弱水今清浅,满地花荫护月明。
已趁神仙入紫薇,水乡回首尚迟迟;
千年留取井边履,说与草堂仙子知。

诗中有对故乡风物的眷恋,也有对乡人的殷殷叮咛,更有对神仙生涯幽寂情怀的剖白,劝导凡人要珍惜自己的生活。

三、才情四溢的文坛精英

9. 许穆夫人

【生平考略】许穆夫人(前690—?),姬姓,名不详,春秋卫国(今河南淇县)人,于公元前690年出生在卫国都城朝歌定昌,长大后嫁给许国许穆公,故称许穆夫人。许穆夫人是我国见于记载的第一位爱国女诗人。

许穆夫人是卫宣公昭伯之女,卫国君主卫懿公的妹妹。春秋之际,诸侯林立,卫国在当时是一个中等诸侯国,位于黄河中下游地区,首邑是商朝的朝歌。许穆夫人在少女时代就深为祖国的安危而担忧,思索着如何为保家卫国做出自己的贡献。许穆夫人长得貌美多姿,许、齐两诸侯国都派使者前来求婚。诸侯各国之间的通婚联姻是一种政治行为,带有亲善和结盟的性质。在许国重礼的打动下,父母决定把她嫁给许国国君为妻。许穆夫人却有自己的想法,她从祖国的安全考虑,认为许国弱小,离卫国又远,一旦卫国受到攻击,许国没有力量前来救援。而齐国强大,又是卫国的近邻,如能嫁到齐国,卫国遇到什么危难便能得到齐国的救助。但父母亲和君主固执己见,仍把她许配给许国国君许穆公为妻。

【主要事迹】卫国国君卫懿公沉醉于声色犬马,致使国民强烈不满,国力每况愈下,终于导致了公元前660年北方狄族的入侵。卫国不堪一击,很快走向灭亡。

许穆夫人嫁到许国后,一直怀念着卫国。当她听到卫国国破君亡的噩耗之后,痛彻肺腑,恨不能插翅飞回卫国,跃马疆场抗敌复国,报仇雪耻。她去请求许穆公援救卫国,许穆公胆小如鼠,怕引火烧身,不敢出兵。许穆夫人不甘袖手旁观,置之不理,经过反复考虑,她带领当初随嫁到许国的自己身边的几位姬姓姑娘姐妹，亲自赶赴漕邑，与逃到那里的卫国宫室和刚被拥立的戴公（许穆夫人的哥哥）相见。许穆夫人抵达后，首先卸下车上的物品救济难民，接着与卫国君臣商议复国之策。不久，他们招来百姓四千余人，一边安家谋生，一边整军习武，进行训练。同时，许穆夫人还建议向齐国求援。就在此时，许国大臣接踵而来，对许穆夫人大加抱怨，有的责怪她考虑不慎，有的嘲笑她徒劳无益，有的指责她抛头露面有失体统，企图把许穆夫人拦截回去。面对许国大臣的无礼行为，她怒不可遏，义正词严地斥责道："既不我嘉，不能旋反；视尔不臧，我思不远。既不我嘉，不能旋济；视尔不臧，我思不閟"（《载驰》）。意思是，即使你们都说我不好，说我渡济水返卫国不对，也断难使我改变初衷；比起你们那些不高明的主张，我的眼光要远大得多，我的思国之心是禁锢不住的。许穆夫人拯救卫国的决心不可改变。

不久，戴公病殁，卫人从齐国迎回公子毁（许穆夫人的另一哥哥），即卫文公。卫国得到了齐桓公的支持，齐桓公派兵戍漕邑，又派出自己的儿子无亏率兵三千、战车三百辆前往卫国。同时，宋、许等国也派人参战，打退了狄兵，收复了失地。从此，卫国出现了转机，两年后，卫国在楚丘重建都城，恢复了它在诸侯国中的地位，一直延续了四百多年之久。自然，这一切和许穆夫人为复兴卫国而奔走不懈是分不开的。

【诗歌成就】许穆夫人的诗饱含着强烈的爱国主义情感。现在我们能读到的是收集在我国第一部诗歌总集《诗经》中的《竹竿》、《泉水》、《载驰》等三篇十二章。《竹竿》诗中描写了许穆夫人自己少女时代留恋山水的生活和她身在异国、却时常怀念养育自己的父母之邦的思乡之作。《泉水》写夫人为拯救祖国奔走呼号的种种活动及寄托她的忧思。《载驰》抒发了夫人急切归国，以及终于冲破阻力回到祖国以后的心情。诗中突出地写出了她同阻挠她返回祖国抗击狄兵侵略的君臣们的斗争，表达了她为拯救祖国不顾个人安危、勇往直前、矢志不移的决心。在这些诗的字里行间，充满着强烈的爱国主义思想感情，今天我们吟咏起来仍震撼心扉，不忍释手。

附：《载驰》

载驰载驱，归唁卫侯；驱马悠悠，言至于漕。大夫跋涉，我心则忧；既不我嘉，不能旋反；视尔不臧，我思不远。既不我嘉，不能旋济；视尔不臧，我思不閟。陟彼阿丘，言采其芒；女子善怀，亦各有行。许人尤之，众穉且狂；我行其野，芃芃其麦。控于大邦，谁因谁极；大夫君子，无我有尤。百尔所思，不如我所之。

诗中痛斥了许国那些鼠目寸光的庸官俗吏,表达了一个女子热爱祖国、拯救祖国的坚定信念。当齐桓公得到这一消息后,立即派公子无亏率兵救援卫国,使卫国避免了一场灾祸。此后,卫国又得到复兴。这首诗后来录进了《诗经·鄘风》里。

10. 班昭

【生平考略】班昭(约49—120),字惠班,又名姬,扶风人。家学渊源,尤擅文采。她的父亲班彪是当时的大文豪,班昭本人帮助哥哥班固修撰我国第一部断代史《前汉书》,独立完成了《前汉书》中的第七表《百官公卿表》、第六志《天文志》。班昭本人常被召入皇宫,教授皇后及诸贵人诵读经史,宫中尊之为师。她是中国第一个女历史学家,同时也是著名的文学家。

班昭十四岁嫁给同郡曹世叔为妻,所以人们又把班昭叫做"曹大家"。以个性而论,曹世叔活泼外向,班昭则温柔细腻,夫妻两人颇能相互迁就,生活得十分美满。

班昭主要生活在汉和帝时代。汉和帝驾崩后,皇子刘隆生下来才一百天,就嗣位为汉殇帝,邓太后临朝听政,不到半年,殇帝又死,于是以清河王刘祜嗣位为汉安帝,安帝才十三岁,邓太后仍然临朝听政。

东汉皇帝短命,只有开国的光武帝刘秀活过"花甲",六十二岁时死,其次就是汉明帝,四十八岁,再次是汉章帝三十一岁,其他多在二十岁以下,包括一大批娃娃皇帝,造成外戚专权局面。

邓太后以女主执政,班昭以师傅之尊得以参与机要,竭尽心智地尽忠。邓坞以大将军辅理军国,是太后的兄长,颇受倚重,后来母亲过世,上书乞归守制,太后犹豫不决,问策于班昭。班昭认为:"大将军功成身退,此正其时;不然边祸再起,若稍有差池,累世英名,岂不尽付流水?"邓太后认为言之有理,批准了邓坞的请求。

班昭年逾古稀而逝,皇太后为她素服举哀。

班昭是一位博学多才、品德俱优的中国古代女性。她是位史学家,也是位文学家,还是位政治家。她在曹家有一个儿子,几个女儿,儿子曹成被封为关内侯。

【文学成就】班昭的文才首先表现在帮她的哥哥班固修《汉书》，这部书是我国的第一部纪传体断代史，是正史中写得较好的一部，人们称赞它言赅事备，与《史记》齐名，全书分纪、传、表、志几类。还在班昭的父亲班彪的时候，就开始了这部书的写作工作，她的父亲死后，她的哥哥班固继续完成这一工作。

班固，字孟坚，九岁能作文，稍大一点，博览众书，九流百家之言无不穷究，不料就在他快要完成《汉书》时，却因窦宪一案的牵连，死在狱中。班昭痛定思痛，决心完成亡兄未竟的工作。

《汉书》出版以后，获得了极高的评价，学者争相传诵。《汉书》中最棘手的是第七表《百官公卿表》、第六志《天文志》，这两部分都是班昭在她兄长班固死后独立完成的，但班昭都谦逊地仍然冠上她哥哥班固的名字。班昭的学问十分精深，当时的大学者马融，为了请求班昭的指导，跪在东观藏书阁外，聆听班昭的讲解。

班昭还有一个兄弟是班超，我们现在常用的两个成语"投笔从戎"和"不入虎穴，焉得虎子"就是他的口语演化而成的，反映出他的智勇过人。他出使西域，以功封定远侯，拜西域都护，扬汉威直至中亚三十年之久。

汉和帝永元十二年，班超派他的儿子班勇随安恩国入贡的使者回到洛阳，带回他给皇帝的奏章，表达出一种浓郁的叶落归根的愿望。然而奏章送上去之后三年，朝廷仍不加理会。

班昭想到死去的哥哥班固，对年已七十、客居异乡的哥哥班超，产生一股强烈的依恋、怜悯心情，于是不顾一切地给皇帝上书：

妾同产兄西域都护，定远侯超，幸得以微功得蒙重赏，爵列通侯，任二千石，天恩殊绝，诚非小臣所当被蒙。超之始出，志捐躯命，冀立微功，以自陈效。会陈睦之变，道路隔绝，超以一身，转侧绝域，晓譬诸国，固其兵众，每有攻战，辄为先登。身被金夷，不避死亡，赖蒙陛下神灵，且得延命沙漠；至今积三十年，骨询生离，不复相识；所与相随时人士众，皆已物故；超年最长，今且七十，衰老被病，头发无黑，两手不仁，耳目不聪明，扶杖乃能行，虽欲竭其全力，以报答天恩，迫于岁暮，犬马齿索，为之奈何？

蛮夷之性，悖逆侮老，丙超旦暮入地，久不见代，恐开好究之原，生逆乱之心。而卿大夫感怀一切莫肯远虑，如有卒暴，超之气力，不能从心，便为上损国家累世之功，下弃忠臣竭身之用，诚可痛也！故超万里归诚，自陈苦急，延颈逾望，三年于今，未蒙省禄。

妾窃闻古者十五受兵，六十还之，亦有休息不任职也。缘陛下以至孝理天下，得万国之欢心，不遗小国之臣，况超得备侯伯之位，故敢触死为超求哀，乞超余年，一得生还；复见阙庭，使国家永无劳远之虑，西域无仓猝之忧，超得长蒙文王葬骨之恩，子方哀老之急。

班昭代兄上书，说得合情合理，丝丝入扣，汉和帝览奏，也为之戚然动容。特别是文中的最后两句，引用周文王徐灵台，掘地得死人之骨，而更葬之。魏文侯之师田子方，见君弃其老马，以为少尽其力，老而弃之，非仁也，于是收而养之。两则故事明讽暗示，汉和帝认为不再有所决定，实在愧对老臣，于是派遣戊己校尉任尚出任西域都护，接替班超。班昭以她的文采和才情使她的哥哥班超得以回朝。

班昭的文采还表现在她写的《女戒》七篇上。

《七戒》包括：卑弱、夫妇、敬慎、妇行、专心、曲从和叔妹七章。本是用来教导班家女儿的私家教科书，不料京城世家却争相传抄，不久之后便风行全国各地。

在"卑弱"篇中，班昭引用《诗经·小雅》中的说法："生男曰弄璋，生女曰弄瓦。"以为女性生来就不能与男性相提并论，必须"晚寝早作，勿惮夙夜；执务和事，不辞剧易。"才能恪尽本分。

在"夫妇"篇中，认为丈夫比天还大，还须敬谨服侍，"妇不贤则无以事夫，妇不事夫则义理坠废，若要维持义理之不坠，必须使女性明析义理。"

在"敬慎"篇中，主张"男子以刚强为贵，女子以柔弱为美，无论是非曲直，女子应当无条件地顺从丈夫。"一刚一柔，才能并济，也才能永保夫妇之义。

在"妇行"篇中，订定了妇女四种行为标准："贞静清闲，行己有耻，是为妇德；不瞎说霸道，择辞而言，适时而止，是为妇言；穿戴齐整，身不垢辱，是为妇容；专心纺织，不苟言笑，烹调美食，款待嘉宾，是为妇工。"妇女备此德、言、容、工四行，方不致失礼。

在"专心"篇中，强调"贞女不嫁二夫"，丈夫可以再娶，妻子却绝对不可以再嫁，在她的心目中下堂求去，简直是不可思议的悖理行为，事夫要"专心正色，耳无淫声，目不斜视。"

在"曲从"篇中，教导妇女要善事男方的父母，逆来顺受，一切以谦顺为主，凡事应多加忍耐，以至于曲意顺从的地步。

在"叔妹"篇中，说明与丈夫兄弟姐妹相处之道，端在事事识大体、明大义，即是受气蒙冤也是天经地义的事情，万万不可一意孤行，而失去彼此之间的和睦气氛。

11. 蔡文姬

【生平考略】蔡文姬(176—?),名琰,字明姬,为避司马昭的讳,改为文姬,陈留圉(今河南杞县)人。父亲蔡邕是东汉末年著名的文学家和音乐家,精于天文数理,妙解音律,在洛阳俨然是文坛的领袖。像杨赐、玉灿、马月碑以及后来文武兼备、终成一代雄霸之主的曹操都经常出入蔡府。蔡邕和曹操还是挚友。

蔡文姬16岁时嫁给卫仲道,卫家当时是河东世族,卫仲道更是出色的大学者,夫妇两人恩爱非常。可惜好景不长,不到一年,卫仲道便因咯血而死。蔡文姬不曾生下一儿半女,卫家的人又嫌她克死了丈夫,当时才高气傲的蔡文姬不顾父亲的反对,毅然回到娘家。后父亲死于狱中,文姬被匈奴掠去,这年她才二十三岁,被左贤王纳为王妃,居南匈奴12年,并育有二子,此间她还学会了吹奏"胡笳"及一些异族的语言。

建安十三年(208年)曹操感念好友蔡邕之交情,得知文姬流落南匈奴,立即派周近做使者,携带黄金千两,白璧一双,把她赎了回来。这年她三十五岁,在曹操的安排下,嫁给田校尉董祀。

蔡文姬嫁给董祀,起初夫妻生活并不十分和谐。蔡文姬饱经离乱忧伤,时常神思恍惚;而董祀正值鼎盛年华,生得一表人才,通书史,谙音律,自视甚高,对于蔡文姬自然有些不足之感,然而迫于丞相的授意,只好接纳了她。在婚后第二年,董祀犯罪当死,她顾不得嫌隙,蓬首跣足地来到曹操的丞相府求情。曹操念及昔日与蔡邕的交情,又想到蔡文姬悲惨的身世,倘若处死董祀,文姬势难自存,于是宽宥了董祀。从此以后,董祀感念妻子之恩德,对蔡文姬重新认识,夫妻双双也看透了世事,溯洛水而上,居住在风景秀丽、林木繁茂的山麓。若干年以后,曹操狩猎经过这里,还曾经前去探视。蔡文姬和董祀生有一儿一女,女儿嫁给了司马懿的儿子司马师为妻。

文姬一生三嫁,历尽了战争苦难,命运坎坷,写了很多作品,留存下来的只有著名的五言《悲愤诗》和琴曲歌辞《胡笳十八拍》各一篇。

【惊世才情】文姬博学多才,音乐天赋自小过人,她6岁时听父亲在大厅中弹琴,隔着墙壁就听出了父亲把第一根弦弹断的声音。其父惊讶之余,又故意将第四根弦弄断,居然又被她指出。长大后她更是琴艺超人。她在胡地日夜思念故土,回汉后参考胡人声调,结合自己的悲惨经历,创作了哀怨惆怅、令人断肠的琴曲《胡笳十八拍》。嫁董祀后,感伤乱离,作《悲愤诗》,是中国诗史上第一首自传体的五言长篇叙事诗。

相传，当蔡文姬为董祀求情时，曹操看到蔡文姬在严冬季节，蓬首跣足，心中大为不忍，命人取过头巾鞋袜为她换上，让她在董祀未归来之前，留居在自己家中。在一次闲谈中，曹操表示出很羡慕蔡文姬家中原来的藏书。蔡文姬告诉他原来家中所藏的四千卷书，几经战乱，已全部遗失时，曹操流露出深深的失望，当听到蔡文姬还能背出四百篇时，又大喜过望。蔡文姬凭记忆默写出四百篇文章，文无遗误，可见其才情之高。

附作品

胡笳十八拍

【第一拍】我生之初尚无为，我生之后汉祚衰。天不仁兮降乱离，地不仁兮使我逢此时。干戈日寻兮道路危，民卒流亡兮共哀悲。烟尘蔽野兮胡虏盛，志意乖兮节义亏。对殊俗兮非我宜，遭恶辱兮当告谁。笳一会兮琴一拍，心溃死兮无人知。

【第二拍】戎羯逼我兮为室家，将我行兮向天涯。云山万重兮归路遐，疾风千里兮扬尘沙。人多暴猛兮如虫蛇，控弦被甲兮为骄奢。两拍张悬兮弦欲绝，志摧心折兮自悲嗟。

【第三拍】越汉国兮入胡城，亡家失身兮不如无生。毡裘为裳兮骨肉震惊，羯膻为味兮枉遏我情。鞞鼓喧兮从夜达明，风浩浩兮暗塞昏营。伤今感昔兮三拍成，衔悲畜恨兮何时平！

【第四拍】无日无夜兮不思我乡土，禀气含生兮莫过我最苦。天灾国乱兮人无主，唯我薄命兮没戎虏。俗殊心异兮身难处，嗜欲不同兮谁可与语。寻思涉历兮多难阻，四拍成兮益凄楚。

【第五拍】雁南征兮欲寄边心，雁北归兮为得汉音。雁飞高兮邈难寻，空肠断兮思愔愔。攒眉向月兮抚雅琴，五拍泠泠兮意弥深。

【第六拍】冰霜凛凛兮身苦寒，饥对肉酪兮不能餐。夜闻陇水兮声呜咽，朝见长城兮路杳漫。追思往日兮行李难，六拍悲来兮欲罢弹。

【第七拍】日暮风悲兮边声四起，不知愁心兮说向谁是。原野萧条兮烽戍万里，俗贱老弱兮少壮为美。逐有水草兮安家葺垒，牛羊满地兮聚如蜂蚁。草尽水竭兮羊马皆徙，七拍流恨兮恶居于此。

【第八拍】为天有眼兮何不见我独漂流，为神有灵兮何事处我天南海北头。我不负天兮天何配我殊匹，我不负神兮神何殛我越荒州。制兹八拍兮拟排忧，何知曲成兮转悲愁。

【第九拍】天无涯兮地无边，我心愁兮亦复然。人生倏忽兮如白驹之过隙，然不得欢乐兮当我之盛年。怨兮欲问天，天苍苍兮上无缘。举头仰望兮空云烟，九拍怀情兮谁为传。

【第十拍】城头烽火不曾灭，疆场征战何时歇。杀气朝朝冲塞门，胡风夜夜吹边月。故乡隔兮音尘绝，哭无声兮气将咽。一生辛苦兮缘别离，十拍悲深兮泪成血。

【第十一拍】我非贪生而恶死，不能捐身兮心有以。生仍冀得兮归桑梓，死当埋骨兮长已矣。日居月诸兮在戎垒，胡人宠我兮有二子。鞠之育之兮不羞耻，愍之念之兮生长边鄙。十有一拍兮因兹起，哀响兮彻心髓。

【第十二拍】东风应律兮暖气多，汉家天子兮布阳和。羌胡踏舞兮共讴歌，两国交欢兮罢兵戈。忽逢汉使兮称近诏，遣千金兮赎妾身。喜得生还兮逢圣君，嗟别二子兮会无因。十有二拍兮哀乐均，去住两情兮谁具陈。

【第十三拍】不谓残生兮却得旋归，抚抱胡儿兮泣下沾衣。汉使迎我兮四牡騑騑，胡儿号兮谁得知。与我生死兮逢此时，愁为子兮日无光辉。焉得羽翼兮将汝归，一步一远兮足难移。魂消影绝兮恩爱遗，十有三拍兮弦急调悲，肝肠搅刺兮人莫我知。

【第十四拍】身归国兮儿莫知随，心悬悬兮长如饥。四时万物兮有盛衰，唯有愁苦兮不暂移。山高地阔兮见汝无期，更深夜阑兮梦汝来斯。梦中执手兮一喜一悲，觉得痛吾心兮无休歇时。十有四拍兮涕泪交垂，河水东流兮心是思。

【第十五拍】十五拍兮节调促，气填胸兮谁识曲。处穹庐兮偶殊俗，愿归来兮天从欲。再还汉国兮欢心，心有忆兮愁转深。日月无私兮曾不照临，子母分离兮意难任。同天隔越兮如商参，生死不相知兮何处寻。

【第十六拍】十六拍兮思茫茫，我与儿兮各一方。日东月西兮徒相望，不得相随兮空断肠。对萱草兮徒想忧忘，弹鸣琴兮情何伤。今别子兮归故乡，旧怨平兮新怨长。泣血仰头兮诉苍苍，生我兮独罹此殃。

【第十七拍】十七拍兮心鼻酸，关山阻修兮行路难。去时怀土兮枯枯叶干，沙场白骨兮刀痕箭瘢。风霜凛凛兮春夏寒，人马饥虺兮骨肉单。岂知重得兮入长安，欢息欲绝兮泪阑干。

【第十八拍】胡笳本自出胡中，绿琴翻出音律同。十八拍兮曲虽终，响有余兮思未穷。是知丝竹微妙兮均造化之功。哀乐各随人心兮有变则通,胡与汉兮异域殊风。天与地隔兮子西母东,苦我怨气兮浩於长空。六合离兮受之应不容。

悲愤诗(一)

汉季失权柄,董卓乱天常。志欲图篡弑,先害诸贤良。
逼迫迁旧邦,拥主以自强。海内兴义师,欲共讨不祥。
卓众来东下,金甲耀日光。平土人脆弱,来兵皆胡羌。
猎野围城邑,所向悉破亡。斩截无孑遗,尸骸相撑拒。
马边悬男头,马后载妇女。长驱西入关,迥路险且阻。
还顾邈冥冥,肝脾为烂腐。所略有万计,不得令屯聚。
或有骨肉俱,欲言不敢语。失意几微间,辄言弊降虏。
要当以亭刃,我曹不活汝。岂敢惜性命,不堪其詈骂。
或便加棰杖,毒痛参并下。旦则号泣行,夜则悲吟坐。
欲死不能得,欲生无一可。彼苍者何辜,乃遭此厄祸。
边荒与华异,人俗少义理。处所多霜雪,胡风春夏起。
翩翩吹我衣,肃肃入我耳。感时念父母,哀叹无穷已。
有客从外来,闻之常欢喜。迎问其消息,辄复非乡里。
邂逅徼时愿,骨肉来迎已。己得自解免,当复弃儿子。
天属缀人心,念别无会期。存亡永乖隔,不忍与之辞。
儿前抱我颈,问母欲何之。人言母当去,岂复有还时。
阿母常仁恻,今何更不慈。我尚未成人,奈何不顾思。
见此崩五内,恍惚生狂痴。号泣手抚摩,当发复回疑。
兼有同时辈,相送告离别。慕我独得归,哀叫声摧裂。
马为立踟蹰,车为不转辙。观者皆嘘唏,行路亦呜咽。
去去割情恋,遄征日遐迈。悠悠三千里,何时复交会。
念我出腹子,胸臆为摧败。既至家人尽,又复无中外。
城郭为山林,庭宇生荆艾。白骨不知谁,纵横莫覆盖。
出门无人声,豺狼号且吠。茕茕对孤景,怛咤糜肝肺。
登高远眺望,魂神忽飞逝。奄若寿命尽,旁人相宽大。
为复强视息,虽生何聊赖。托命于新人,竭心自勖励。
流离成鄙贱,常恐复捐废。人生几何时,怀忧终年岁。

悲愤诗(二)

嗟薄祜兮遭世患。宗族殄兮门户单。
身执略兮入西关。历险阻兮之羌蛮。
山谷眇兮路漫漫。眷东顾兮但悲叹。
冥当寝兮不能安。饥当食兮不能餐。
常流涕兮眦不干。薄志节兮念死难。
虽苟活兮无形颜。惟彼方兮远阳精。
阴气凝兮雪夏零。沙漠壅兮尘冥冥。
有草木兮春不荣。人似兽兮食臭腥。
言兜离兮状窈停。岁聿暮兮时迈征。
夜悠长兮禁门扃。不能寝兮起屏营。
登胡殿兮临广庭。玄云合兮翳月星。
北风厉兮肃泠泠。胡笳动兮边马鸣。
孤雁归兮声嘤嘤。乐人兴兮弹琴筝。
音相和兮悲且清。心吐思兮胸愤盈。
欲舒气兮恐彼惊。含哀咽兮涕沾颈。
家既迎兮当归宁。临长路兮捐所生。
儿呼母兮啼失声。我掩耳兮不忍听。
追持我兮走茕茕。顿复起兮毁颜形。
还顾之兮破人情。心怛绝兮死复生。

12. 谢道韫

【生平考略】谢道韫(约350—405),陈郡阳夏(今河南太康)人,东晋著名女诗人。她是东晋政治家、军事家、诗人谢安的侄女,安西将军谢奕之女,大书法家王羲之的二儿媳,王羲之之子王凝之之妻。谢道韫和丈夫王凝之有四子一女,据《晋书·烈女传》记载,公元399年王凝之为孙恩起义军所杀,他们的子女在孙恩之乱中全部遇难,她一直寡居会稽。所以说,她虽出身名门,却也命运多舛。

晋代王、谢两族,世代替缨,朝廷倚之为柱石。既有所谓"王与马共天下"的说法，又有所谓“山阴道上桂花初，王谢风流荡晋书”的说法。而“旧时王谢堂前燕，飞入寻常百姓家”则又状写出人事沧桑，令人不胜感慨。

晋室东渡之初，谢安与王羲之同寓居在风光明媚的会稽，游山眺水，饮酒赋诗，放情丘壑，兴寄烟霞。谢安在谢氏诸子弟中，似乎特别欣赏侄女谢道韫的聪颖与才情，决心要为她找到一个才堪匹配的好丈夫。

为侄女择婿，最理想的对象当然是王家的儿子。最初本来颇为属意王羲之的长子王徽之的卓尔不群，但王徽之的一件事使谢安打消了这个念头。在一个雪夜，王徽之独自饮酒，突然渴望会一会老朋友戴逵，于是立即泛舟刻溪，到半途意兴阑珊，又立即驾舟回府。有人问起，答道：“乘兴而来，兴尽而去，何必见怪！”谢安认为他恐怕不是那种贯彻始终的人，因而选择了他的弟弟王凝之。王凝之禀性忠厚，文学造诣极深，草书隶书也写得很好，笃信道教，行止端方。当时王羲之正担任会稽内史的职务，全家大小都住在这个远离战火、风光秀美的地方。正所谓“山阴道上，应接不暇。”春暖花开的时候，名流雅集。在一次兰亭集会中，大家即景赋诗为文，王羲之留下著名的《兰亭集序》，感叹人生，发出“死生亦大矣，岂不痛哉！”的哀叹，这篇序文关键还在字美。据传唐太宗将它随葬，后来唐太宗墓被盗，就此失传。

谢道韫嫁到王家以后，克尽妇道，温、良、恭、俭、让，样样做到，王羲之全家都认为她是一个不可多得的好媳妇。

魏晋时代，清谈之风大炽，一炷香，一盏清茶，一杯醇酒，便可以海阔天空地谈论不休，大家闺秀有时也参加讨论。由于汉代以来儒家地位独尊，当时男女授受不亲的礼防也渐受重视，所以大家闺秀参与清谈，常张设青绫幕帐以自蔽，使对谈的男性客人，只闻其声而不见其娇面。

有一次丈夫的小弟弟王献之与友人谈论诗文，正处在下风，被经过的谢道韫听到了。她躲在屏风后听了一会，然后叫婢女告诉王献之，她愿出来为小叔子解围，王献之与客人异口同声表示愿意聆听她的高论。

谢道韫端坐在青绫幕帐之后，将王献之的前议加以肯定，然后引经据典围绕主题进一步发挥，立意高远，头头是道，客人词穷而甘拜下风。临危不乱，从容不迫，理直气壮，坦然处之，常能使艰难困苦的局面化险为夷，谢道韫的这种“泰山崩于前而色不变”的刚毅气质，是受到她叔父谢安的极大影响的。

谢安的临危不惧是很有名的。淝水之战时，他端坐家中与人下棋，前方捷报已到，也一直端坐把棋下完。晋穆帝永和三年，桓温镇守长江上游，曾在蓝田大败秦兵，后又收复京师洛阳，可惜都因后继不足而功败垂成，留下“昔年种柳，依依汉南，今看摇落，凄怆江潭，树犹如此，人何以堪”的浩叹。桓温兵多将广，这年他率兵入朝，当时都城沸沸扬扬，相率猜疑，都说桓温无故入朝，不是来废幼主，就是来诛王、谢巨族。当时谢安、王坦之都在朝为官，奉朝命赴新亭迎接桓温，百官随行出都，个个惶惊不已。桓温在新亭大陈兵卫，延见朝士，百官惟恐得罪，都只敢向桓温遥拜。谢安这时是吏部尚书，从容走到桓温面前。谢安见到帐后罗列甲士，坐定后即对桓温说："诸侯有道，守在四邻，明公何须帐后置甲士乎？"

桓温只好答道："恐有猝变，不得不然。"于是挥退甲士，掬诚欢谈多时，方才动身，同入建康。谢道韫深受叔父谢安的熏陶，在不久之后的会稽城破时，就表现出临危不乱的豪雄气势，赢得一致称赞。王凝之在谢安的保荐下，曾出任过江州刺史、左将军，一直做到主管一郡军政大权的会稽内史。

某年，海盗起家的匪首孙恩率众攻打会稽，书呆子气十足而又相信道教的王凝之居然不加设防，相信道祖必能庇佑一郡生灵，每天闭门默祷，第二天对诸将佐说："我已请得道祖允诺，派遣天兵天将相助，城池可保无虞，贼兵一定会自取灭亡。"这样，由于毫无防备，贼兵长驱直入，王凝之及诸子都被贼兵杀害。谢道韫举措镇定，命令婢仆执刀仗剑，组成一支小小的突击队伍，乘乱突围出城。她横刀在手，乘肩舆而出，来到大街，贼兵如潮水般涌来，终于成为贼兵的俘虏。谢道韫抱着小外孙被送到孙恩的面前，孙恩看到这个刚刚三岁的小孩儿，以为是王氏子孙，即命令左右将他杀死。谢道韫厉声说："事在王门，何关他族？此小儿是外孙刘涛，如必欲加诛，宁先杀我！"孙恩早听说谢道韫的才名，及见她义正辞严，毫不为眼前的态势而有畏惧之意，不免大为心折，于是改容相待，不但不杀她的小外孙，而且命属下善加保护，送她安返故居。从此谢道韫寡居会稽。

会稽文风鼎盛，莘莘学子时常前来向谢道韫请教。此时她已逾知命之年，曾在堂上设一素色帘帏，端坐其中，款款而谈，虽然未曾设帐授徒，但实质上从事着传道、授业、解惑的工作，受益的学子不计其数，都以师道尊称她。

孙恩之乱既平，新到太守刘柳素拜访谢道韫。事后刘柳素常对人说："内史夫人风致高远，词理无滞，诚挚感人，一席谈论，受惠无穷。"

"晋无文章，唯《归去来兮辞》而已"。西晋因"八王之乱"而国力大伤，东晋更因外患频频而摇摇欲坠。两晋人物醉生梦死，过着有了今天没有明天的颓废生活，使谢道韫的情致和事迹更加出色无比。在离乱交织的晋代，谢道韫称得上是一个"人中之凤"式的人物。

【诗歌成就】谢道韫识知精明，聪慧能辩，有一天谢安问她："毛诗何句最佳？"谢道韫答道："吉甫作诵，穆如清风。"吉甫就是周朝的贤臣尹吉甫。"吉甫作诵"指的是尹吉甫写的"烝民之诗"，这诗赞美周宣王的卿士仲山甫，帮助周宣王成就中兴之治。其诗辞清句丽，传诵不衰。谢安也不无同感，称赞谢道韫颇有雅人深致。还有一次，在北风怒吼，雪花纷飞的寒冷冬天，一家人围炉闲谈，谢安问大家："大雪纷纷而下，像是什么样子？"谢朗应声道："撒盐空中差可拟。"谢道韫接着说："未若柳絮因风起。"谢安为之击掌赞叹。这一咏雪名句，盛为人所传诵。今存散文《论语赞》一篇和《泰山吟》（一作《登山》）、《拟嵇中散咏松诗》二首。《拟嵇中散咏松诗》借歌咏松树以抒发人生无常的感慨。

《泰山吟》吟咏泰山，大气磅礴。对泰山胜景的描写，未事藻绘，看似质朴无文，却是东晋文人审美品评的最高标准。东晋时期老庄之学在士族中广为流行，这不仅成为人物品藻的尺度，亦成了诗歌美学的准则。所以谢道韫以寂寞无言幽玄自然状写泰山，表达了作者对泰山的最高赞美，包含着作者对巍巍东岳的无比景仰之情。

才女在高山仰止之际，也触发了自己的身世之感。因景动情，作者质问时运造化，何以使她屡遭迁谪流离。但是，作者并没有由此局限为自伤身世的哀叹。面对雄峻壮伟的泰山，诗人表达的是置身山川天宇，乐享天年，将有限之生命融化于无限之美景的希望胸怀。

我国古代名媛诗作，多以阴柔见长，以宛转细腻见胜，而谢道韫的这首《泰山吟》却充满阳刚之气。女才子大笔挥洒，气度非凡，不让须眉。《晋书》本传记她"风韵高迈"、"神情散朗，有林下风气。"这首诗正可见其一斑。

附：

泰山吟

谢道韫

峨峨东岳高，秀极冲青天。
岩中间虚宇，寂寞幽以玄。
非工非复匠，云构发自然。
器象尔何物，遂令我屡迁。
逝将宅斯宇，可以尽天年。

【墨客笔下的谢道韫】

咏史八首·谢道韫

年代：宋　　作者：蒲寿宬

当时咏雪句，谁能出其右。雅人有深致，锦心而绣口。此事难效颦，画虎恐类狗。

13. 苏若兰

【生平考略】苏蕙(生卒年不详),字若兰,前秦始平人,生长于当地的一个富实人家,成年后嫁与前秦安南将军窦滔。后来窦滔奉命出镇襄阳,苏若兰思念倍增,巧作“璇玑图”。

东晋时期,北方被匈奴、鲜卑、羯、氐、羌五个少数民族占据,前前后后,大大小小共建立过十六个政权,史称“五胡十六国”。在东晋与五胡十六国对峙时期,南方文物鼎盛,人才辈出,名垂青史的忠臣义士、才子佳人犹多;北国则沉陷于互相攻伐,战火连天中,几乎数不出什么著名的人物,除了前秦的宰相王猛,文韬武略,辅佐苻坚统一了北方,从而垂名史册外,再就是才女兼美女的苏蕙了,她的扬名则离不开那副玄妙的“璇玑图”。

苏若兰天生肤色细腻,明眸皓齿,举止娴雅,拥有江南女子一样的秀美。她不管屋外纷飞的战火,一心沉醉于诗词歌赋之中,性情与当时热衷于玩枪弄刀的生活环境格格不入,她把自己的喜怒哀乐也就全部寄托在诗文之中。她的诗文辞句清雅,情感浓郁,表达方式往往又玄秘莫测,所以她的才华几乎就没人重视,她从未遇到过一个能与她谈诗论文的知音。由此一来,便形成了一种自怨自艾,孤芳自赏的心态,恰恰就像一株空谷中的幽兰。

到了婚嫁的年龄,她毫无选择地嫁给了前秦安南将军窦滔。出阁前,满心期盼能遇上一位知情可意的夫婿,谁知这窦滔将军生来一介武夫,骑马射箭、玩弄刀枪倒是十分在行,而对苏蕙,除了喜欢她的美貌外,至于什么文才诗意,他可是一点也无法欣赏。苏蕙大失所望,因而也愈加落落寡欢,还不时地控制不住自己的情绪,发上一通脾气。

窦滔起初还算依顺宽容这个漂亮的妻子,可后来他遇到歌妓赵阳台,并娶作偏房。这赵阳台,不但能歌善舞,而且娇媚可人,引得窦滔对她宠爱不已。苏蕙看到赵妾那副媚态,心里自然窝心,不由得拿出正室的身份叱责她。赵妾不敢与她直面对抗,就不时地在窦滔耳边数落苏蕙的不是,窦滔对妻子也就越来越冷淡了。后来,窦滔奉命出镇襄阳,本欲携妻妾同往,可当时苏蕙正为赵妾的事情生气,赌气说不去。这话正中赵阳台下怀,她极力怂恿窦滔,说苏蕙不去就不必勉强。于是窦滔只带着赵阳台赴任了。

苏蕙独自守在长安空闺中,日子稍长,便感到寂寞难耐。丈夫在身边时,不太能感觉出他的多少好处来,现在一离开,思念之情却是刻骨铭心,真是一日夫妻百日恩啊!她不由得有些悔恨当初的负气了。

悔恨之余,她便夜以继日地用吟诗作文来排遣孤寂的时光。一天,她心不在焉地把玩着一只精巧的小茶壶,壶身上绕着圈刻了一圈字——“可以清心也”。她玩着玩着,忽然发现这五个字不论从哪个字开始读,都可以成一句颇有意趣的话。于是灵感顿至,她设想可以利用这种巧妙的文字现象,来构成一些奇特的诗。

这时,她正有满腔的幽思和深情想要抒发,现在又找到了这种奇巧的表达方法,于是废寝忘食地进行构思。构思既成,她又费了好几个月的工夫,把诗织在锦缎上,这副锦缎长宽都是八寸,上面织有八百四十一个字,分成二十九行,每行也恰是二十九字,每个字纵横对齐;这些文字五彩相间,纵横反复都成章句,里面藏着无数首各种体裁的诗,诗意多为倾诉她的思念之情。苏蕙把这副锦缎命名为“璇玑图”。璇玑,原意是指天上的北斗星,之所以取名“璇玑”,是因这幅图上的文字排列像天上的星辰一样玄妙而有致,知之者可识,不知者望之茫然。当然,其中也暗寓她对丈夫的恋情,就像星星一样深邃而不变。

“璇玑图”织好后,苏蕙派人送往襄阳交给窦滔。旁边的人见了这图,都不知其中有何含意,可对诗文不甚通解的窦滔,捧着“璇玑图”,细细体味,竟完全读懂了妻子的一片深情,这也许就是所谓的心有灵犀一点通吧!旁人询问其故,窦滔意味深长地说:“这是我家的语言,不是我家的人,莫能解之。”

当即,窦滔派遣了一批人马,到长安接来了苏蕙。自此,夫妻恩爱日深,窦滔也渐渐跟着苏蕙学习诗词,两人常常一同流连于诗词的海洋中。

【“璇玑图”及其影响】苏蕙的“璇玑图”轰动了那个混乱的时代,大家争相传抄,试以句读,解析诗体,然而能懂的人寥若晨星。“璇玑图”流传到后世,又不知令多少文人雅士伤透了脑筋。唐代女杰武则天,就“璇玑图”着意推求,得诗二百余首。宋代高僧起宗,将其分解为十图,得诗三千七百五十二首。明代学者康万民,苦研一生,撰下《“璇玑图”读法》一书,说明原图的字迹分为五色,用以区别三、五、七言诗体,后来传抄者都用墨书,无法分辨其体,给解读造成困难。康万民研究出了一套完整的阅读方法,分为正读、反读、起头读、逐步退一字读、倒数逐步退一字读、横读、斜读、四角读、中间辐射读、角读、相向读、相反读等十二种读法,可得五言、六言、七言诗四千二百零六首;每一首诗均悱恻幽怨,一往情深,真情流露,令人为之动颜。

总计八百四十一字,没有标点的“璇玑图”全文如下(读时须排列成横竖各二十九行的方阵)：

仁智怀德圣虞唐真妙显华重荣章臣贤
惟圣配英皇伦匹高飘浮江湘津伤嗟情
家明葩荣志庭闲乱作人谗佞奸凶害我
忠贞桑凶慈雍思恭基河惨叹中无镜纷
为笃明难受消原祸因所恃滋极骄盈榆
顽孝和淑自为隔怀怀伤君朗光谁终荣
苟不义姬班女婕好辞辇汉成薄浸休家
贞记孝塞慕所路房容珠感誓城倾在戒
后孽嬖赵氏飞燕是生景谗退远敦贞敬
殊增离旷帏饰曜思穷荧犹炎盛兴渐至
大伐用昭丹青昭愚谦危节所是山忧经
遐清华英多苍形未在慎深虑微察远祸
在防萌西滋蒙疑容持从梁心荒淫忘想
感所钦岑幽岩峻嵯峨深渊重涯经网罗
林光流电逝推生民堂妃闺飞衣谁追何
思情时形寒岁识凋松想居叹如阳移收
施为抵差士空后中奋表为相如感伤在
劳贞物知终始咎独怀何潜西不何谁神
无感惟自节能我容声将自孜君想颜衰
改华容是与女贱曜日日激与通者旷思
兴厉不歌冶同情宁孜侧梦仁贤别行士
念谁贱鄙翳白无愤将上采悲咏风樊叹
发观羽缠龙旗容衣诗情明显怨衰情时
倾英殊衰殊身节菲路和周楚长双华宫
忧虎雕饰绣始璇玑图义年劳叹寄华年
有志饬忘葑长音南郑歌商流徽殷繁华
观曜终始心诗兴感远殊浮沉时盛意丽
哀遗身藏召卫咏齐曜情多文曜壮言无
平苏氏理往忧岁异浮惟必心华惟下微
辞日思慕世异逝倾违荣感体悯悲窃河
摧伯女志兴荣伤患藻荣丽充端此作丽

遐硕翠感生婴漫丁冤诗风兴鹿鸣怀悲
哀谁游倏无一俯忧作已声窈广路人粲
我艰是漫是何桑翳感孟宣伤感情者颓
然盈体仰情者处发淑思透其戚情惟忧
何艰生时盛昭业倾思永戚我流若不中
容何成幽曲姿归迤颀蕤悲苦怀思苦我
章徽恨微玄悼叹戚知沙驰亏离仪赀辞
房秦王怀土眷旧乡身加兼愁悴少精神
通幽旷远离凤麟龙昭德怀圣皇人商游
桑鸠扬仇伤荣身我乎集殃愆辜何因备
所明径殊孤乘雁为激阶阴巢水悲容仁
尝苦辛当神飞文遗分归贼弦西翳双激
奸摧君深日润浸思罪积怨其根难寻均
物品育生施天地德贵平均匀专通身粲
妾殊翔女楚步林燕清思发离滨汉之步
飘飘离微隔乔木谁阴一感寄饰散声应
有流东桃飞泉君叹殊心改者惑匿亲闻
远离殊我同衾志精浮光离哀伤柔清厢
休翔流长愁方禽伯在诚故遗旧废故君
子惟新贞微云辉群悲春刚琴芳兰凋茂
熙阳春墙面殊意惑故新霜冰斋洁志精
纯望谁思想怀所亲

“璇玑图”这八百四十一个字排成的“文字方阵”，竟然能衍化出数以千计的各种诗体的诗来，读法更是千奇百怪。今天我们要想彻底读懂，纵使花上几年工夫，也不是人人能做到的；而当初苏蕙仅用了几个月时间，不但构思好，还要织在锦缎上，靠的除了她的一腔深情外，也绝对少不了她的绝世才情。

【“璇玑图”诗赏析】这里仅选择几首从“璇玑图”中整理出来的诗，以体现苏蕙情意之一斑：

苏作兴感昭恨神，辜罪天离间旧新。
霜冰斋洁志清纯，望谁思想怀所亲！

这是一位被“新人”取代的“旧妇”唱出的幽怨和不平，但对于远方的夫君她依然"怀着霜冰"般纯洁的一片真情。

伤惨怀慕增忧心,堂空惟思咏和音;
藏摧悲声发曲秦,商弦激楚流清琴。

这首诗正读、反读皆可,描述了满怀悲思的人儿,独自坐在空寂的堂上抚琴,琴声时而呜咽如泉,时而激越如风,倾诉着抚琴人翻卷涨落的心声。

嗟叹怀所离径,遐旷路伤中情;
家无君房帏清,华饰容朗镜明。
葩纷光珠耀英,多思感谁为荣?
周风兴自后妃,楚樊厉节中闲。
长叹不能奋飞,双发歌我衮衣;
华观冶容为谁? 宫羽同声相追。

凄怆的六言诗,诉说着女主人公在空寂的"房帏"中对镜梳妆时的几多哀叹,她纵然有着"葩纷"、"耀英"的容颜,但韶光易逝,夫君难回,这如花的年华,又"冶容为谁?"

寒岁识凋松,真物知终始;
颜衰改华容,仁贤别行士。

这首可回读的五言诗,用岁寒后凋的松柏作比,吐露了她对夫君矢志不移的贞情;倒转来读,则表现得更加激扬蓬勃,感人至深。

谗佞奸凶,害我忠贞;
祸因所恃,滋极骄盈。

这里又对那位夺她夫君的赵阳台进行了痛斥,喻她为"谗佞",苏蕙之所以被丈夫抛在长安,全因了那位赵阳台谗媚进言,恃宠邀情,怎不让苏蕙愤恨至极。

一副深情玄妙的"璇玑图"的意韵,绝不是一篇短文章能讲得清楚的,若想领会其中奥妙,只有自己会心品味,方能渐至佳境。它实在是中国文字深奥、古奇、优美与艺术化的最佳诠释。

一副"璇玑图"使才女苏蕙名声大噪,千古称奇。虽说当时南方因天时地利,才子才女多如过江之鲫,然而北国仅以一个才貌俱佳的苏蕙,就足以使他们黯然失色,真可谓是月明中天,群星失灿。

后来,历代不少有才之士纷纷想模仿"璇玑图"创作诗歌,以与苏蕙平分秋色；但最终除了作出一些“回文诗”外，仅有宋代大学士苏轼创造的一种“反复诗”，尚有一些“璇玑图”的意韵，全文排列如下：

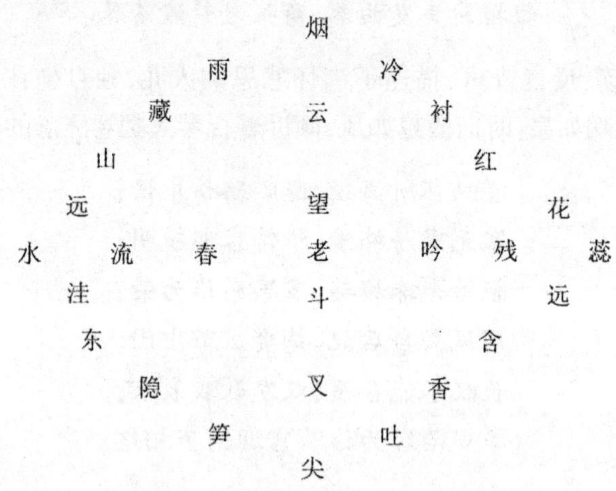

“反复诗”的字排成一菱形，外圈任取一字开始，左旋右旋，读之皆可，能得五言绝句三十首；圈内十字交叉的十三个字，顺读、横读、逆读，可得七言绝句四首；以中间的“老”字为枢纽，左右上下旋读，又可得诗若干首；若将所有二十九字任取一字随意回旋，取其押韵，还能得诗若干首。据说以这二十九字反复变化，可读出七、八十首诗来，可以说是神奇巧妙，与“璇玑图”异曲同工。然而，从气势上，变化的花样和难度上，它仍与“璇玑图”难以相提并论。苏蕙用一腔幽情创制的“璇玑图”真能称得上千古之绝唱！

14. 鱼玄机

【生平考略】鱼玄机（约844—871），字幼薇，一字蕙兰，长安（今陕西省西安市）人，市民家女，姿色倾国，天性聪慧，才思敏捷，好读书，喜属文。十五岁被李亿补阙（掌讽谏之官）纳为妾，与李情意甚笃，但夫人妒不能容。唐懿宗咸通时，李亿遣其出家，在长安咸宜观为女道士。但她对李却一往情深，写下许多怀念他的诗。她曾漫游江陵、汉阳、武昌、鄂川、九江等地以遣怀；亦曾放纵情怀以求知己。《北梦琐言》说她“自是纵怀，乃娼妇也”。她曾与许多文士交往甚密，以诗相寄赠，但终是孤零一身，她无可奈何地发出“易求无价宝，难得有心郎”的痛苦而又绝望的心声。后因妒杀侍婢绿翘，被京兆尹温璋处死。

所著有《鱼玄机诗》,目前传世共50首,其诗多清词丽句,又对仗工稳。多与温庭筠等以诗篇相赠答。《全唐诗》卷804存其诗1卷。

【诗与人生】唐武宗会昌二年,鱼玄机生于长安城郊一位落拓士人之家。鱼父饱读诗书,却一生功名未成,只好把满腔心血都倾注到独生女儿鱼幼薇身上,对她刻意调教。小幼薇在父亲的栽培下,五岁便能背诵数百首著名诗章,七岁开始学习作诗,十一二岁时,她的习作就已在长安文人中传诵开来,成为人人称道的诗童。

鱼幼薇的才华引起了当时名满京华的大诗人温庭筠的关注。在暮春的一个午后,温庭筠专程慕名寻访鱼幼薇,在平康里附近的一所破旧的小院中找到了鱼家。平康里位于长安的东南角,是当时娼妓云集之地,因这时鱼父已经谢世,鱼家母女只能住在这里,靠着给附近青楼娼家做些针线和浆洗的活儿来勉强维持生活。就在低矮阴暗的鱼家院落中,温庭筠见到了这位女诗童。鱼幼薇虽然还不满十三岁,但生得活泼灵秀,纤眉大眼,肌肤白嫩,俨然一派小美人风韵。温庭筠深感这小姑娘生活的环境与她的天资是多么不相称,不由得油然而生怜爱之情。

温庭筠委婉地说明了自己的来意,并请小幼薇即兴赋诗一首,想试探一下她的才情,看是否名过其实。小幼薇显得十分落落大方,毫无拘束为难的模样,她请客人入座后,站在一旁,扑闪着一双大眼睛静待这位久闻大名的诗人出题。温庭筠想起来时路上,正遇柳絮飞舞,拂人面颊之景,于是写下了"江边柳"三字为题。鱼幼薇以手托腮,略作沉思,一会儿,便在一张花笺上飞快地写下一首诗,双手捧给温庭筠评阅,诗是这样写的:

翠色连荒岸,烟姿入远楼;
影铺春水面,花落钓人头。
根老藏鱼窟,枝底系客舟;
萧萧风雨夜,惊梦复添愁。

温庭筠反复吟读着诗句,觉得不论是遣词用语,平仄音韵,还是意境诗情,都属难得一见的上乘之作。这样的诗瞬间出自一个小姑娘之手,不能不让这位才华卓绝的大诗人叹服。从此,温庭筠经常出入鱼家,为小幼薇指点诗作,似乎成为了她的老师,不仅不收学费,反而不时地帮衬着鱼家。他与幼薇的关系,既像师生,又像父女、朋友。

不久之后,温庭筠离开长安,远去了襄阳任刺史徐简的幕僚。秋凉叶落时节,鱼幼薇思念远方的故人,写下一首五言律诗"遥寄飞卿":

阶砌乱蛩鸣，庭柯烟露清；
月中邻乐响，楼上远日明。
枕簟凉风著，瑶琴寄恨生；
嵇君懒书札，底物慰秋情？

飞卿是温庭筠的字，他才情非凡，面貌却奇丑，时人因称之“温钟馗”。也许是年龄相差悬殊，也许是自惭形秽，温庭筠虽然对鱼幼薇十分怜爱，但一直把感情控制在师生或朋友的界限内，不敢再向前跨越一步。而情窦初开的鱼幼薇，早已把一颗春心暗系在老师身上。温庭筠离开后，她第一次借诗句遮遮掩掩吐露了她寂寞相思的心声。不见雁传回音，转眼秋去冬来，梧桐叶落，冬夜萧索，鱼幼薇又写出“冬夜寄温飞卿”的诗。

苦思搜诗灯下吟，不眠长夜怕寒衾；
满庭木叶愁风起，透幌纱窗惜月沈。
疏散未闲终随愿，盛衰空见本来心；
幽栖莫定梧桐处，暮雀啾啾空绕林。

少女的幽怨如泣如诉，心明如镜的温庭筠哪能不解她的心思？倘若他报以柔情万种的诗句，鱼幼薇也许就成了温夫人，但他思前想后，仍抱定以前的原则，不敢跨出那神圣的一步。

唐懿宗咸通元年，温庭筠回到了长安，想趁新皇初立之际在仕途上找到新的发展。两年多不见，鱼幼薇已是亭亭玉立、明艳照人的及笄少女了，他们依旧以师生关系来往。

一日无事，师生两人相偕到城南风光秀丽的崇贞观中游览，正碰到一群新科进士争相在观壁上题诗留名，他们春风满面，意气风发，令一旁的鱼幼薇羡慕不已。待他们题完后，鱼幼薇也满怀感慨地悄悄题下一首七绝：

云峰满月放春晴，历历银钩指下生；
自恨罗衣掩诗句，举头空羡榜中名。

这首诗前两句气势雄浑，势吞山河，正抒发了她满怀的雄才大志；后两句笔锋一转，却恨自己生为女儿身，空有满腹才情，却无法与须眉男子一争长短，只有无奈空羡！

几天之后，初到长安的贵公子李亿游览崇贞观时，无意中读到了鱼幼薇留下的诗，心中大为仰慕，只想一睹这位题诗奇女子的风采。可惜李亿这次来京是为了出任因祖荫而荣获的左补阙官职，忙于官场应酬，一时无暇去打听鱼幼薇的情况，只是在心中记住了这个名字。

就任后，李亿这位来自江陵的名门之后，开始拜访京城的亲朋故旧。温庭筠在襄阳刺史幕中，曾与李亿有一段文字交往，因而李亿也来到了温庭筠家中。在温家的书桌上，一幅字迹娟秀的诗笺令李亿眼睛一亮，这是一首抒情六言诗：

红桃处处春色，碧柳家家月明；
楼上新妆侍夜，闺中独坐含情。
芙蓉月下鱼戏，螮蝀天边雀声；
人世悲欢一梦，如何得作双成？

诗句清丽明快，诗中人儿幽情缠绵，使得李亿为之怦然心动。待他问明诗作者，原来就是那个题诗崇贞观的奇女子鱼幼薇，李亿心中更加激动。

温庭筠把李亿微妙的神态看在眼里，暗中已猜中他的心思。他想：李亿年方二十二，已官至左补阙，可谓前途无量，而他人又生得端正健壮，性情温和，与鱼幼薇还真是天设地造的一对。于是，好心的温庭筠出于对鱼幼薇前途的考虑，为他们从中撮合。李亿与鱼幼薇当然是一见钟情，在长安繁花如锦的阳春三月，一乘花轿就把盛妆艳饰的鱼幼薇，迎进了李亿为她在林亭置下的一栋精致别墅中。

林亭位于长安城西十余里，依山傍水，这里林木茂密，鸟语花香，是长安富家人喜爱的一个别墅区。在这里，金童玉女似的李亿与鱼幼薇，男欢女爱，度过了一段令人心醉的美好时光。

在江陵，李亿还有一个原配夫人裴氏，见丈夫去京多时仍不来接自己，于是三天两头地来信催促。无可奈何的情况下，李亿只好亲自东下接眷。李亿有妻，鱼幼薇早已知道，接她来京也是情理中事，鱼幼薇通情达理地送别了李郎，并牵肠挂肚地写了一首“江陵愁望寄子安”的诗，诗云：

枫叶千枝复万枝，江桥掩映暮帆迟；
忆君心似西江水，日夜东流无歇时。

子安是李亿的字，那时从长安至江陵，往返一趟大约需两个月时间，而李亿此次又是出仕后首次回家，必然有一番会亲宴客、上坟祭祖的活动，又耽搁了几个月。鱼幼薇独守空房，从红枫秋月，一直等到春花渐落，才见良人携妻来到长安。

尽管一路上李亿赔尽了小心，劝导妻子裴氏接受他的偏房鱼幼薇，可这位出身名门、心高气傲的裴氏始终不肯点头。一进林亭别墅的大门，裴氏就怒不可遏地喝令随身侍女，把出来迎接的鱼幼薇按在地上，用藤条毒打了一顿。鱼幼薇不敢反抗、也不敢怨怒，她只希望在夫人出了一口气之后，便能接受她成为一家人，为了和心上人在一起，受点皮肉之苦又算得了什么呢？

然而裴氏的怒气并不是一发就消，第二天、第三天仍是闹得鸡飞狗跳，硬逼着李亿把鱼幼薇赶出家门不可。李亿实在拗不过裴氏，只好写下一纸休书，将鱼幼薇扫地出门。

两人的婚姻仅仅维持了三个月。五个月的苦苦相思，至此戛然而止。

其实，深爱着鱼幼薇的李亿又怎忍心弃她不管呢，他表面上与她一刀两断，暗地里却派人在曲江一带找到一处僻静的道观——咸宜观，出资予以修葺，又捐出了一笔数目可观的香油钱，然后把鱼幼薇悄悄送进观中，并对鱼幼薇发誓道："暂时隐忍一下，必有重逢之日！"

咸宜观观主是个年迈的道姑，她为鱼幼薇取了"玄机"的道号，从此鱼幼薇成了鱼玄机。一个风华绝代、才情似锦的女子岂甘孤伴青灯做一世道姑，长夜无眠，鱼玄机在云房中思念着昔日的丈夫李亿，泪水和墨写下了一首"寄子安"：

醉别千卮不浣愁，离肠百结解无由；
蕙兰消歇归春圃，杨柳东西伴客舟。
聚散已悲云不定，恩情须学水长流；
有花时节知难遇，来肯恹恹醉玉楼。

进入道观后，幼薇把满腔愁情寄托在诗文上，寄托在夫君的到来上。而李亿把鱼幼薇寄养在咸宜观，本意也是要寻机前来幽会的，却无奈妻子裴氏管束极严，裴家的势力又遍布京华，李亿不敢轻举妄动，所以从不曾到咸宜观看望过鱼玄机。鱼玄机朝思暮想，了无李郎音讯，只有把痴情寄付诗中，又写了一首"寄李子安"：

饮冰食药老无功，晋水壶关在梦中；
秦镜欲分愁坠鹊，舜琴得弄怨飞鸣。
井边桐叶鸣秋雨，窗下银灯暗晓风；
书信茫茫何处向，持竿尽日碧江空。

诗每写成，都无法捎给李郎，鱼玄机只有把诗笺抛入曲江中，任凭幽情随水空流。唐朝道教盛行，著名的道观多成了游览胜地和交际场所，许多才色稍佳的女道士便成了交际花。然而，咸宜观因一清道姑品性严谨，恪守规矩，所以一直保持着一分清净的局面。观中客人了了，李亿当时就是看中这里的清净才把鱼玄机托付到此。如今，鱼玄机也就只有守着寂静，与道友为伴。

三年时光默默流走了，一清师父年迈体衰溘然长逝，与鱼玄机年龄相仿且朝夕为伴的彩羽道姑，竟跟着一位来观修补壁画的画师私奔了。咸宜观中，就剩下鱼玄机孤零零一人。就在这时，她又听长安来客说起，她日夜盼望的李郎早已携娇妻出京，远赴扬州任官去了。这一消息对鱼玄机无疑是一个沉重的打击，她觉得自己被人抛弃，空将一腔情意付之东流。一连串的打击，使鱼玄机痛不欲生，一改过去洁身自爱的态度，索性放纵起来，让自己亮丽的才情和美貌，不至随青烟而消散。于是，在冷冷清清的咸宜观中，她深夜秉烛，写下了一首后来传诵千古的“赠邻女”诗：

羞日遮罗袖，愁春懒起妆；
易求无价宝，难得有情郎。
枕上潜垂泪，花间暗断肠；
自能窥宋玉，何必恨王昌。

这首诗不啻就是她人生的分水岭，在此之前，她是一个秀外慧中、痴情万缕的贤淑才女；从此后，她看破了世态人情，只为享乐纵情极欲，变成了一个放荡冶艳的女人。鱼玄机在咸宜观中陆续收养了几个贫家幼女，作为她的弟子，实际上是她的侍女，她开始过一种悠游闲荡的生活。观外贴出了一副“鱼玄机诗文候教”的红纸告示，这无疑是一旗艳帜，不到几天工夫，消息就传遍了长安。自认有几分才情的文人雅士、风流公子，纷纷前往咸宜观拜访鱼玄机，谈诗论文，聊天调笑，以至昏天黑地。鱼玄机的艳名也就越传越广。

咸宜观中，鱼玄机陪客人品茶论道，煮酒谈心；兴致所至，游山玩水，好不开心；遇有英俊可意者，就留宿观中，男观女爱。从她的一首“道怀诗”，就颇能体现出她此时的生活景况：

闲散身无事，风光独自游；
断云江上月，解缆海中舟。
琴弄萧梁寺，诗吟庚亮楼；
丛篁堪作伴，片石好为俦。
燕雀徒为贵，金银志不求；
满怀春酒绿，对月夜窗幽。
绕砌澄清沼，抽簪映细流；
卧床书册遍，半醉起梳头。

鱼玄机正值二十出头,既有少女的妩媚,又有成熟女性的风韵,再加上她的才华和风情,不知使多少人拜倒在她的石榴裙下。

当时颇受她青睐的一个落第书生叫左名扬。她之所以钟情于左名扬,只因为他那一派贵公子风范和堂堂的容貌仪表,都酷似昔日的丈夫李亿。虽然她曾经忿恨过李郎的薄幸,但是内心却始终忘不了他。在左名扬踏进咸宜观的那一刹那,她不由一怔。迷离中仿佛以为是李郎回到了她的身边。于是,她对左名扬倾注了满腔的柔情,完全以一种小妻子的神态对待左名扬,左名扬时常留宿在她的云房中,共享云雨之情。左名扬还曾写下一首描写鱼玄机云房情景的诗:

白鸽飞时日欲斜,禅房宁谧品香茶;

日暮钟声相送出,箔帘钉上挂袈裟。

这短短的二十八个字,虽然语意闪烁,但已可窥见他俩云房中取乐的旖旎风光了。

除左名扬之外,与鱼玄机来往密切的还有一位经营丝绸生意的富商李近仁。起初鱼玄机根本不把这个脑满肠肥的商人放在眼里,但李近仁却别有心计,不但常常在鱼玄机面前竭力展示自己温文儒雅,同时又向咸宜观捐送了大量的钱帛,却又不表现出对鱼玄机有所希求的模样。鱼玄机慢慢地就被他的大度恢宏而打动,觉得他完全不是那种满身铜臭味的商人,于是也就心甘情愿地以身相报了。在她"迎李近仁员外"的诗中,所描述的情形简直就像是闺中少妇,欢天喜地地迎接远游归来的丈夫一般:

今日晨时闻喜鹊,昨宵灯下拜灯花;

焚香出户迎潘岳,不羡牵牛织女家。

李近仁时常远赴苏杭采办货物,经久不见人影,但他一返京就必定到观中探望鱼玄机,给她带来许多绸缎织绣之类的礼物。而且,咸宜观中的开销用度基本上都包在李近仁身上,但他又丝毫不限制鱼玄机的交游;因而鱼玄机在委身李近仁的同时,又可自由地与各种人物交往,这中间也包括她的老师温庭筠,但温庭筠与她一直保持着一种纯粹的友情。

当时有一位官人裴澄,对鱼玄机十分爱慕。一心想成为她的座上客,可鱼玄机见他与李亿的裴氏夫人同姓同族,终究心存顾虑,对他敬而远之。

有一天,咸宜观中来了三位锦衣华冠的贵族公子,同时还携有歌姬和乐师。贵胄公子在鱼玄机眼里已司空见惯,倒是那位身材魁梧、相貌清秀、举止谦逊、神情略带几分腼腆的乐师却深深吸引了她的眼光。在有意无意中，鱼玄机对乐师略施情韵，使这位叫陈韪的乐师受宠若惊，虽然碍着主人家的面不敢多言，但已抛过无数感激与仰慕的眼风。陈韪含情脉脉的眼神，更加撩动了鱼玄机的情火，只感觉自己整个人都似燃烧起来。当那群人离去后，夜里鱼玄机仍无法平静下来，在床上辗转一夜未合眼。第二天茶饭无心，熬到上灯时分，在情思迷离中，摊开彩笺，写下一首露骨的情诗：

恨寄朱弦上，含情意不任；
早知云雨会，未起蕙兰心。
灼灼桃兼李，无妨国士寻；
苍苍松与桂，仍羡世人钦。
月色苔阶净，歌声竹院深；
门前红叶地，不扫待知音。

正思量情诗如何让陈韪看见，陈韪却在第三天清晨又来到了咸宜观。原来他回去后也对美艳含情的鱼玄机念念不忘，找准了闲暇时间，又急急地来会佳人了。鱼玄机一见自然喜出望外，把他引进云房，故意让他看见桌上的情诗。陈韪见诗，洞察了伊人的心思，自己更加心神荡漾。从此陈韪便成了咸宜观中最受欢迎的客人，只要有时间，就来幽会鱼玄机。

艳丽的日子不觉过了两三年，鱼玄机的贴身侍婢绿翘已经十八岁了，竟也出落得肌肤细腻，身姿丰腴。受鱼玄机的影响，也颇为善弄风情，双眼含媚。因绿翘做事机灵，又十分乖巧听话，所以深得鱼玄机的信任和重用。

这年春天的一日，鱼玄机受邻院所邀去参加一个春游聚会，临出门前嘱咐绿翘说："不要出去，如有客人来，可告诉我的去向。"

酒宴诗唱，一直乐到暮色四合时，鱼玄机才回到咸宜观。绿翘迎出来禀报道："陈乐师午后来访，我告诉他你去的地方，他'嗯'了一声，就走了。"

鱼玄机心想：每次自己外出，陈韪总是耐心地等她归来，今天怎么会急急地走了呢？再看绿翘，只见她双鬟微偏，面带潮红，双眸流露着春意，举止似乎也有些不自然，于是明白了一切。

入夜，点灯闭院，鱼玄机把绿翘唤到房中，强令她脱光衣服，跪在地上，厉声问道："今日做了何等不轨之事，从实招来！"绿翘吓得缩在地上，颤抖着回答："自从跟随师父，随时检点行迹，不曾有违命之事。"鱼玄机逼近绿翘，仔细检视全身，发现她胸前乳上有指甲划痕，于是拿起藤条没命地向她抽打。绿翘矢口否认自己有解佩荐枕之欢，被逼至极，她对鱼玄机反唇相讥，历数她的风流韵事。鱼玄机暴跳如雷,见一个一贯驯服自己的婢女竟敢说自己的不是,跳起来,一把抓住绿翘的脖子,把她的头朝地上猛撞。等她力疲松手时,才发觉绿翘已经断气身亡。

鱼玄机一看出了人命,顿时慌了手脚;然而她毕竟是见过大风大浪的人,当即定下神来,趁着夜深人静,在房后院中的紫藤花下挖了个坑,把绿翘的尸体埋了进去。

过了几天,陈韪来访,问起:"为何不见了绿翘?"鱼玄机回答说:"弄春潮逃走了。"陈韪不敢多问,也就不了了之。

到了蝉鸣蛙叫的夏天,有两位新客来访,酒酣耳热之际,一客人下腹胀极,忙到紫藤花下小解,见有一大群苍蝇聚集在花下浮土上;驱赶开后又复聚过来。土上无一脏物,为何引来蝇聚,客人心中生疑,回家后告诉了作衙役的哥哥,于是官衙中派了人来咸宜观勘查,挖开紫藤花下的浮土,见到了一具女尸,竟然肌肤未腐,宛如生时,寺中其他小道始认出是绿翘。

鱼玄机被带到公堂,抬头看座上,审问她的竟是旧日追求她而遭拒绝的裴澄。鱼玄机心想:"这下子无法逃生了!"为免皮肉之苦,她主动一五一十地交待了杀人经过,因罪行恶劣,被处以斩刑。这年她才 25 岁,历尽波折变幻的一生就这样匆匆结束了。

15. 上官婉儿

【生平考略】上官婉儿(664—710),唐代女官、女诗人、唐中宗昭容。陕州陕县(今属河南)人。是唐高宗时宰相上官仪的孙女。上官仪被杀后,随母亲郑氏配入内庭。十四岁时,即为武则天掌文诰。唐中宗时,封为昭容。曾建议扩大书馆,增设学士,代朝廷品评天下诗文,一时词臣多集其门,是历史上罕见的才女。临淄王(即唐玄宗)起兵,与韦后同时被杀。

麟德元年,上官仪因替高宗起草将废武则天的诏书,被武后所杀,家族籍没。尚在襁褓之中的上官婉儿与母亲郑氏同被配没掖庭。她十四岁的时候,出落得妖冶艳丽,秀美轻盈,一颦一笑,自成风度,加上天生聪秀,过目成诵,文采过人,下笔千言。仪凤二年,上官婉儿曾被武则天召见宫中,当场命题,让其依题著文。上官婉儿文不加点,须臾而成,珠圆玉润,调叶声和,尤其她的书法秀媚,格仿簪花。武则天看后大悦,当即下令免其奴婢身份,让其掌管宫中诏命。此后,武则天所下制诰,多出上官婉儿的手笔。

武则天将上官婉儿倚为心腹，甚至与张昌宗在床榻间交欢时也不避忌她。上官婉儿正值情窦初开，免不得被引动，加上张昌宗姿容秀美，不由地心如鹿撞。一天，婉儿与张昌宗私相调谑，被武则天看见，拔取金刀，插入上官婉儿前髻，伤及左额，且怒目道："汝敢近我禁脔，罪当处死。"亏得张昌宗替她跪求，才得赦免。婉儿因额有伤痕，便在伤疤处刺了一朵红色的梅花以遮掩，谁知却益加娇媚。宫女们皆以为美，有人偷偷以胭脂在前额点红效仿，渐渐地宫中便有了这种红梅妆。

以后，上官婉儿遂精心侍奉，曲意迎合，更得武则天欢心。从圣历元年开始，又让其处理百司奏表，参决政务，权势日盛。

神龙元年，中宗复位。中宗即位后政权掌握在韦皇后的手中。中宗一生颠沛流离，养成了一副柔弱性格。而韦后则一心学武则天，勾结女儿安乐公主，把持了朝纲。早在唐高宗驾崩时，上官婉儿十六岁，她母亲早已去世。这婉儿善于修饰，画眉贴翠，搔首弄姿，便和中宗皇帝偷了私情。后来中宗被废，幽囚在房州地方，只有韦后伴着中宗皇帝，吃尽苦楚。中宗复位以后，大权在握，便接着把婉儿召幸，合成一个鸾凤交，册为婕妤，封婉儿母郑氏，为沛国夫人。又令婉儿专掌起草诏令。

因为有上官婉儿和武三思的加入，韦后势力大增，把唐中宗的权柄完全架空。武三思依靠韦后和安乐公主等人的支持，相继设计贬杀了张柬之、桓彦范、敬晖、袁恕己和崔玄暐等五王，权倾人主，不可一世。因上官婉儿与武三思私通，并在所草诏令中，经常推崇武氏而排抑皇家，致使太子李重俊气愤不已。景龙元年七月，李重俊与左御林大将军李多祚等，矫皇帝旨意，发左御林军及千骑兵，在半夜时分，分两路军马直扑武三思、武崇训府第，并诛其亲党十余人，又统兵三千，直趋肃章门，斩关直入，搜索韦皇后、安乐公主、上官婉儿。韦后和中宗带着上官婉儿和安乐公主登上玄武门躲避兵锋，令右羽林大将军刘景仁率飞骑二千余人，屯太极殿前，闭门自守。最终，太子兵败被杀。

上官婉儿怂恿中宗设立修文馆，大召天下诗文才子，邀请朝中善诗文的大臣入修文馆，摛藻扬华。多次赐宴游乐，赋诗唱和，流连竟夕，醉不思归。上官婉儿每次都同时代替中宗、韦后和安乐公主，数首并作，诗句优美，时人大多传诵唱和。对大臣所作之诗，中宗又令上官婉儿进行评定，名列第一者，常赏赐金爵。

相传婉儿将生时，其母郑氏梦见一个巨人，给她一称道："持此称量天下士。"郑氏料想腹中必是一个男子，将来必能称量天下人才，谁知生下地来，却是一个女儿，郑氏心中甚是不乐。这婉儿自幼儿长成聪明伶俐，出世才满月，郑氏抱婉儿在怀中戏语道:“汝能称量天下士么?”婉儿即呀呀地相应,如今果然。因此,朝廷内外,吟诗作赋,蔚然成风。韦后本不工诗,即由婉儿代为捉刀,各文臣也明知非帝后亲笔,但当面只好认她自制,格外称扬,韦后遂把婉儿宠上加宠。

婉儿趁此机会,将兵部侍郎崔湜引做面首。当初上官婉儿和武三思尚结一份私情,见了崔湜,神情之间,若即若离。崔湜年少多才,与婉儿堪为一对佳偶,如今结成露水缘,婉儿才得以如愿以偿。但尚有不满意处,崔湜在宫外,婉儿在宫内,宫闱虽然弛禁,究竟有个中宗在上面,不方便。婉儿便又想出一法,请营外第,以便游赏。中宗派人在上官婉儿居地穿池为沼,叠石为岩,穷极雕饰,常引大臣宴乐其中。此地亭台阁宇,园榭廊庑,风雅为洛阳第一家,上官婉儿与崔湜从此日日鸳鸯戏浴。崔湜的弟兄崔莅、崔液、崔涤弟兄四人个个都生成眉清目秀,面如冠玉,崔湜一个一个地引他们进宫来,和上官婉儿见面。婉儿见了这许多美貌少年,一时里爱也爱不过来。从此,上官婉儿行走坐卧,无时无刻都有这崔家弟兄四人追随陪伴在侧。上官婉儿常常在宫中设宴,一个美人儿中间,坐着四个少年儿郎,在两旁陪着饮酒说笑,行令赋诗。后来崔湜在主持铨选时,多有违失,被御史李尚隐弹劾,以罪被贬外州司马。因上官婉儿和安乐公主为其申理,仍官复原职。

景龙四年,上官婉儿又依附太平公主。六月,唐中宗被韦后与安乐公主毒死后,上官婉儿与太平公主一起草拟遗诏,立温王李重茂为皇太子,是为睿宗。韦后执政事,相王李旦参决政务。七月,临淄王李隆基率羽林将士冲入宫中,杀韦后及其党羽。婉儿本是个聪明人物,竟带着宫人,秉烛出迎,并把她与太平公主所拟遗诏拿给刘幽求观看,且托他婉告隆基,期免一死。刘幽求见她娇喉宛转,楚楚可怜,便满口答应。凑巧李隆基入宫,就将草制呈上,替上官婉儿代为申辩。但李隆基却说:“此婢妖淫,渎乱宫闱,怎可轻恕?今日不诛,后悔无及了。”遂杀了上官婉儿。

【历史评价】上官婉儿是历史上最有才气的女子,她的一生可谓坎坷传奇。虽然没有丞相之名,但有丞相之实,武则天甚至一度要把她立为女皇。到了开元年间,唐玄宗追念上官婉儿的才华,下令收集其诗文,辑成二十卷,张说为她写:“敏识聆听,探微镜理,开卷海纳,宛若前闻,摇笔云飞,成同宿构。古者有女史记功书过,复有女尚书决事言阅,昭容两朝兼美,一日万机,顾问不遗,应接如意,虽汉称班媛,晋誉左媪,文章之道不殊,辅佐之功则异。”贞元时,吕温曾做《上官昭容书楼歌》,尚可见其文学生活的片段。上官婉儿在唐代历史中是个极有魅力的后宫女性,在《旧唐书》、《新唐书》的“后妃传”中都有专篇记载。

尽管上官婉儿也曾一度享尽荣华与权力,但她仍要仰皇上、皇后、公主的鼻息,仍要曲意逢迎,个中甘苦恐怕只有她自己知道。后来,她仍未逃脱厄运,做了皇权争斗的牺牲品。

附:上官婉儿诗词

《奉和圣制立春日侍宴内殿出翦彩花应制》

密叶因裁吐,新花逐翦舒。攀条虽不谬,摘蕊讵知虚。春至由来发,秋还未肯疏。借问桃将李,相乱欲何如。

《九月九日上幸慈恩寺登浮图,群臣上菊花寿酒》

帝里重阳节,香园万乘来。却邪萸入佩,献寿菊传杯。塔类承天涌,门疑待佛开。睿词悬日月,长得仰昭回。

《彩书怨》

叶下洞庭初,思君万里馀。露浓香被冷,月落锦屏虚。欲奏江南曲,贪封蓟北书。书中无别意,惟怅久离居。

《驾幸三会寺应制》

释子谈经处,轩臣刻字留。故台遗老识,残简圣皇求。驻跸怀千古,开襟望九州。四山缘塞合,二水夹城流。宸翰陪瞻仰,天杯接献酬。太平词藻盛,长愿纪鸿休。

《驾幸新丰温泉宫献诗三首》

三冬季月景龙年,万乘观风出灞川。遥看电跃龙为马,回瞩霜原玉作田。鸾旗掣曳拂空回,羽骑骖驔蹑景来。隐隐骊山云外耸,迢迢御帐日边开。翠幕珠帏敞月营,金罍玉斝泛兰英。岁岁年年常扈跸,长长久久乐升平。

《游长宁公主流杯池二十五首》

逐仙赏,展幽情,逾昆阆,迈蓬瀛。

游鲁馆,陟秦台。污山壁,愧琼瑰。

檀栾竹影,飙飗松声。不烦歌吹,自足娱情。

仰循茅宇,俯眄乔枝。烟霞问讯,风月相知。

枝条郁郁,文质彬彬。山林作伴,松桂为邻。

清波汹涌,碧树冥蒙。莫怪留步,因攀桂丛。

莫论圆峤,休说方壶。何如鲁馆,即是仙都。

玉环腾远创,金埒荷殊荣。弗玩珠玑饰,仍留仁智情。
凿山便作室,凭树即为楹。公输与班尔,从此遂韬声。
登山一长望,正遇九春初。结驷填街术,闾阎满邑居。
斗雪梅先吐,惊风柳未舒。直愁斜日落,不畏酒尊虚。
霁晓气清和,披襟赏薜萝。玳瑁凝春色,琉璃漾水波。
跂石聊长啸,攀松乍短歌。除非物外者,谁就此经过。
暂尔游山第,淹留惜未归。霞窗明月满,涧户白云飞。
书引藤为架,人将薜作衣。此真攀玩所,临睨赏光辉。
放旷出烟云,萧条自不群。漱流清意府,隐几避嚣氛。
石画妆苔色,风梭织水文。山室何为贵,唯馀兰桂熏。
策杖临霞岫,危步下霜蹊。志逐深山静,途随曲涧迷。
渐觉心神逸,俄看云雾低。莫怪人题树,只为赏幽栖。
攀藤招逸客,偃桂协幽情。水中看树影,风里听松声。
携琴侍叔夜,负局访安期。不应题石壁,为记赏山时。
泉石多仙趣,岩壑写奇形。欲知堪悦耳,唯听水泠泠。
岩壑恣登临,莹目复怡心。风篁类长笛,流水当鸣琴。
懒步天台路,惟登地肺山。幽岩仙桂满,今日恣情攀。
暂游仁智所,萧然松桂情。寄言栖遁客,勿复访蓬瀛。
瀑溜晴疑雨,丛篁昼似昏。山中真可玩,暂请报王孙。
傍池聊试笔,倚石旋题诗。豫弹山水调,终拟从钟期。
横铺豹皮褥,侧带鹿胎巾。借问何为者,山中有逸人。

沁水田园先自多,齐城楼观更无过。倩语张骞莫辛苦,人今从此识天河。

参差碧岫耸莲花,潺湲绿水莹金沙。何须远访三山路,人今已到九仙家。

凭高瞰险足怡心,菌阁桃源不暇寻。馀雪依林成玉树,残霙点岫即瑶岑。

16. 薛涛

【生平考略】薛涛(768—832),唐代女诗人,字洪度,唐朝长安(今陕西西安)人,生于大历五年,卒于大和六年。幼年随父薛郧居住成都,八九岁时即能吟诗,声名倾动一时。父亲死后,家境贫寒,十六岁遂堕入乐籍,脱乐籍后终身未嫁。后定居浣花溪。

薛涛洞晓音律,多才多艺,工于诗词,创“薛涛笺”。薛涛正式集子叫《锦江集》,共五卷,诗五百余首,惜未流传下来。后世各家所本的明本《薛涛诗》一卷,是从《万首唐人绝句》等选本拼凑起来的。

【非凡诗才】唐代宗大历三年,也就是“安史之乱”平定之后不久,时局仍然动荡不安。流亡蜀中成都的昔日京都小吏薛郧与妻子裴氏生下一女,薛郧斟酌再三,为女儿取名“涛”,字“洪度”,以纪念那一段惊涛骇浪般的生活历程,同时也盼望自此能安度岁月。

此时,老一辈的官吏大多失势,官场新贵迭出,一派混乱,薛郧见状,索性辞官家居,一心一意地调教他的独生女儿。在父亲的悉心教导下,薛涛学业进步极快,很早就展现了她天赋的诗才。薛涛八岁那年,她父亲看着庭中的一棵茂盛的梧桐树,便以“咏梧桐”为题,吟了两句:

庭除一古桐,耸干入云中;

这两句明为状景,实际含有他高风亮节,不随俗流的清高人生观。吟完后,他用眼睛看定薛涛,意思是让她往下接续,小薛涛眨了眨眼,随即脱口而出:

枝迎南北鸟,叶送往来风

她这两句纯粹只是触景生情,颇为生动切题,但并没有特别的意思。而薛郧却暗自认为是不祥之兆,定会预示着女儿今后是个迎来送往的人物;当然,他这种推测,除了从诗句而来外,主要还是根据女儿那过人的才思和美貌来看的。不料,事情的发展确实也应了薛父的预感,薛涛长大后真是成了一棵招摇一时的“梧桐树”,过了一生“迎南北鸟”、“送往来风”的奇特生涯。

就在薛涛十四岁的时候,父亲溘然长逝,抛下寡母孤女。为了维持母女俩的生计,小薛涛不得不用自己稚嫩的双肩挑起谋生的重担。在那时,一个女儿家要想谋事是何等的艰难,她只好凭着自己的天生丽质和通晓诗文、擅长音律的才情,开始在欢乐场上侍酒赋诗、弹唱娱客,不久便成了成都市上红得发紫的高级歌女。

唐德宗时,吐蕃势力日渐强大,不时侵扰蜀西、滇南一带边陲地区,朝廷拜中书令韦皋为剑南节度使,开府成都,统辖军攻,经略西南。韦皋是一位能诗善文的儒雅官员,他听说薛涛诗才出众,而且还是官宦之后,就破格把歌女身份的她召到帅府侍宴。薛涛刚一到，韦皋为试其才情就命她即席赋诗，薛涛神情从容，含笑接过侍女奉上的纸笔，题下“谒巫山庙”一诗：

乱猿啼处访高唐，路入烟霞草木香；
山色未能忘宋玉，水声尤是哭襄王。
朝朝夜夜阳台下，为雨为云楚国亡；
惆怅庙前多少柳，春来空斗画眉长。

写完后韦皋拿过一看，不禁大声称赞，这小女子即兴赋诗，不但诗句清丽凄婉，且有愁旧怅古的深意，绝不像一般欢场女子的应景之作。韦皋看过后又传给客人，众宾客莫不叹服称绝。从此后，帅府中每有盛宴，韦皋必定召薛涛前来侍宴赋诗，薛涛成了帅府的常客，更被人们看成是蜀中的重大交际场合上不可缺少的人物。

一年以后，韦皋对于薛涛的才情更加肯定，认为让这么一位稀世罕有的女才子只当担风花雪月的“花瓶”角色，实在是枉费其才，应该让她做一些更有价值的幕僚文牍工作才是。于是韦皋十分认真地准备奏报朝廷，请求让薛涛担任校书郎官职。无奈府中护军进言：“军务倥偬之际，奏请以一歌女为官，倘若朝廷认为有失体统，岂不连累帅使清誉；即使侥幸获准，红裙入衙，不免有损官府尊严，易给不服者留下话柄，望帅使三思！”韦皋觉得他说得不无道理，给薛涛申报任女校书的事就搁置下来了。

女校书之事虽未付诸现实，但在韦皋的心目中，薛涛似乎已是个不折不扣的女校书了。他赠给她的一首诗就这样写道：

万里桥边女校书，枇杷花里闭门居；
扫眉才子知多少？管领春风总不如。

当时薛涛的寓所就在成都郊外的万里桥畔，家门前栽有几棵枇杷树。韦皋在诗中把她直称为女校书，并用“枇杷花下”来描述她的住地。从此，薛涛的“女校书”名义不胫而走，而“枇杷巷”也成了她居所的雅称。

一经节度使韦皋的题诗称道，薛涛的名声不仅传遍了蜀中，而且几乎全国皆知。当时的许多名士争相与她诗词唱酬。由各地前往成都办事的官员，也竞相以一睹薛涛芳容为荣，谁若能求得她的只言片句更是喜不胜收。被捧得飘然欲仙的薛涛自然也不甘寂寞，亲自制出一种粉红色的小彩笺，用娟秀的小楷题上自作的诗句，赠与那些她认为合意的来客。一时之间，这种诗笺成了文人雅士收藏的珍品。曾提携她的韦皋嫌她太过于招摇，不免有些醋意，于是借着一次慰问边地守军的名义，把她派往偏远的松州，希望她暂时摆脱成都的花花世界，头脑得以清醒一些。善解人意的薛涛明白了韦皋的心意，她奉命赶赴松州，并在途中写下了十首著名的离别诗，总称“十离诗”，差人送给了韦皋。诗云：

其一:《犬离主》

驯扰朱门四五年，毛香足净主人怜；
无端咬著亲情客，不得红丝毯上眠。

其二:《笔离手》

越管宣毫始称情，红笺纸上撒花琼；
都缘用久锋头尽，不得羲之手里擎。

其三:《马离厩》

雪耳红毛浅碧蹄，追风曾到日东西；
为惊玉貌郎君坠，不得华轩更一嘶。

其四:《鹦鹉离笼》

陇西独处一孤身，飞去飞来上锦裀；
都缘出语无方便，不得笼中更换人。

其五:《燕离巢》

出入朱门未忍抛，主人常爱语交交；
衔泥秽污珊瑚枕，不得梁间更垒巢。

其六:《珠离掌》

皎洁圆明内外通，清光似照水晶宫；
只缘一点玷相秽，不得终宵在掌中。

其七:《鱼离池》

戏跃莲池四五秋，常摇朱尾弄纶钩；
无端折断芙蓉朵，不得清波更一游。

其八:《鹰离鞲》

爪利如锋眼似铃，平原捉兔称高情；
无端窜向青云外，不得君王臂上擎。

其九:《竹离亭》

蓊郁新栽四五行，常将劲节负秋霜；

为缘春笋钻墙破，不得垂阴覆玉堂。

其十：《镜离台》

铸泻黄金镜始开，初生三五月徘徊；
为遭无限尘蒙蔽，不得华堂上玉台。

诗中薛涛不惜把自己比作是犬、笔、马、鹦鹉、燕、珠、鱼、鹰、竹、镜；而把韦皋比作是自己所依着的主、手、厩、笼、巢、掌、池、臂、亭、台。只因为犬咬亲情客、笔锋消磨尽、名驹惊玉郎、鹦鹉乱开腔、燕泥汗香枕、明珠有微暇、鱼戏折芙蓉、鹰窜入青云、竹笋钻破墙、镜面被尘封，所以引起主人的不快而厌弃，实在是咎由自取，无可辩白！薛涛精心设置了种种比喻来向韦皋请罪，韦皋堂堂节度使，自然也不便与一个取悦于他的弱女子计较，转念又想起她的种种好处，不觉地转怒为喜，很快就将她召回成都，对她宠爱如初。薛涛才情并茂的“十离诗”，还真给她带来了好处。

后来，韦皋因镇边有功而受封为南康郡王，离开了成都。继任剑南节度使的李德裕，同样非常欣赏薛涛的才貌。成都城西的“筹边楼”落成时，节度使李德裕在楼上大宴宾客，也召来了薛涛侍宴。这“筹边楼”高大雄伟，是节度使与僚属将佐们瞭望远近情况并筹谋大策的地方。楼上四壁彩绘着蛮夷地形险要图，居高临下，作战时便是最高指挥所。酒过三巡，受李德裕之命，薛涛写下了一首“登筹边楼诗”：

平论重写八窗秋，壮压西川四十州；
诸将莫贪羌族马，最高层处见边头。

诗意豪迈，风格雄浑，见地深远，使满座高朋贵客不仅对诗称赞，还不由地对作诗的她肃然起敬。只看这首诗，谁又能想到它是出自一个风尘女子之手，其豪情远志绝不亚于一个指挥千军万马的大将军！

在薛涛的有生之年，剑南节度使总共换过了十一位，而每一位都对她十分青睐和敬重，她的地位绝不是其他绝色红颜所能比的。之所以如此，除了她的才情美貌外，其实还更得益于她的见地和气节，从她的一首“雨后玩竹”诗中，我们可大略窥见其孤高的内心世界：

南天春雨时，那鉴雪霜姿；
众类亦云茂，虚心宁自持。
多留晋贤醉，早伴舜妃悲；
晚岁君能赏，苍苍劲节奇。

薛涛虽然日日周旋于华堂绮筵与灯红酒绿之中，但是谁又知道她内心深处的感受却与现实生活有天地之别。落寞与凄苦紧紧包围着她，她有她的情、她的爱，但都不能寄托在眼前围绕着她的达官贵人身上。薛涛把自己比作孤高的青竹，希望与竹林七贤共醉，与娥皇、女英同悲，把一腔幽怨寄托于苍茫的远古。

薛涛毕竟是个有血有肉，更有着细腻情感的女人，她深切渴望真正属于自己的那一份爱情；然而身世飘零，每日里迎张送魏，繁华的后面掩藏着她感情世界的空白。她甚至幻想着自己拥有一个牵肠挂心的情郎，只因战乱而天各一方，情郎出征未归，自己则独守空闺等待着他的蓦然归来，如"赠远"一诗写道：

芙蓉新落蜀山秋，锦字开缄到是愁；
闺阁不知戎马事，月高还上望夫楼。
扶弱新蒲叶又齐，春深花落塞前溪；
知君未转秦关骑，月照千门掩袖啼。

她不但不能像一个普通女人那样守着一个体己知心的丈夫，甚至连做一个等待离夫归来的怨妇资格也没有。她只能用自己的情思和诗句，编织一个凄美的情梦，来麻醉自己。

一直到薛涛四十二岁那年，她生命中才姗姗走来迟到的春天。

三十一岁的监察御史元稹，于唐宪宗元和四年春天奉朝命出使蜀地，调查已故节度使严砺的违制擅权事件。虽然严砺已死，但倘若查出问题，辖下的七州刺史都脱不了干系，大家凑在一起想对策，对于这位不慕钱财的御史大人，只好施以"美人计"了。蜀中虽然美女如云，但俗媚女色恐怕很难打动元稹这位诗人才子的心。于是众刺史想到了已是半老徐娘的薛涛，除了央求她出马，似乎别人都无法当此重任。

薛涛碍于与已故节度使严砺的交情答应了此事。薛涛比元稹整整大了十一岁，但由于她天生一副细腻白皙的容貌，再加上懂得恰到好处的化妆与修饰，仍然是一位风韵不减当年的美人儿。凭着薛涛丰富的人生阅历和卓越的才情，一经交往，便使元稹这位京都清贵陷入了粉红色的温柔乡里。

本是肩负着任务而来，不料对薛涛竟不由自主地动了真情。起初她不过是以职业性的心情与姿容来应付元稹，可就在他们第一次倾谈时，薛涛突然感到一种前所未有的震撼与激情，她暗暗告诉自己，这个男人就是她梦寐以求的人！于是一切都顾不上了，满腔积郁已久的热情，一股脑地奔泻出来，两人同时融化在爱的热流中。

薛涛虽为风尘女子，但她属于那种卖艺不卖身的高级侍女，周旋于蜂蝶中，却一直洁身自好。而这次一切都不同了,与元稹见面的当天夜里,她就把自己毫无保留地献给了心爱的人。第二天清早起来,还真情所致地作了一首"池上双凫"诗:

双栖绿池上,朝暮共飞还;
更忆将趋日,同心莲叶间。

这俨然就是一个柔情万种的小妻子,在向丈夫诉说对生活的向往,奏响追求挚情的心曲。虽然曾有不少人得到过薛涛的粉红诗笺,但谁也没能象元稹这样真正享受到她内心深处的恋情。对此,多情公子元稹也尽能领略,深为薛涛那绮丽的情意而沉醉,他留下的一首诗就记载了这样的情事:

诗篇调态人皆有,细腻风光我独知;
月夜咏花怜暗淡,雨朝题柳为欹垂。

薛涛虽是受托与元稹交往,可俩人却结下了一段真情。然而毕竟是萍水相缘,在元稹完成了蜀地的任务,离开成都返回京都时,两人不得不挥泪分手。到这时为止,他们已在一起度过了一年如胶似漆的亲密时日。元稹回到长安后,即托人捎来一首七律给薛涛:

锦江滑腻蛾眉秀,幻出文君与薛涛;
言语巧偷鹦鹉舌,文章分得凤凰毛。
纷纷辞客多停笔,个个公卿欲梦刀;
别后相思隔烟水,菖蒲花发五云高。

元稹对薛涛的才情念念不忘,暗自称奇,同时也直抒相思心意,可见他对成都那一年缠绵岁月还是颇寄真情的。

当时与薛涛交往的名流才子甚多,如白居易、牛僧儒、令狐楚、辈庆、张籍、杜牧、刘禹锡、张祜等,都与薛涛有诗文酬唱,但牵动她内心深情的却只有元稹一个。元稹离开蜀中后,薛涛朝思暮想,就像一个丈夫远出的空闺女子一样,等出满怀的幽怨与渴盼,汇成了流传后世的名诗——"锦江春望词"四首:

其一:
花开不同赏,花落不同悲;
欲问相思处,花开花落时。

其二:
揽草结同心,将以遗知音;

春愁正断绝,春鸟复哀吟。

其三:

风花日将老,佳期犹渺渺;
不结同心人,空结同心草。

其四:

那堪花满枝,翻作两相思;
玉箸垂朝镜,春风知不知。

起初还是没心的相思和期盼,期望情人重续旧欢的时日;可是春去春归,音信渐渺,薛涛越盼越失望,她甚至望着天上的云彩、江畔的垂柳、院中的春花,都幻化成元稹的形象,与它们诉说离情之苦。她的一首"咏牡丹",就是以牡丹拟人,在夜深露重中与盛开的花儿细诉衷情。诗云:

去春零落暮春时,泪湿红笺怨别离;
常恐便同巫峡散,因何重有武陵期?
传情每向馨香得,不语还应彼此知;
只欲栏边安枕席,夜深闲共说相思。

说着"取次花丛懒回顾,半缘修道半缘君"的元稹实际也是一个负心汉,薛涛在锦江畔刻骨铭心地思念情郎;元稹却又到浙西与年轻貌美的刘采春热恋得如火如荼。风尘才女薛涛毕竟只是他生命中的一支小插曲,他又何曾想过与她相伴终身呢!

流年如水,把对情人的期盼渐渐从薛涛心头带走,她知道不应该再等待什么,经历了这番冷热波折,她的心似乎关闭得更紧了。除了参加一些推脱不掉的应酬外,她尽量闭门居家,借诗词遣怀。薛涛的宅第滨临风光秀美的浣花溪,闲来无事,她常用乐山特产的胭脂木来浸泡捣拌成浆,加上云母粉,渗入玉津井的水,制成粉红色的特殊纸张。纸面上呈现出不规则的松花纹路,煞是清雅别致,她便用这种纸来誊写自己作的诗,有时也送些诗笺给友人,人们把这种纸笺称为"松花笺"或"薛涛笺"。唐人喜用彩笺题诗或书写小简,其实都是学了薛涛的样。

"美人自古如名将,不许人间见白头",尤其是像薛涛这样的名"交际花",昔日交际场上的风光逐渐随着芳颜风韵的流逝而流逝。已近暮年的薛涛,索性在远郊筑起吟诗楼,自己穿戴起女道士的装束,隐居在楼中,远远离开了繁华如梦的交际场所。

唐文宗太和五年，隐居的薛涛永远闭上了她寂寞的眼睛，享年六十五岁。当时的剑南节度使段文昌为她亲手题写了墓志铭，并在她的墓碑上刻上“西川女校书薛涛洪度之墓”，至此，“女校书”真正成了薛涛的别名。

【“薛涛井”的由来】后人为了纪念风尘才女薛涛，在万里桥畔的锦江边筑有望江楼，楼下不远处就是著名的“薛涛井”。据说，清代光绪年间，蜀中大旱，清江断流，当地人向薛涛故居边干涸的古井顶礼膜拜，古井中忽然涌出清泉，不一会儿，又是大雨滂沱，大大解救了旱灾。人们为了感激薛涛神灵的恩泽，特将这口井命名“薛涛井”，并刻石立碑具载其事。站在望江楼上，不但能眺望锦江两岸清幽的风景，也能清楚地看到“薛涛井”，因而人们常到楼上怀古思旧，缅怀薛涛。赵熙集白居易诗题薛涛清婉宝小像：

独坐黄昏谁作伴？
怎教红粉不成灰。

然而望江楼上的另一副楹联，不仅概括了薛涛繁华而寂寞的一生，而且把她的诗才与大诗人杜工部——杜甫相提并论，可算是对她寂寞孤魂的一点安慰，联如下：

古井冷斜阳，问几树枇杷，何处是校书门巷？
大江横曲槛，占一楼烟雨，要平分工部草堂。

17. 朱淑真

【生平考略】朱淑真，宋代女词人，一作淑贞，号幽栖居士。朱淑真籍贯身世历来说法不一，《四库全书》中定其为“浙中海宁人”，祖籍歙州（州治今安徽歙县）。

朱淑真生于仕宦家庭，其父曾在浙西做官，家境优裕。幼颖慧，博通经史，能文善画，精晓音律，尤工诗词，素有才女之称。相传因父母做主，所嫁志趣不合，婚后生活很不如意，抑郁而终，其墓在杭州青芝坞。

【作品特点】相传朱淑真作品为其父母焚毁，后人将其流传在外的辑成《断肠集》（诗）2 卷，《断肠词》1 卷及《璇机图记》，辗转相传，有多种版本。

其诗词多抒写个人爱情生活，早期笔调明快，文词清婉，情致缠绵，后期则忧愁郁闷，颇多幽怨之音，流于感伤。作品艺术上成就颇高，后世常与李清照相提并论。流传颇广的《生查子》:“……月上柳梢头,人约黄昏后”一阕,长期以来被认为朱淑真所作,近来学术界认为实是欧阳修作。

【主要作品】

忆秦娥·正月初六日夜月

弯弯曲,新年新月钩寒玉。钩寒玉,凤鞋儿小,翠眉儿蹙。闹蛾雪柳添妆束,烛龙火树争驰逐。争驰逐,元宵三五,不如初六。

浣溪沙·清明

春巷夭桃吐绛英,春衣初试薄罗轻。风和烟暖燕巢成。小院湘帘闲不卷,曲房朱户闷长扃。恼人光景又清明。

生查子·元夕(争议中)

去年元夜时,花市灯如昼。月上柳梢头,人约黄昏后。今年元夜时,月与灯依旧。不见去年人,泪湿春衫袖。

生查子

寒食不多时,几日东风恶。无绪倦寻芳,闲却秋千索。玉减翠裙交,病怯罗衣保。不忍卷帘看,寂寞梨花落。

年年玉镜台,梅蕊宫妆困。今岁未还家,怕见江南信。酒从别后疏,泪向愁中尽。遥想楚云深,人远天涯近。

谒金门·春半

春已半,触目此情无限。十二阑干闲倚遍,愁来天不管。好是风和日暖,输与莺莺燕燕。满院落花帘不卷,断肠芳草远。

江城子·赏春

斜风细雨作春寒。对尊前,忆前欢,曾把梨花,寂寞泪阑干。芳草断烟南浦路,和别泪,看青山。昨宵结得梦夤缘。水云间,俏无言,争奈醒来,愁恨又依然。展转衾裯空懊恼,天易见,见伊难。

减字木兰花·春怨

独行独坐，独唱独酬还独卧。伫立伤神，无奈轻寒著摸人。此情谁见，泪洗残妆无一半。愁病相仍，剔尽寒灯梦不成。

眼儿媚

迟迟春日弄轻柔，花径暗香流。清明过了，不堪回首，云锁朱楼。午窗睡起莺声巧，何处唤春愁。绿杨影里，海棠亭畔，红杏梢头。

鹧鸪天

独倚阑干昼日长，纷纷蜂蝶斗轻狂。一天飞絮东风恶，满路桃花春水香。当此际，意偏长，萋萋芳草傍池塘。千钟尚欲偕春醉，幸有荼蘼与海棠。

清平乐·夏日游湖

恼烟撩露，留我须臾住。携手藕花湖上路，一霎黄梅细雨。娇痴不怕人猜，和衣睡倒人怀。最是分携时候，归来懒傍妆台。

清平乐

风光紧急，三月俄三十。拟欲留连计无及，绿野烟愁露泣。倩谁寄语春宵，城头画鼓轻敲。缱绻临岐嘱付，来年早到梅梢。

点绛唇

黄鸟嘤嘤，晓来却听丁丁木。芳心已逐，泪眼倾珠斛。见自无心，更调离情曲。鸳帏独。望休穷目，回首溪山绿。风劲云浓，暮寒无奈侵罗幕。髻鬟斜掠，呵手梅妆薄。少饮清欢，银烛花频落。恁萧索。春工已觉，点破香梅萼。

蝶恋花·送春

楼外垂杨千万缕，欲系青春，少住春还去。犹自风前飘柳絮，随春且看归何处。绿满山川闻杜宇。便做无情，莫也愁人苦。把酒送春春不语，黄昏却下潇潇雨。

菩萨蛮

山亭水榭秋方半，凤帷寂寞无人伴。愁闷一番新，双蛾只旧颦。起来临绣户，时有疏萤度。多谢月相怜，今宵不忍圆。湿云不渡溪桥冷，娥寒初破东风影。溪下水声长，一枝和月香。人怜花似旧，花不知人瘦。独自倚阑干，夜深花正寒。

菩萨蛮·秋

秋声乍起梧桐落，蛩吟唧唧添萧索。欹枕背灯眠，月和残梦圆。起来钩翠箔，何处寒砧作。独倚小阑干，逼人风露寒。

菩萨蛮·木樨

也无梅柳新标格，也无桃李妖娆色。一味恼人香，群花争敢当。情知天上种，飘落深岩洞。不管月宫寒，将枝比并看。

鹊桥仙·七夕

巧云妆晚，西风罢暑，小雨翻空月坠。牵牛织女几经秋，尚多少、离肠恨泪。微凉入袂，幽欢生座，天上人间满意。何如暮暮与朝朝，更改却、年年岁岁。

念奴娇二首·催雪

冬晴无雪，是天心未肯，化工非拙。不放玉花飞堕地，留在广寒宫阙。云欲同时，霰将集处，红日三竿揭。六花翦就，不知何处施设。应念陇首寒梅，花开无伴，对景真愁绝。待出和羹金鼎手，为把玉盐飘撒。沟壑皆平，乾坤如画，更吐冰轮洁。梁园燕客，夜明不怕灯灭。又鹅毛细翦，是琼珠密洒，一时堆积。斜倚东风浑漫漫，顷刻也须盈尺。玉作楼台，铅溶天地，不见遥岑碧。佳人作戏，碎揉些子抛掷。争奈好景难留，风僝雨僽，打碎光凝色。总有十分轻妙态，谁似旧时怜惜。担阁梁吟，寂寥楚舞，笑捏狮儿只。梅花依旧，岁寒松竹三益。

卜算子

竹里一枝斜，映带林逾静。雨后清奇画不成，浅水横疏影。吹彻小单于，心事思重省。拂拂风前度暗香，月色侵花冷。

西江月・春半

办取舞裙歌扇，赏春只怕春寒。卷帘无语对南山，已觉绿肥红浅。去去惜花心懒，踏青闲步江干。恰如飞鸟倦知还，澹荡梨花深院。

月华清・梨花

雪压庭春，香浮花月，揽衣还怯单薄。欹枕裴回，又听一声干鹊。粉泪共、宿雨阑干，清梦与、寒云寂寞。除却，是江梅曾许，诗人吟作。长恨晓风漂泊，且莫遣香肌，瘦减如削。深杏夭桃，端的为谁零落。况天气、妆点清明，对美景、不妨行乐。拌著，向花时取，一杯独酌。

18. 苏小妹

【生平考略】苏小妹，大宋第一才女。父亲苏洵，哥哥苏轼、苏辙，个个才高八斗，所谓“一门父子三词客，千秋文章八大家”。传说苏小妹从小习读诗文，精通经理，是个有才识的女辈。她虽是女儿之身，却一身傲骨，看似羸弱的身躯中散溢的巾帼不让须眉的傲志令人佩服。

【兄妹斗口】苏小妹长得不胖不瘦，薄薄的丹唇、圆圆的脸蛋，乌溜溜的大眼睛，再配上高高的额头，突出的双颚，一看就是一副慧黠的样子。她从小就爱与两个哥哥比才斗口，一派天真，尤其是大哥苏轼满腮胡须，肚突身肥，穿着宽袍大袖的衣服，不修边幅，不拘小节，更是她斗口的对象，于是整天在家口战不休。

故事一

一天，苏东坡拿妹妹的长相开玩笑，形容妹妹的凸额凹眼是：

未出堂前三五步，额头先到画堂前；
几回拭泪深难到，留得汪汪两道泉。

苏小妹嘻嘻一笑，当即反唇相讥：

一丛衰草出唇间，须发连鬓耳杳然；

口角几回无觅处，忽闻毛里有声传。

这诗讥笑的是苏轼那不加修理、乱蓬蓬的络腮胡须。女孩子最怕别人说出她长相的弱点，苏小妹额头凸出一些，眼窝深一些，就被苏轼抓出来调侃一顿，苏小妹说苏轼的胡须似乎又还没有抓到痛处，觉得自己没有占到便宜，再一端详，发现哥哥额头扁平，了无峥嵘之感，又一副马脸，长达一尺，两只眼睛距离较远，整个就是五官搭配不合比例，当即喜滋滋地再占一诗：

天平地阔路三千，遥望双眉云汉间；
去年一滴相思泪，至今流不到腮边。

苏轼一听乐得拍着妹妹的头大笑不已。苏家兄妹戏谑起来，可说百无禁忌，常常是语带双关，任你想象。

故事二

有年冬天，雪后初晴，苏轼披一件大裘袍坐在向阳的地方晒太阳，风吹过，裘毛拂动，苏小妹在旁边走过，看到这一景象，当即说道："风吹裘裘毛乱动。"说完笑眯眯地看着苏轼傻笑，一副得意的神气。她所站墙角的墙壁上正好也结了些冰雪，此时在太阳的照射下，融化的雪水，顺着墙壁直往下淌，苏轼想也不想，顺口就说："阳照壁壁水直流。"苏小妹虽还年小，但已初解人事，当即羞红了脸，狠狠地看了哥哥一眼，飞快地跑开。还有一次，苏小妹正蹲在井边剖鱼，苏东坡从外回来，骑马经过，一见，立即说道："妹妹剖鱼，蹲下来一剖两半！"苏小妹犹豫了一下，但终究忍不住，将头微微扬起，半羞半嗔对哥哥说："哥哥骑马，跨上去又加一鞭。"

故事三

苏东坡有许多和尚朋友，宋代理学盛行，提倡明心见性之余，也使女性的地位大大下降，女子的人格饱受压抑，除大力提倡女子裹脚之外，更要求女子话不高声，笑莫露齿，天天就躲在闺房中习那女红，出嫁的那天头上都还要顶一块红布不让别人看见。苏家是读书人家，见识有别，另外与苏东坡交往的和尚是四大皆空，所以苏东坡与那些和尚交谈玩笑的时候，并不干涉他那伶牙俐齿的妹妹在中间搅和，管她雅致也好，粗野也好。

一天，苏东坡跟一群和尚出外游玩，苏小妹亦步亦趋地跟着，突然看到一个和尚在江中游泳，载沉载浮，碧波中就好像一个光溜溜的圆球滚动不已，苏小妹少见多怪，看得兴致盎然，漫声说道："清江水中洗和尚，浪滚葫芦。"跟在她后边的一位主持僧也是个爱开玩笑的，当即对道："碧纱帐内坐佳人，烟笼芍药。"这一下扯开话题就不止不休，苏小妹不甘示弱，再出一联："僧眠锦被，万花丛中一葫芦。”主持立即对道:“女对青铜,半亩塘中两菡萏。”苏小妹一时为之语拙,正无可奈何,抬头望见江心有个和尚在撑船,话题一转:“和尚撑船,篙打江心罗汉。”这联有些难处,它是从“影子”落笔,必须要以“影子”对答才能贴切,主持不由得仔细推敲,终于说道:“佳人汲水,绳牵井底观音。”苏小妹不甘心,再次发难:“五百罗汉渡江,岸畔江心千佛手。”这次苏小妹遇到了对手,主持僧迅速对道:“一个佳人望月,人间天上两婵娟。”

在苏东坡众多的和尚朋友中,佛印是关系最密切的一位,他和苏小妹斗口也就百无禁忌。一天佛印戏谑地对她说:“我有一联,敢请女施主对答。”联语是:“一女孤眠,纵横三只毛眼。”苏小妹是个女子,佛印知道她从来争强好胜,与人对联从不服输,这次就选了这么一副充满黄色情调的想逼苏小妹无法开口,谁料到苏小妹一向顽皮大胆,早和她哥哥对过类似的联语,根本就不觉得怎样,虽然开始难免有些脸红,但一想到你出家人都敢说,我又有什么不敢说的,便对道:“二僧同榻,颠倒四个光头。”佛印连连摇头,自认失败,连赞苏小妹锦绣心机,才思敏捷。

一次苏东坡和佛印和尚在林中打坐,日移竹影,一片寂然。很久,佛印对苏东坡说:“观君坐姿,酷似佛祖。”苏东坡心中欢喜,看到佛印的褐色袈裟逶迤在地,对佛印说:“上人坐姿,活像一堆牛粪。”佛印和尚微笑而已。苏东坡心想这回让佛印和尚吃了一记闷亏,暗暗得意,禁不住悄悄告诉苏小妹,想不到苏小妹却说:“哥你又输了,试想佛印以佛心看你似佛,而你又是以什么样的心情来看佛印呢?”

【择婿传奇】苏小妹渐渐长大了,仍是十分顽皮。她的婚姻问题日益成为苏氏父子考虑的问题,苏小妹有才,人聪明,又不拘小节,顽皮甚至要赖,长得又不是十分出众,要找到一个十分称心如意的人做丈夫比较难。

先是黄庭坚古道热肠把王安石的儿子王雱介绍给苏小妹,并乐颠颠地把王雱的得意之作拿来给苏小妹品评。苏小妹左看右看,最后告诉黄庭坚王雱的作品是:“新奇藻丽有余,含蓄雍容不足,难成大器。”黄庭坚还想争取,说是王雱绝顶颖慧,读书一遍就能了然于胸。这时一直坐在旁边默不作声的苏洵冷冷地说:“这有什么可稀奇的,谁的儿子看书还要看两遍呢?”黄庭坚无话可说,实际上论家世,论相貌,论才气,王雱都足以与苏小妹比,可苏小妹就偏偏瞧不起人家。

就在大家都为苏小妹的婚姻着急的时候,苏轼一次偶然的机会认识了秦观秦少游。秦少游是江苏高邮人,出生在一个家道已中落的地主家庭,田园收入不足以自养。少年时期也曾在扬州、越州一带与一些歌妓“香囊暗解,罗带轻分”，“漫赢得青楼薄幸名存。”秦观在宋哲宗元丰五年和元丰八年两度入京应试失败，元祐五年他第三次进京，这次多亏了苏轼，得以及第并留京五年提任大学博士，兼国史院编修，从此他和苏东坡的关系介于师友之间，秦少游也就经常出入苏家。青春年少的秦少游慢慢地引起了苏小妹的注意，那天她在哥哥那里看到了秦少游的诗文，发出由衷的赞叹，这是十分少见的事。苏家父兄便心里有数，于是积极设法来促成这段婚姻。

只要苏小妹这边没有意见，作为苏门四学士之一的秦观自然是无话可说，于是苏门四学士之中的另一位黄庭坚做了个现成的媒人。由于秦少游尚无一官半职，而三苏已是声名赫赫，婚事自然在苏家主办。一般来说新婚之夜，新娘子都只会在羞涩、喜悦和焦急的等待中，坐以待毙式地等着新郎官去征服。可机灵古怪的苏小妹却别出心裁，在占尽了“地利”和“人和”的情况下，居然要新郎官解开她出的三个题目才准新郎官进洞房。

第一道诗谜是：

铜铁投烘冶，缕蚁上粉墙；
阴阳无二义，天地我中央。

第一句铜铁投入烘炉中冶炼，就是“化”的意思。第二句蝼蚁爬上雪白的粉墙含有“沿”的意思，“沿”与“缘”相通。第三句反过来看阴阳中只有一义，那就是“道”。第四句天地宇宙中间的，就只有“人”了。四句合起来就是“化缘道人”。秦少游略有思考便想通了此节，不禁哑然失声。原来当黄庭坚告诉秦少游，苏家准备把苏小妹嫁给他为妻时，他虽然当即应允，但想到传说中的苏小妹突额凹睛，风流少年秦少游对自己未来妻子的容貌着实放心不下。他从来没有看见过苏小妹，由于理学盛行，强调男女授受不亲，订婚之后更是不可能再见，又不好向别人打听，这一块心病越来越深。那天终于得知苏小妹要入庙进香还愿，秦少游计上心来，把自己打扮成“化缘道人”，先在庙门前等着，苏小妹的轿子一到，秦少游就上前去求道：“小姐有福有寿，愿发慈悲！”

苏小妹在轿子里立即拒绝：“道人何德何能，敢求布施。”秦少游要的就是苏小妹的搭腔，立即说道：“愿小姐身如药树，百病不生！”苏小妹就是好斗，不甘示弱，跟着说：“随道人口吐莲花，分文无舍。”边答边想，听这道人的口音甚是悦耳动听，年龄一定不大，就不知长得如何，从他化缘的语言看也颇多才思，苏小妹好奇心一起就忍不住掀开轿帘要看个究竟。秦少游要的就是苏小妹露出脸孔，如何肯放过这千载难逢的时机，赶紧走上一步，苏小妹豁然觉得这人就是秦少游，香也不愿进了，示意丫环转身就走。秦少游追着说：“小娘子一天欢喜，为何撒手宝山?”苏小妹心中烦恼,愤愤地答道:“疯道人恁地贪痴,那得随身金穴。”边说边一阵风似的起轿回府,秦少游终于见到苏小妹,觉得她还不算丑,特别是气质高华,清奇逼人,好不高兴。苏小妹回到家中却是越想越气,于是就有了洞房之夜的第一道难题,考一考秦少游,报一箭之仇。秦少游少年时期是在扬州等地歌妓场中混过的,在风月场中脸皮早已修炼得比牛皮还厚,想通了那一“诗谜”,提笔就回了一首:

化工何意把春催,缘到名园花自开;
道是东风原有主,人人不敢上花台。

诗中每句句首的字合起来就是“化缘道人”,全诗也隐含着道歉的口气,苏小妹看了芳心窃喜,一喜丈夫才思敏捷,二喜他终于向我认错。

当即又传出一首诗谜,并声明全诗打四位历史人物,必须一一注明谜底。诗谜是:

强爷胜祖有施为,凿壁偷光夜读书;
丝缕缝线常忆母,老翁终日倚门闾。

秦少游学富五车,想都未想就猜出:第一句强爷胜祖是孙权,第二句凿壁偷光的是孔明,第三句由丝缕缝线想到“慈母手中线,游子身上衣;临行密密缝,意恐迟迟归。”自然就是“子思”,第四句老翁整天倚依门间,自然是望,那就是大公望。

秦少游顺利过关,这一场考试,对秦少游来讲就好像是行军打仗,每解一题就前进一步,这时已走到苏小妹的闺阁外面,苏家父子和众多的宾客都凝神静气等着那最后一道难题。闺房的窗户慢慢打开一道缝,露出苏小妹的纤纤素手,递出一张纸来,仆人马上接过递到秦少游手上,只见上面写道:“双手推开窗前月,月明星稀,今夜断然不雨”;苏轼在旁看了,暗暗发笑,伸出一个指头,指着“雨”字,秦少游心领神会,立马答出:“一石击破水中天,天高气爽,明朝一定成霜。”“今夜断然不雨”表面是接月明星稀而来,但实际隐含了“云雨交欢”的意思,还有“雨”与“语”谐音,也就有今夜不和你说话的意思。秦少游以“明朝一定成霜”作答,“霜”与“双”谐音,既然成双就一定云雨。纸条一递进去,房门打开,苏小妹含笑带羞站在门边。秦少游欣然入内,自然是巫山梦里,云雨交欢。

【三联三难秦少游轶事】聪慧机敏、不让须眉的小妹决定在入洞房时和少游一比才智高下。一来可以与心上人切磋切磋,二来也想看看情郎的窘态。于是小妹一进洞房便命丫鬟嫣红将门关上,吟出一下联请少游对出上联:“东厢房,西厢房，旧房新人入洞房，终生伴郎。”秦少游深为小妹对自己一往情深所感动，不禁脱口而道：“南求学，北求学，小学大试授太学，方娶新娘。”小妹闻听少游吟出的上联，知道没有难住情郎，便亲自开门，招呼少游坐在桌前，嫣红上好酒菜便关上房门悄然离去。少游端起酒杯欲与小妹交杯，小妹轻启朱唇：“秦郎若要交杯，仍须对我一联，不知愿否？”少游深知小妹脾性，既有此意，不对不休。遂站起一揖：“请小妹出联。”“酒过三巡，交杯换杯干杯，杯杯尽在不言中。”

这下可把少游难住了。此联意在说酒，实为喻情，妙在意会。若对此联，不仅要工，还要符合此景此意。少游沉思良久，不得而对。小妹见他不语，也不去打搅他，只是五指在桌上点了一下。少游回过神来，看看满桌的佳肴，恍然大悟，立时对道：“菜过五味，形美色美鲜美，美美都在心中留。”

少游以菜喻人，赞不露形，已羞得小妹伸过手臂，以袖遮面，喝下了这杯沁透心脾的交杯酒。

待嫣红撤下酒席，已月上中天。少游执手小妹，四目相对，喜不自胜。小妹含羞说道：“红帏帐前，与郎执手，若要同寝，再对一联。”少游知道事不过三，何况已对出二联，一股豪气顿生：“有劳小妹赐联。”“小妹虽小，小手小脚小嘴，小巧但不小气，你要小心。”小妹一口气吐出八个“小”字，机警赞己，傲性微露，少游不由蹙起了眉头。他来回踱步，苦吟不出，不禁暗自焦急。小妹见三更鼓罢，月移西楼，也心生悔意，只是不住地用温情的目光看着少游。少游见小妹不住偷瞧自己，顾盼含情，粉面娇羞，不由心动，随口对道：“少游年少，少家少室少妻，少见且又少有，愿娶少女。”小妹细品此联，觉得少游在点明决心娶自己为妻之际，又自喻世间少有，不坠男儿之志，芳心大悦，便熄烛松帐，成就了一桩千古良缘。

19. 花蕊夫人

【生平考略】花蕊夫人，北宋青城人，后蜀大臣徐国璋之女。聪明贤淑，风流蕴藉，不但貌若天仙，而且擅长诗词。后成为后蜀后主孟昶的贵妃，国破与后主一起被俘虏到北宋汴梁。

“花蕊夫人”幼能文，尤长于宫词。其宫词描写的生活场景极为丰富，用语以浓艳为主，但也偶有清新朴实之作，如“三月樱桃乍熟时，内人相引看红枝。回头索取黄金弹，绕树藏身打雀儿”这一首，就写得十分生动活泼，富有生活情趣。其《述亡国诗》亦颇受人称道，是五代和北宋时最著名的女诗人之一。

【“花蕊夫人”的来历】后蜀主孟昶少年风流，为寻找不到美女闷闷不乐，后来，有一位心腹太监在青城明察暗访终于物色到一位美女。这位美女体态轻盈，浅着粉黛，容颜绝世，给人一种空谷幽兰自然淡雅之感，孟昶如获至宝，立即留在宫中，封为慧妃。

慧妃喜欢芙蓉花和牡丹花，孟昶投其所好，特地为她修了一座牡丹苑，还下令在城墙上种满芙蓉花，连寻常百姓家也要家家栽种。每到芙蓉花开时节，成都城中花团锦簇，争奇斗艳，红如火，白似雪，远看如朝霞灿烂，近闻花香浓郁。从此，成都也得了雅号，叫“锦城”。孟昶带着慧妃登城饮酒赏花，望着花丛中的美人，感慨地说：“你真美呀！这芙蓉不足以形容你的柔媚，这牡丹不足以形容你的明艳，你是人中之花，花中之蕊。啊，朕封你为花蕊夫人。”

【“张仙送子”由来】公元964年，宋太祖赵匡胤发兵南击后蜀，蜀军不堪一击，孟昶只得自缚请降，成了北宋的阶下囚。花蕊夫人也成了囚徒，陪孟昶被押解进京。

宋太祖早闻花蕊夫人之名，令立即召见。只见花蕊夫人腰似弱柳，眉含远山，唇若朱涂，确实是蜀国第一丽人。为掩饰自己的失态，宋太祖竟厉声指责花蕊夫人说：“人说女色是亡国祸水，你倚仗美貌，使孟昶荒于游乐，败了国家，该当何罪？”花蕊夫人面无惧色，坦然陈辞：“做君主的掌握军政，占有权力，不能悉理朝政，强军保国，自己迷恋声色，又要将罪名加到宫妃身上，是什么道理？”当场索要纸笔，题了一首《述亡国诗》献上。

宋太祖本也是个英雄人物，当年千里送京娘，以一条棍棒打遍十八座军州。此时有感于花蕊夫人的故国之思，亡国之痛，竟更加深了对花蕊夫人的爱慕之心，不久封花蕊夫人为贵妃。自此太祖每日退朝必到花蕊夫人那里，饮酒听曲。

一日退朝略早，步入宫内，见花蕊夫人正在那里悬着画像，点上香烛，叩头礼拜。太祖不知她供的是什么画像，即向那画像细看去，只见一个人端坐在上，眉目之间好像在什么地方见过，急切之间又想不起来，只好问花蕊夫人。夫人不意太祖突如其来，被他瞧见自己秘事，心下本就惊慌，见太祖问起，连忙镇定心神，慢慢回答道：“这就是俗传的张仙像，虔诚供奉可得子嗣。”太祖听如此说，笑道：“妃子如此虔诚，朕料张仙必定要送子嗣来的。但张仙虽掌管送生的事，究竟是个神灵，宜在静室中，香花宝柜供养，若供在寝宫里面，未免亵渎仙灵，反干罪戾。”夫人听了太祖的话，连忙拜谢。实际上花蕊夫人所供的并不是张仙，而是蜀主孟昶。她本与孟昶十分恩爱，自从孟昶暴病身亡，她被太祖威逼入宫，因为贪生怕死，勉承雨露，虽承太祖宠冠六宫，心里总抛不下孟昶昔日的恩情，所以亲手画了他的像，背着人，私自礼拜，不料被太祖撞见，只得谎称是张仙。

可怜那些宫里的妃嫔,听说供奉张仙可以得子,便都到夫人宫中照样画一幅,供奉起来,希望生个皇子,从此富贵。不久,这张仙送子的画像,竟从禁中传出,连民间妇女要想生儿抱子的,也画一轴张仙,香花顶礼,至今不衰。如此,孟昶九泉有知,也一定会十分感念花蕊夫人了。后来有人咏此事:供灵诡说是神灵,一点痴情总不泯;千古艰难惟一死,伤心岂独息夫人。

附:《述亡国诗》

君王城上树降旗,
妾在深宫哪得知;
十四万人齐解甲,
更无一个是男儿。

这首《述亡国诗》悲愤婉转,不亢不卑,表达了一个有气节的亡国之女深沉的悲哀。

20. 李清照

【生平考略】李清照(1084—1155),号易安居士,南宋杰出女文学家,章丘明水(今属济南)人,生于历城西南之柳絮泉上。父亲李格非,是学者兼散文作家,母亲也工文章。李清照十八岁时和太学生赵明诚结婚。其后赵明诚出任莱州、淄州等地太守。夫妇除爱好诗词、时相唱和外,更酷好金石图书,收藏极富。金兵入侵,黄河南北相继沦陷,夫妇渡淮南奔。在混乱的局势中,赵明诚接受了湖州太守的任命,在赴任途中中暑感病,死于建康(今南京)。此后,李清照便只身漂泊在杭州、越州(今绍兴)、台州和金华一带,过着难民的生活。她晚年的情况极为凄凉、困苦。

李清照幼承家学,早有才名,以词著名,兼工诗文,在中国文学史上享有崇高声誉。早年生活安定、优裕,词作多写相思之情;金兵入侵后,遭遇国家巨变,词作多感慨身世飘零。她的诗文感时咏史,与词风迥异。李清照不仅擅作诗词,散文也写得很好。《金石录后序》就是一篇在叙事和抒情两方面都极生动而优美的散文。她的文学著作,在南宋时已刊行了诗文集《李易安集》和词集《漱玉词》,可惜这些集子都久已失传;现行各种版本的《漱玉词》都是后人辑录的,共存词五十首左右。

李清照是“婉约派”的正宗词人。这一派和“豪放派”代表着两种不同的词风。《词论》代表了她婉约派的主张。她于论述词的音律的严格性和语言、风格等问题之外，还认为苏轼等人的词“皆句读葺之诗耳，又往往不谐音律”，而加以非议。她还提出一个重要的原则“词别是一家”，要求跟诗划开严格的疆界，注重词体协音律、重铺叙、有情致的特点。

【诗词人生】李清照的父亲李格非进士出身，在朝为官，地位并不算低，是学者兼文学家，又是苏东坡的学生。母亲也是名门闺秀并工诗文。这样的出身，在当时对一个女子来说是很可贵的。官宦门第及政治活动的濡染，使她视界开阔，气质高贵。而文学艺术的熏陶，又让她能更深切细微地感知生活，体验美感。李清照几乎一懂事，就开始接受中国传统文化的审美训练。她一边创作，一边评判他人，研究文艺理论。她不但会享受美，还能驾驭美，其诗词制作一开始便跃上一个很高的起点，而这时她还是一个待字闺中的少女。下面的三首词是她少女生活的写照：

《浣溪沙》

绣面芙蓉一笑开，斜飞宝鸭衬香腮。眼波才动被人猜。一面风情深有韵，半笺娇恨寄幽怀，月移花影约重来。（宝鸭，发型。）

《浣溪沙》

淡荡春光寒食天，玉炉沈水袅残烟，梦回山枕隐花钿。海燕未来人斗草，江梅已过柳生棉，黄昏疏雨湿秋千。（沈水，香名；斗草，一种游戏。）

《点绛唇》

蹴罢秋千，起来慵整纤纤手。露浓花瘦，薄汗轻衣透。见客入来，袜刬金钗溜。和羞走，倚门回首，却把青梅嗅。（刬袜，不穿鞋。）

一个天真无邪的少女，秀发香腮，面如花玉，情窦初开，春心萌动，难以按捺。她躺在闺房中，或者傻傻地看着沈香袅袅，或者起身写一封情书，然后又到后园里去与女伴斗一会儿草。

官宦人家的千金小姐，享受着舒适的生活，并能得到一定的文化教育，这在千年封建社会中并不奇怪。令人惊奇的是，李清照并没有按常规初识文字，娴熟针绣，然后就等待出嫁。她饱览了父亲的所有藏书，文化的汁液将她浇灌得不但外美如花，而且内秀如竹。她在驾驭诗词格律方面已经如斗草、荡秋千般随意自如，而品评史实人物，却胸有块垒，大气如虹。

唐开元天宝间的“安史之乱”被迅速平定,是中国历史上的一个大事件,后人多有评论。唐代诗人元结作有著名的《大唐中兴颂》,并请大书法家颜真卿书刻于壁,被称为双绝。与李清照同时的张文潜,是“苏门四学士”之一,诗名已盛,曾就这道碑写了一首诗,感叹:“天遣二子传将来,高山十丈摩苍崖。谁持此碑入我室,使我一见昏眸开。”这诗转闺阁,入绣户,传到李清照的耳朵里,她随即和一首道:“五十年功如电扫,华清花柳咸阳草。五坊供俸斗鸡儿,酒肉堆中不知老。胡兵忽自天上来,逆胡亦是奸雄才。勤政楼前走胡马,珠翠踏尽香尘埃。何为出战则披靡,传置荔枝多马死。尧功舜德本如天,安用区区记文字。著碑铭德真陋哉,乃令神鬼磨山崖。”这诗哪像是出自一个闺中女子之手,铺叙场面,品评功过,慨叹世事,不让浪漫豪放派的李白、辛弃疾。李父格非初见此诗不觉一惊。这诗传到外面更是引起文人堆里好一阵躁动。李家有女初长成,笔走龙蛇起雷声。少女李清照静静地享受着娇宠和才气编织的美丽光环。

爱情是人生最美好的一章。夫婿赵明诚是一位翩翩少年,两人又是文学知己,情投意合。赵明诚的父亲也在朝为官,两家门当户对。更难得的是他们二人除一般文人诗词琴棋的雅兴外,还有更相投的事业结合点——金石研究。在不准自由恋爱,要靠媒妁之言、父母之意的封建时代,他俩能有这样的爱情结局,真是天赐良缘,百里挑一了。就像陆游的《钗头凤》为我们留下爱的悲伤一样,李清照为我们留下了爱情的另一端——爱的甜美。这个爱情故事,经李清照妙笔的深情润色,成了中国人千余年来的精神享受。

《减字木兰花》

卖花担上,买得一枝春欲放。泪染轻匀,犹带彤霞晓露痕。怕郎猜道,奴面不如花面好。云鬓斜簪,徒教郎比比看。

这是婚后的甜蜜,是对丈夫的撒娇。从中也透出她对自己美丽的自信。

再看这首咏离愁之作

《一剪梅》

红藕香残玉簟秋,轻解罗裳,独上兰舟。云中谁寄锦书来,雁字回时,月满西楼。花自飘零水自流,一种相思,两处闲愁。此情无计可消除,才下眉头,却上心头。

离愁别绪,难舍难分,爱之愈深,思之愈切,另是一种甜蜜的偷偷咀嚼。

难得的是,李清照绝不是一般的只会叹息几句“贱妾守空房”的小妇人,她在空房里修炼文学，直将这门艺术炼得炉火纯青。于是这种最普通的爱情表达竟变成了夫妻间的命题创作比赛，成了他们向艺术高峰攀登的记录。

《醉花阴　重阳》

薄雾浓云愁永昼，瑞脑销金兽。佳节又重阳，玉枕纱厨，半夜凉初透。东篱把酒黄昏后，有暗香盈袖。莫道不消魂，帘卷西风，人比黄花瘦。

这是赵明诚在外地时，李清照寄给他的一首相思诗。彻骨的爱恋，痴痴的思念，借秋风黄花表现得淋漓尽致。史载赵明诚收到这首词后，先被这情所感，后更为词的艺术力所激，发誓要写一首超过妻子的词。他闭门谢客，三日得词五十首，将李词杂于其间，请友人评点，不料友人说只有三句最好："莫道不消魂，帘卷西风，人比黄花瘦。"赵自叹不如。这个故事流传极广，可想他们夫妻二人是怎样在相互爱慕中享受着琴瑟相和的甜蜜。李清照自己在《金石录后序》里追忆那段生活时说："余性偶强记，每饭罢，坐归来堂，指堆积书史，言某事在某卷第几页第几行，以中否胜负，为饮茶先后。中即举杯大笑，至茶倾覆怀中，反不得饮而起。"这是何等的欢乐，怎一个"甜"字了得。这蜜一样的生活，滋养着她绰约的风姿和旺盛的艺术创造。

但上天早就发现了李清照更博大的艺术才华。如果只让她这样去轻松地写一点闺怨闲愁，中国历史、文学史将会从她的身边白白走过。于是宇宙爆炸，时空激荡，新的人格考验，新的命题创作一起推到了李清照的面前。

宋王朝经过167年"清明上河图"式的和平繁荣之后，天降煞星，北方崛起了一个游牧民族。金人一锤砸烂了都城汴京（开封）的琼楼玉苑，还掠走了徽、钦二帝，赵宋王朝于公元1127年匆匆南逃，开始了中国历史上国家民族极屈辱的一页。李清照在山东青州的爱巢也树倒窝散，一家人开始过漂泊无定的生活。南渡第二年，赵明诚被任为京城建康的知府，不想就在这时发生了一件国耻又蒙家羞的事。一天深夜，城里发生叛乱，身为地方长官的赵明诚不是身先士卒指挥戡乱，而是偷偷用绳子缒城逃走。事定之后，他被朝廷撤职。李清照这个柔弱女子，在这件事上却表现出大节大义，很为丈夫临阵脱逃而羞愧。赵被撤职后，夫妇二人继续沿长江而上向江西方向流亡，一路难免有点别扭，略失往昔的鱼水之和。当行至乌江镇时，李清照得知这就是当年项羽兵败自刎之处，不觉心潮起伏，面对浩浩江面，吟下了这首千古绝唱：

生当作人杰，死亦为鬼雄。至今思项羽，不肯过江东。

丈夫在其身后听着这一字一句的金石之声，面有愧色，心中泛起深深的自责。第二年(公元1129年)赵明诚被召回京复职,但随即急病而亡。

【后世磨难】李清照的后半生经历了三大磨难。

第一大磨难就是再婚又离婚,遭遇感情生活的痛苦。

赵明诚死后,李清照行无定所,身心憔悴。不久嫁给了一个叫张汝舟的人。对于李清照为什么改嫁,史说不一,但一个人生活的艰辛恐怕是主要原因。这个张汝舟,初一接触也是个彬彬有礼的君子,刚结婚之后张对她照顾得也还不错,但很快就露出原形,原来他是想占有李清照身边尚存的文物。这些东西李视之如命,而且《金石录》也还没有整理成书,当然不能失去。两人先是在文物支配权上闹矛盾,渐渐发现志向情趣大异,真正是同床异梦。张汝舟先是以占有这样一个美妇名词人自豪,后渐因不能俘获她的心,不能支配她的行为而恼羞成怒,最后完全撕下文人的面纱,拳脚相加,大打出手。华帐前,红烛下,李清照看着这个小白脸,真是怒火中烧。曾经沧海难为水,心存高洁不低头。李清照视人格比生命更珍贵,哪里受得这种窝囊气,便决定与他分手。但在封建社会女人要离婚谈何容易。无奈之中,李清照走上一条绝路,鱼死网破,告发张汝舟的欺君之罪。

原来,张汝舟在将李清照娶到手后十分得意,就将自己科举考试作弊过关的事拿来夸耀。这当然是大逆不道。李清照知道,只有将张汝舟告倒治罪,自己才能脱离这张罗网。但依宋朝法律,女人告丈夫,无论对错输赢,都要坐牢两年。李清照是一个在感情生活上绝不凑合的人,她宁肯受皮肉之苦,也不受精神的奴役。一旦看穿对方的灵魂,她便表现出无情的鄙视和深切的懊悔。她在给友人的信中说:"猥以桑榆之晚景,配兹驵侩之下材。"她是何等刚烈之人,宁可坐牢也不肯与"驵侩"之人为伴。这场官司的结果是张汝舟被发配到柳州,李清照也随之入狱。我们现在想象李清照为了婚姻的自由,在大堂之上,昂首挺胸,其坚毅安详之态真不亚于项羽引颈向剑时那勇敢的一刎。可能是李清照的名声太大,当时又有许多人关注此事,再加上朝中友人帮忙,李清照只坐了九天牢便被释放了。但这在她心灵深处留下了重重的一道伤痕。

李清照的第二大磨难是,身心颠沛流离,四处逃亡。

公元1129年8月,丈夫赵明诚刚去世,9月就有金兵南犯。李清照带着沉重的书籍文物开始逃难。她基本上是追随着皇上逃亡的路线,经越州、明州、奉化、宁海、台州,一直漂泊到海上,又过海到温州。李清照一孤寡妇人眼巴巴地追寻着国君远去的方向,自己雇船、求人、投亲靠友,带着她和赵明诚一生搜集的书籍文物,这样苦苦地坚持着。赵明诚生前有托,这些文物是舍命不能丢的,而且《金石录》也还没有出版,这是她一生的精神寄托。她还有一个想法就是这些文物在战火中靠她个人实在难以保全，希望追上去送给朝廷，但是她始终没能追上皇帝。她在当年11月流浪到衢州，第二年3月又到越州。这期间，她寄存在洪州的两万卷书，两千卷金石拓片又被南侵的金兵焚掠一空。而到越州时随身带着的五大箱文物又被贼人破墙盗走。公元1130年11月，皇上看到身后跟随的人太多不利逃跑，干脆就下令遣散百官。李清照望着龙旗龙舟消失在茫茫大海中，就更感到无限的失望。

大约是在避难温州时，她写下这首《添字采桑子》：

窗前谁种芭蕉树？阴满中庭。阴满中庭，叶叶心心舒卷有余情。伤心枕上三更雨，点滴霖霪。点滴霖霪，愁损北人不惯起来听。

"北人"就是流浪之人，是亡国之民，李清照正是这其中的一个。中国历史上的异族入侵多是由北而南，所以"北人"逃难就成了一种历史现象，也成了一种文学现象。

公元1134年，金人又一次南侵，赵构又弃都再逃。李清照第二次流亡到了金华。国运维艰，愁压心头。有人请她去游附近的双溪名胜，她长叹一声，无心出游：

《武陵春》

风住尘香花已尽，日晚倦梳头。物是人非事事休，欲语泪先流。闻说双溪春尚好，也拟泛轻舟。只恐双溪舴艋舟，载不动，许多愁。

李清照在流亡途中行无定所，国家支离破碎，到处物是人非，李清照这时的愁早已不是"一种相思，两处闲愁"的家愁、情愁，而是国家民族的大愁。

李清照是恪守"诗言志，歌永言"古训的。她在词中所歌唱的主要是一种情绪，而在诗中直抒的才是自己的胸怀、志向、好恶。因为她的词名太盛，所以人们大多只看到她愁绪满怀的一面。我们如果参读她的诗文，就能更好地理解她的词背后所蕴含的苦闷、挣扎和追求，就知道她到底愁为哪般了。

公元1133年，高宗忽然想起应派人到金国去探视一下徽、钦二帝，顺便打探有无求和的可能。但听说要入虎狼之域，一时朝中无人敢应命。大臣韩肖胄见状自告奋勇，愿冒险一去。李清照日夜关心国事，闻此十分激动，满腹愁绪顿然化作希望与豪情，便作了一首长诗相赠。她在序中说："有易安室者，父祖皆出韩公门下，今家世沦替，子姓寒微，不敢望公之车尘。又贫病，但神明未衰弱。见此大号令，不能妄言，作古、律诗各一章，以寄区区之意。"当时她是一个贫病交加，身心憔悴，独身寡居的妇道人家，却还这样关心国事，大声歌颂韩肖胄此举的凛然大义:“原奉天地灵,愿奉宗庙威。径持紫泥诏,直入黄龙城。”“脱衣已被汉恩暖,离歌不道易水寒。”她愿以一个民间寡妇的身份临别赠几句话:“闾阎嫠妇亦如,沥血投书干记室”,“不乞隋珠与和璧,只乞乡关新信息”,“子孙南渡今几年,飘零遂与流人伍。欲将血泪寄山河,去洒东山一抔土。”

李清照在金华避难期间,还写了一篇《打马赋》。“打马”本是当时的一种赌博游戏,李却借题发挥,在文中大量引用历史上名臣良将的典故,状写金戈铁马,挥师疆场的气势,谴责宋室的无能。文末直抒自己烈士暮年的壮志:

“木兰横戈好女子,老矣不复志千里。但愿相将过淮水!”

从这些诗文中可以看见,她真是“位卑未敢忘忧国”,何等地心忧天下,心忧国家。“但愿相将过淮水”,这使我们想起祖逖闻鸡起舞,想到北宋抗金名臣宗泽病危之时仍拥被而坐大喊:过河!这是一个女诗人,一个“闾阎嫠妇”发出的呼喊,与她早期的闲愁闲悲真是相差十万八千里。这愁中又多了多少政治之忧、民族之痛!

后人评李清照常常观止于她的一怀愁绪,殊不知她的心灵深处,总是冒着抗争的火花和对理想的呼喊。她是因为看不到出路而愁啊!她不依奉权贵,不违心做事。她和当朝权臣秦桧本是亲戚,秦桧的夫人是她二舅的女儿,亲表姐。但是李清照与他们概不来往,就是在她的婚事最困难的时候,她宁可去求远亲也不上秦家的门。秦府落成,大宴亲朋,她也拒不参加。她不满足于自己“学诗漫有惊人句”,而“欲将血泪寄山河”,她希望收复失地,“径持紫泥诏,直入黄龙城”。但是她看到了什么呢?是偏安都城的虚假繁荣,是朝廷打击志士、迫害忠良的怪事,是主战派和民族义士们血泪的呼喊。公元1141年,也就是李清照58岁这一年,岳飞被秦桧下狱害死。这件案子惊动京城,震动全国,乌云压城,愁结广宇。李清照心绪难宁,又陷入更深的忧伤之中。

李清照遇到的第三大磨难是超越时空的孤独。

感情生活的痛苦和对国家民族的忧心,已将她推入深深的苦海,她像一叶孤舟在风浪中无助地飘摇。已渐入暮年的李清照没有孩子,守着一孤清的小院落,身边没有一个亲人,国事已难问,家事怕再提,只有秋风扫着黄叶在门前盘旋,偶尔有一两个旧友来访。她有一孙姓朋友,其小女十岁,极为聪颖。一日孩子来玩时,李清照对她说,你该学点东西,我老了,愿将平生所学相授。不想这孩子脱口说道:“才藻非女子事也。”李清照不由得倒抽一口凉气,她觉得一阵晕眩,手扶门框,才使自己勉强没有摔倒。童言无忌,原来在这个社会上有才有情的女子是真正多余啊,而她却一直还奢想什么关心国事、著书立说、传道授业。

她收集的文物汗牛充栋,她学富五车,词动京华,到头来却落得个报国无门,情无所托,学无所传,别人看她如同怪异。李清照感到她像是落在四面不着边际的深渊里,一种可怕的孤独向她袭来,这个世界上没有一个人能读懂她的心。她像祥林嫂一样茫然地行走在杭州深秋的落叶黄花中,吟出这首浓缩了她一生和全身心痛楚的、也确立了她在中国文学史上地位的《声声慢》:

寻寻觅觅,冷冷清清,凄凄惨惨戚戚。乍暖还寒时候,最难将息。三杯两盏淡酒,怎敌它,晚来风急。雁过也,正伤心,却是旧时相识。满地黄花堆积,憔悴损,如今有谁堪摘。守着窗儿,独自怎生得黑。梧桐更兼细雨,到黄昏,点点滴滴。这次第,怎一个愁字了得!

是的,她的国愁、家愁、情愁,还有学业之愁,怎一个愁字了得!

李清照所寻寻觅觅的是什么呢?从她的身世和诗词文章中,我们至少可以看出,她在寻觅三样东西。一是国家民族的前途。她不愿看到山河破碎,不愿“飘零遂与流入伍”,“欲将血泪寄山河”。在这点上她与同时代的岳飞、陆游及稍后的辛弃疾是相通的。但身为女人,她既不能像岳飞那样驰骋疆场,也不能像辛弃疾那样上朝议事,甚至不能像陆、辛那样有政界、文坛朋友可以痛痛快快地使酒骂座,痛拍栏杆。她甚至没有机会和他们交往,只有独自一人愁。二是寻觅真实的爱情。她曾有过美满的家庭,有过幸福的爱情,但转瞬就破碎了。她也做过再寻觅幸福的梦,但又碎得更惨,甚至身负枷锁,锒铛入狱。还被以“不终晚节”载入史书,生前身后受此奇辱。她能说什么呢?也只有独自一人愁。三是寻觅自身价值。她以非凡的才华和勤奋,又借着爱情的力量,在学术上完成了《金石录》巨著,在词艺上达到了空前的高度。但是,那个社会不以为奇,不以为功,连那十岁的小女孩都说“才藻非女子事”,甚至后来陆游为这个孙姓女子写墓志时都认为这话说得好。以陆游这样热血的爱国诗人,也认为“才藻非女子事”,李清照还有什么话可说呢?她只好一人咀嚼自己的凄凉,又是只有一个愁。

【名家评价】李清照以心抗世,以笔唤天。她凭着极高的艺术天赋,化愁为美,创造了让人们永远享受无穷的词作珍品。李词的特殊魅力就在于它一如作者的人品,于哀怨缠绵之中有执著坚韧的阳刚之气,虽为说愁,实为写真情大志,所以才耐得人们百年千年地读下去。郑振铎在《中国文学史》中评价说:“她是独创一格的,她是独立于一群词人之中的。她不受别的词人的什么影响,别的词人也似乎受不到她的影响。她是太高绝一时了,庸才作家是绝不能追得上的。无数的词人诗人,写着无数的离情闺怨的诗词,他们一大半是代女主人翁立言的，这一切的诗词，在清照之前，直如粪土似的无可评价。”

21. 顾太清

【生平考略】顾太清(1799—1876)，名春，字梅仙，姓西林觉罗氏，满洲镶蓝旗人，入嫁为乾隆第五子荣纯亲王永琪之孙，荣恪郡王绵亿之子——贝勒奕绘的侧室福晋，报宗人府为“顾”姓。婚后夫妇唱和，伉俪情深，又因奕绘字子章，号太素，为与之匹配，遂字子春，号太清，自署太清春、西林春，故以顾太清名世。顾太清是清代最重要的女词人，也是中国小说史上第一位女性小说家。她曾与当时京师的满汉才女结集秋红吟社，联吟诗词，在中国女性文学史上留下了一道亮丽的风景。晚年也自署为太清老人椿或云槎外史。

太清一生历嘉庆、道光、咸丰、同治、光绪五个朝代。她的前期创作活动多是和丈夫奕绘一起进行的，约有 20 年。奕绘 1838 年去世，此后是太清创作活动的后期，约有 40 年。

太清的祖上，也曾是满族的望族之一。雍正年间做过保和殿大学士的鄂尔泰，是她的曾叔祖。她的祖父鄂昌，乾隆年间曾经官至甘肃巡抚，结果因朝中党争而获罪于文字狱，被皇上“赐自尽”了。此后，父亲鄂实峰只好以游牧为生，直到晚年才在北京的香山健锐营落户，娶富察氏女为妻，生了太清兄妹三人。

太清 17 岁之前，受到了家学的良好教育。后来，家计过于艰难，她就凭着跟奕绘府上有远亲的关系，来到府中谋事，做些类似家庭教师的工作。原来，太清是奕绘祖母的内侄女，她和奕绘的关系，与《红楼梦》小说中史湘云和贾宝玉的关系是一样的。太清才华出众，又品貌兼美，很快就引起了奕绘这位“贝勒爷”的爱慕。但是，二人欲结合，却是个大难题。一是奕绘已然有了福晋(即正室夫人)；二是按当时的宗室制度，贝勒立侧室，也只能从所属府员包衣旗人中选择；三是太清身为“罪人之后”，把她立为侧室可是犯大忌的事情。岂知，这么大的难题也没难倒一往情深的奕绘。几经波折，太清终于在假托是奕绘府中顾姓护卫家里人的情况下，呈报宗人府，成了奕绘的侧室夫人，真的应了“有情人终成眷属”那句话。

太清被娶进了奕绘家，虽为侧室，二人感情生活却十分美满，以至于奕绘在嫡福晋亡故之后，也未再另娶。他们不仅情意相投，艺术志好也特别吻合，常常一起吟诗、填词、绘画、郊游，享受着不尽的文化乐趣。从太清记录当时二人春游见闻的一首《浪淘沙》词中，可以看出她对这种艺术生活的异常满足：“花木自成蹊，春与人宜，清流荇藻荡参差。小鸟避人栖不定，飞上杨枝。归骑踏香泥，山影沉西。鸳鸯冲破碧烟飞。三十六双花样好，同浴清溪。”

太清40岁的时候，奕绘去世了。在受到精神上的沉重创伤之后，她又随即失去了往日的良好物质生活条件。奕绘的母亲、她的婆婆，立逼着她带上二子二女，离开府邸，住到外边去。无奈，她拖儿带女，搬出贝勒府，靠变卖自己的金钗，购得一处住房，勉强度日。这段时光，让太清艰辛遍尝，几乎没了活下去的勇气。

20年后，她的儿子袭了个镇国公的爵位，她才重新得以回到旧日的府邸。谁想到了晚年，其子又遭到削爵，她再次陷入了凄凉的境地，直到逝世。满族女词人一生不平坦的经历，为她的创作铸入了不平常的气质与韵味。

【文学成就】太清在中国文学史上，主要以词作成就而驰名。她的词，显示了极高的艺术造诣：

杨柳风斜，黄昏人静，睡稳栖鸦。短烛烧残，长更坐尽，小篆添些。红楼不闭窗纱，被一缕，春痕暗遮。淡淡轻烟，溶溶院落，月在梨花。

——《早春怨·春夜》

几对残灯坐，听窗前、萧萧一片，寒声敲竹。坐到夜深风更紧，壁暗灯花如菽。觉翠袖衣单生粟。自起卷帘看夜色，压梅梢，万点临流玉。飞霰急，响高屋。乱云堆絮迷空谷。入苍茫，水花冷蕊，不分林麓。多少诗情频到耳，花香薰人芳馥。特写入生绡横幅。岂为平生偏爱雪，为人间，留取真眉目。阑干曲，立幽独。

——《金缕曲·自题听雪小照》

烟笼寒水月笼沙。泛灵槎，访仙家。一路清溪，双桨破烟划。才到小桥风景变，明月下，见梅花。梅花万树影交加。山之涯，水之涯。影塔湖天，韶秀总堪夸。我欲遍游香雪海，惊梦醒，怨啼鸦。

——《江城子·记梦》

率真地唤醒美、拥抱美、谱写美、颂赞美，是太清词作最突出的特色。虽然她一生的活动范围并不太宽，作品也多以写景、咏物、寄情等传统题材出现，但或小令或长调，总能独辟蹊径，营造出一番新奇动人的艺术氛围。她的词，有的明丽，有的含蓄，有的疏朗，有的凄婉，从中可以分辨出若干互不雷同的美感意蕴。她的艺术风格高洁纯净，是与北方民族的传统审美追求息息相关的。

太清词的表现内容，前期多写和奕绘间和谐生活的诗书游冶之趣，后期则转而较多地描述自己孀居的艰苦和对世事的理解体味。太清毕竟是生活在一个社会矛盾异常错综的时代里,她的创作虽然不易找到对政治题材的涉猎,却也有少量作品流露着些许相关讯息。如《鹧鸪天·咏傀儡》中写道:“从赤豹,驾文狸,衣冠楚楚假威仪。下场高挂成何用,刻木牵丝此一时。”《江城子·题〈日酣川静野云高〉》中又有:“昏昏天地太无聊。系长条,钓鲸鳌。且对江光、山色酌香醪。其奈眼看人尽醉,悲浊世,续《离骚》。”《烛影摇红·听梨园太监陈进朝弹琴》中还有:“人间天上,四十年间,伤心惨目。……不堪回首,暮景萧条,穷歌当哭。”都证实了这位女词人远非世外之人。

太清的艺术成就,还不仅仅局限在词作一个方面。她的传世作品除了词集《东海渔歌》四卷之外,还有诗集《天游阁集》五卷。

近年里,经过学者们的考证发掘,又提出了一个新的引人瞩目的结论:《红楼梦》的续书之一《红楼梦影》计二十四回,也是太清晚年以“云槎外史”的别号写作完成的。这个学术结论,正在引来研究者更普遍的关注。这样说来,太清就不仅是在历史上占有明显位置的女词人,而且也是一位在中国长篇小说创作史上率先出现的女作家了。

【历史评价】太清在词作上的成就,历来得到读者的广泛欣赏和高等评价。近代词学家况周颐认为,太清词“深稳沉著,不琢不率,极合倚声消息。……其佳处在气格,不在字句”。另一位近代词学家王鹏运也曾说过:“满洲词人,男中成容若,女中太清春”,则把她与清初杰出的满族词人纳兰性德相提并论。从有清一代的女词人中考察,推太清为首位,是文学史界的共识。也有人提出,从整个中华女性词作史的角度来看,太清可以和宋代著名的女词人李清照、朱淑真鼎足而三。

四、民族团结的和睦使者

22. 王昭君

【生平考略】王昭君(前52—19),名嫱,汉元帝时期宫女,西汉南郡秭归(今湖北省兴山县)人,匈奴呼韩邪单于阏氏。“昭君出塞”为当时汉与匈奴之间结束战争、加强彼此的友好关系作出了重要的贡献。

王昭君出生于南郡秭归县宝坪村(今湖北省兴山县昭君村)。其父王穰老来得女,视为掌上明珠,兄嫂也对其宠爱有加。王昭君天生丽质,聪慧异常,琴棋书画,无所不精,“娥眉绝世不可寻,能使花羞在上林”。昭君的绝世才貌,顺着香溪水传遍南郡,传至京城。公元前36年,汉元帝昭示天下,遍选秀女,王昭君为南郡首选。元帝下诏,命其择吉日进京。其父王穰云:“小女年纪尚幼,难以应命。”无奈圣命难违。公元前36年仲春,王昭君泪别父母乡亲,登上雕花龙凤官船顺香溪,入长江,逆汉水,过秦岭,历时三月之久,于同年初夏到达京城长安,为掖庭待诏。传说王昭君进宫后,因自恃貌美,不肯贿赂画师毛延寿,毛延寿便在她的画像上点上丧夫落泪痣。昭君便被贬入冷宫3年,无缘面君。公元前33年,北方匈奴首领呼韩邪单于主动来汉朝,对汉称臣,并请求和亲,以结永久之好。汉元帝尽召后宫妃嫔,王昭君挺身而出,慷慨应诏。呼韩邪临辞大会,昭君丰容靓饰,元帝大惊,不知后宫竟有如此美貌之人,意欲留之,而难于失信,便赏给她锦帛二万八千匹,絮一万六千斤及黄金美玉等贵重物品,并亲自送出长安十余里。王昭君在队队车毡细马的簇拥下,肩负着汉匈和亲之重任,别长安、出潼关、渡黄河、过雁门,历时一年多,于第二年初夏到达漠北,受到匈奴人民的盛大欢迎,并被封为“宁胡阏氏”,意为匈奴有了汉女作“阏氏”(王妻),安宁始得保障。

昭君出塞后,汉匈两族团结和睦,国泰民安,“边城晏闭,牛马布野,三世无犬吠之警,黎庶忘干戈之役”,展现出欣欣向荣的和平景象。公元前31年,呼韩邪单于亡故,留下一子,名伊屠智伢师,后为匈奴右日逐王。时,王昭君以大局为重,忍受极大委屈,按照匈奴“父死,妻其后母”的风俗,嫁给呼韩邪的长子复株累单于雕陶莫皋,又生二女,长女名须卜居次,次女名当于居次(“居次”意为公主)。公元前20年,复株累单于又死,昭君自此寡居。一年后,33岁的绝代佳人王昭君去世,厚葬于今呼和浩特市南郊,墓依大青山,傍黄河水。后人称之为“青冢”。

到了晋朝,为避晋太祖司马昭的讳,改称明君,史称“明妃”。

【历史功绩】王昭君的历史功绩,不仅仅是她主动出塞和亲,更主要的是她出塞之后,使汉朝与匈奴和好,边塞的烽烟熄灭了50年,增强了汉族与匈奴民族之间的民族团结,是符合汉族和匈奴族人民的利益的。她与她的子女后孙以及姻亲们对胡汉两族人民和睦亲善与团结作出了巨大贡献,因此,她得到历史的好评。元代诗人赵介认为王昭君的功劳,不亚于汉朝名将霍去病。昭君的故事,成为我国历史上流传不衰的民族团结的佳话。

【文学评价】据统计,古往今来,反映王昭君的诗歌有700余首,与之有关的小说、民间故事有近40种,写过昭君事迹的著名的作者有500多人,古代有李白、杜甫、白居易、李商隐、蔡邕、王安石、耶律楚材等,近现代的有郭沫若、曹禺、田汉、翦伯赞、费孝通、老舍等。对昭君出塞的评价历来各异,如:

杜甫:群山万壑赴荆门,生长明妃尚有村。一去紫台连朔漠,独留青冢向黄昏。画图省识春风面,环佩空归月夜魂。千载琵琶作胡语,分明怨恨曲中论。

李白:汉家秦地月,流影照明妃;一上玉关道,天涯去不归。

两人都对昭君出塞寄予无限的怜惜与感叹。

另外还有:汉月还从东海出,明妃西嫁无来日;燕支常寒雪作花,蛾眉憔悴没胡沙;生乏黄金枉图画,死留青冢使人嗟。

王安石吟咏王昭君的诗,另创新意,不落俗套。如:明妃初嫁与胡儿,毡车百辆皆胡姬;含情欲说无语处,传与琵琶心自知。黄金植拔春风手,弹着飞鸿劝胡酒;汉宫侍女暗垂泪,沙上行人却回首。汉恩自浅胡自深,人生乐在相知心;可怜青冢已芜没,尚有哀弦留至今。

此外欧阳修的“君不见咫尺长门闭阿娇,人生失意无南北。”也与王安石的意思相同,前后辉映,以理度情,从人性角度着墨,使人更能了解王昭君在出塞前后的悲苦之余,也未尝没有另一种迷离心情,也未尝不是人生价值的另一种实现。

"青冢"墓碑上也刻有:一身归朔漠,数代靖兵戎;若以功名论,几与卫霍同。这首诗,包括"和亲果使边烽消,鹿阁何人许共论。"总算对王昭君出塞和亲,有了公允的论断。

新中国创建者之一的董必武,为王昭君题写了一首七绝,此诗对历史的昭君作了总结性的评价,也对昭君的思想、见识、行动作了赞颂。诗为:"昭君自有千秋在,胡汉和亲识见高。词客各抒胸臆懑,舞文弄墨总徒劳。"从此,王昭君一抹满脸的泪水和愁云,以一个愉悦的民族和睦使者的形象出现在人们面前,表达了全国各族人民团结一致的愿望。

附:昭君《怨词》

秋木萋萋,其叶萎黄,有鸟处山,集于芭桑。养育毛羽,形容生光,既得行云,上游曲房。离宫绝旷,身体摧藏,志念没沉,不得颉颃。虽得委禽,心有徊惶,我独伊何,来往变常。翩翩之燕,远集西羌,高山峨峨,河水泱泱。父兮母兮,进阻且长,呜呼哀哉!忧心恻伤。

23. 文成公主

【生平考略】文成公主(?—680),名李雁儿,唐太宗李世民宗室女,吐蕃赞普松赞干布妻。汉族。她聪慧美丽,自幼受家庭熏陶,学习文化,知书达礼,并信仰佛教。唐贞观十五年,和亲吐蕃,成为汉藏友好往来的美丽使者。

【主要事迹】松赞干布是藏族历史上的英雄,崛起于藏河(今雅鲁藏布江)中游的雅隆河谷地区。他统一藏区,成为藏族的赞普("君长"之意),建立了吐蕃王朝。唐贞观十四年(公元 640 年),他遣大相禄东赞至长安,献金 5000 两,珍玩数百,向唐朝请婚。太宗许嫁宗女文成公主。

十五年(公元 641 年),文成公主在唐送亲使江夏王太宗族弟李道宗和吐蕃迎亲专使禄东赞的伴随下,出长安前往吐蕃。松赞干布在柏海(今青海玛多县)亲自迎接,谒见道宗,行子婿之礼。之后,携文成公主同返逻些(今拉萨)。文成公主在吐蕃生活了近 40 年,一直备受尊崇。

据《吐蕃王朝世袭明鉴》等书记载,文成公主进藏时,队伍非常庞大,唐太宗的陪嫁十分丰厚。有"释迦佛像,珍宝,金玉书橱,360 卷经典,各种金玉饰物"。又给多种烹饪食物,各种花纹图案的锦缎垫被,卜筮经典 300 种,识别善恶的明鉴，营造与工技著作60种，100种治病药方，医学论著4种，诊断法5种，医疗器械6种。还携带各种谷物和芜菁种子等。

永徽元年（公元650年），松赞干布去世后，文成公主一直居住在西藏。她热爱藏族同胞，深受百姓爱戴。她曾设计和协助建造大昭寺和小昭寺。在她的影响下，汉族的碾磨、纺织、陶器、造纸、酿酒等工艺陆续传到吐蕃；她带去的诗文、农书、佛经、史书、医典、历法等典籍，促进了吐蕃经济、文化的发展，加强了汉藏人民的友好关系。她带来的金质释迦佛像，至今仍为藏族人民所崇拜。

永隆元年（公元680年），文成公主逝世，吐蕃王朝为她举行隆重的葬礼，唐遣使臣赴吐蕃吊祭。至今拉萨仍保存藏人为纪念她而造的塑像。

【历史影响】从唐太宗贞观十五年初春文成公主下嫁松赞干布开始，到唐高宗威享元年薛仁贵率兵征讨吐蕃为止，整整三十年的岁月，由于文成公主的博学多能，对吐蕃国的开化影响很大，不但巩固了唐朝的西陲边防，更把汉民族的文化传播到了西域。

文成公主死后，吐蕃人到处为她立庙设祠，以志纪念。一些随她前来的文士工匠也一直受到丰厚的礼遇，他们死后，也纷纷陪葬在文成公主墓的两侧。至今文成公主和这些友好使者，仍被西藏人视为神明。

【文成公主庙】青海省的玉树藏族自治州，地处青藏高原东南部，是中国的“三江之源”，也是闻名于世的藏族歌舞之乡。有1300多年历史的文成公主庙就修建在这里，它已被列入国家级文物保护单位。

文成公主庙别名“沙加公主庙”，位于玉树县结古镇东南25公里的贝纳沟。这是一条大峡谷，两边的山脉不见边际，矗立在青藏高原的蓝天下，山上松柏如画、山下小河如诗。相传文成公主前往拉萨途中，曾在此地停留很长时间，受到当地藏族首领和群众的隆重欢迎，她深受感动，便决定多住些日子，并教给当地群众耕作、纺织技术。文成公主离开这里进入拉萨后，这里的藏民便依据公主的画像，在石壁上造像，以示怀念，遂又建庙。此庙已经成为藏汉团结的象征。从此这里便成了玉树地区的一大圣地，成为信徒们顶礼膜拜的佛堂，当地藏族群众把这里视为玉树高原上的“洞天福地”。

藏式建筑的文成公主庙紧贴百丈悬崖，金光闪闪的屋顶光芒四射。庙四周所有的悬崖和面积较大的石头上都刻着数不清的藏经。该庙共3层，面积包括院落600多平方米，通高9.6米。庙中央的文成公主坐像，端坐在狮子莲花座上，身高8米。坐像两旁有8尊石刻佛立像，分立在上下两层，每尊佛像高有3米，精雕细刻，形象生动。该庙是一座既有唐代艺术风格又有藏式平顶建筑特点的古式建筑。

1300多年来，这里一年四季香火从不间断，酥油灯昼夜常明，前来朝拜的藏汉群众也络绎不绝，亲如一家。

24. 金城公主

【生平考略】金城公主(？—739)，唐中宗养女，实为唐宗室雍王李守礼之女。唐景龙元年(公元707年)应吐蕃之请，诏许嫁吐蕃赞普尺带珠丹。

金城公主出身名门，实为和亲公主之真实“帝女”身份。公主入藏，唐王朝明言，其为雍王李守礼之女。李守礼其父为章怀太子李贤，即高宗李治第六子，中宗与睿宗之兄。《新唐书·吐蕃传》记载：唐中宗亲自送金城公主至始平县，“帐饮，引群臣及虏使者宴，酒所，帝悲啼嘘欷，为赦始平县，罪死皆免，赐民徭赋一年，改县为金城，乡曰凤池，里曰怆别。”再以左卫大将军杨矩持节送往吐蕃。

金城公主入藏，本为嫁与吐蕃年轻英俊之王子善擦拉温，岂知王子迎亲途中，奔驰坠马，命丧黄泉。相传，公主行至汉藏两族交界处，闻之噩耗，悲痛无奈，孤影自怜，宝镜从手中滑落，摔成两半，变成两座山，此乃青海境内之日月山。王子虽死，其父还在，无奈和亲之使命，只得继续艰难之旅，阴错阳差嫁与本应为其公爹之藏王赤德祖赞，作一偏妃。

金城公主生王子赤松德赞后，引起没有生育之大妃子纳朗嫉恨，趁公主分娩时抢走婴儿，外宣称孩子是她所生。儿子被别人据为己有，公主悲痛欲绝。史料记载，金城公主于不梳不洗中熬过无数不眠之夜。历时一年有余，经过诸多磨难，公主方与儿子团聚。身心受到伤害之金城公主，远离家乡，远离亲人，命运坎坷，于吐蕃生活未及三十年而逝。

【历史作用】金城公主沿当年文成公主入蕃路线西行入藏，入蕃30年，促进吐蕃社会经济、文化发展及唐蕃之间友好往来，致力于唐蕃和盟，促进了民族团结和融合。

五、活跃在政治舞台上的女人们

25. 钟离春

【生平考略】钟离春，战国人，齐国无盐邑人（今山东东平县），又名钟离无盐。历史上有名的四大丑女兼才女之一，也是中国历史有记载的第一位著名女政治家。钟离春相貌丑陋，但才华出众，素有大志，自荐进入王宫成为齐宣王的王妃，促成齐国大治。

钟离春的父亲曾做过齐军基层军官，钟离春受她父亲的影响，自幼不爱针线，喜耍枪棒，并习《易》术。当时，无盐邑为一桑蚕区，钟离春最爱干的活就是采桑。为了采桑、习武两不误，她用百斤铁杵打造了一把桑钩，整天在手上把玩。

这一天，钟离春与众姐妹来到桑园采桑，各人采满一大提篮后，天还不到未时。钟离春对姐妹们说："天色尚早，大家习武练功一个时辰再回家。"众姐妹一听这话，个个欢呼雀跃，便脱下外衣，紧束腰身，在园边比划了起来。众姐妹正练得起劲，忽听远处传来阵阵马蹄声，钟离春侧耳一听，说："不好，赵军又来抢掠了，快进桑园藏身。"众姐妹像小雀避鹰一样进了桑园，钟离春收拾一下各人的提篮，刚到园边时，两个赵军士兵已来到了她的面前，其中一人举枪刺向了钟离春。钟离春见状并不慌张，用桑钩把对方一挡，顺势横扫过去，那士兵竟被拦腰打成两截。众姐妹一见钟离春得手，蜂拥而出，赵军一看这阵势，又估不透他们的伙伴是死在了什么利器下，遂掉头逃走了。

钟离春回到家中，对父亲细说了刚才发生的事情。父亲长叹一声说："赵军占我鄄邑已经半年了，大王竟像不知道一样，这样下去，无盐邑也难保不被人陷。""大王为何这样耳目蔽塞？"钟离春眨巴着两眼追问。父亲接着说："还不是佞臣挡道,酒色迷心么!”钟离春变色地说:“女儿去见他,告以实情。”父亲听这话一惊:“你?”“是呀,女儿去见大王,好言相劝。大王若是不听,我便大闹王宫。”“不……”父亲还是不让她去。钟离春有信心地说:“爹爹,你忘了女儿还会隐身之术么?若有危险,我自会逃离王宫。”经父亲勉强同意,钟离春一人踏上了去齐都临淄的大道。

这一天,齐王正在后宫宴乐,门卫来报:“禀大王,有一丑女求见。”齐王问道:“丑女何事?”“回大王,她自称无盐女,要充后宫侍奉大王。”“啊?”齐王十分意外地抬起了头:“寡人后宫佳丽成群,个个都是万中挑一选来的美女,丑女何能充我后宫,哈……”在场众官员也同时陪着齐王大笑,唯独上大夫淳于髡没有发笑,他对齐王说:“丑女要进宫为妃,她是否有什么来头?请大王宣她进宫,看个究竟,她若真是无理取闹,再罚她不迟。”齐王听从淳于髡建议,宣钟离春入宫。钟离春堂下刚刚站定,全场人不由一阵嘻嘘。只见她稀疏的黄发高挽头顶,大额头,深眼窝,高鼻梁,紫唇掩不住两颗大门牙,确实丑得出奇。齐王一见,心生厌恶,正要挥手让她退出去,淳于髡发话了:“无盐姑娘有何能要充大王后宫?”钟离春定睛细察此人,见他士帽宽衣博带,心中对他的身份猜出了八九,开言问道:“先生以何等资格代表大王问话?”“本人上大夫淳于髡。”“哦,原来是曾隐语谏王的淳于大夫。民女不才,也想以隐语匡君谏主。”淳于髡一听无盐女也要以隐语谏君,十分感兴趣地说:“本大夫领教了!”正当大家要看钟离春打隐语时,忽的都看不到她了,堂上一阵惊讶,只有淳于髡不慌不忙地说:“待我以隐语招她。”说罢,招手颠足,连续几次,无盐女果然现身堂前。淳于髡问道:“大家正待领教姑娘的隐语,为何忽然隐身?”钟离春目视齐王道:“民女为试大王是否意诚。”齐王听言,态度有所缓和地说:“诚请赐教。”钟离春点了点头,继而扬眉、切齿、两臂前挥,口称:“殆哉,殆哉。”齐王面对钟离春的表演,两眼茫然不知所措,众人各把目光投向了淳于髡。淳于髡会意,试探地说:“远望边邑,切齿佞臣蔽君……咳,还是请姑娘自解吧。”钟离春点点头,正色道:“赵国陷我鄄邑,大王却闭塞不知,而是身边左俳右优,长夜沉湎酒色,危险呀,危险呀,愿大王尽快驱俳优,逐佞臣,进贤人,治国家。”钟离春话音刚落,淳于髡拍手叫好,说:“金玉良言,金玉良言。”齐王一时也受到感动,赐钟离春坐后,说:“寡人谨受命。查处奸佞,散俳优出宫,诏命即行;可这收复鄄邑事,眼下实有些力不从心。”钟离春起身道:“民女不才,略知枪棒,无盐邑还有姐妹三百,可以为用。愿请命与赵军决一高下。”齐王正对钟离春的话将信将疑,淳于髡道:“此计甚好。大王若再诏命无盐邑守军听姑娘调遣,微臣愿为监军,协力破赵,事可有成。”

齐王当即答应,于是诏命钟离春为无盐将军,淳于髡为监军,率无盐邑守军与钟离春的三百姐妹，组成无盐军，前往收复鄄邑。齐王诏下，钟离春没有立即接诏，反而问道："若破赵军，民女入宫之事将怎么说?"齐王一怔说："啊！啊！若破赵军，寡人自有安排。"钟离春接诏，与淳于髡出宫组建无盐军去了。

这一天，赵军鄄邑守将白元正在与参军对弈，忽闻探马来报："齐国无盐将军率兵来夺鄄城。"白元听报，根本就没把齐军放在心上，说："无盐，无名小辈，白来送命。"探马又说："听说此人是一女子，隐语谏齐王得官。"白元一听，更加轻视她："凭唇舌得官，不会有什么真本事。告诉她，不用交手，能在棋盘上胜我，本将军便向她交付鄄城。"无盐得报，要在棋盘上分高低，心中暗喜，遂命小军在阵前筑起高台，摆好棋盘，然后发给白元请柬。白元收到请柬于次日未时来到了棋台上，没想到无盐将军着便衣素装，身边只有四名便衣使女，也未带武器。下观齐军，列队百步之外，倒也严整。他为了不示弱，把贴身卫士只留了两名站在身边，其余全下台归队，以示其大量。两人隔棋盘坐下，无盐再次申明对方承诺："白元若输棋，就要让出鄄城。"白元承诺："绝不食言"。两人遂举手开局。跳马、出车、拨炮、拱卒，来回不下十个回合，白元渐占上风，再走几着，无盐败势已露。无盐不慌，似早有准备，巧施法术，棋盘上棋子移动，瞬间白元转于劣势，白元似有所察觉，站起来说："棋势不是这样。"说着伸手腰间抽刀。无盐早已看在眼里，迅速抄起棋盘朝白元头上打去。因为这棋盘是铁制的，白元措手不及，一拍下去，就脑浆迸裂了。无盐身边四名侍女乘机杀了白元的卫士。淳于髡见无盐手举棋盘，发出信号，指挥齐军掩杀过去，赵军无将，各自逃命，齐军一举夺回了鄄城。

无盐班师凯旋临淄，齐王亲迎城郊，赐酒贺功。无盐没有接酒，淳于髡心中明白，提醒齐王说："大王不会失信于将军。"齐王猛醒，执酒道："无盐将军文能匡君，武能安邦，寡人封你为王后。"无盐接杯一饮而尽，众官同贺，鼓乐声中进了齐宫。

从此，临淄地区流传开了一则谚语："无盐娘娘生得丑，保着齐王坐江山。"

【历史作用】钟离春虽然相貌丑陋，但她志向远大。当时执政的齐宣王，政治腐败，国事昏暗，而且性情暴躁，喜欢吹捧，钟离春为拯救国民，冒死自请见齐宣王，陈述齐国危难四条，并指出如再不悬崖勒马，将会城破国亡。齐宣王大为感动，把钟离春看成是自己的一面宝镜。其谏议为宣王所采纳，立为王后，从此齐国大治。而中国也留下两句成语"丑胜无盐"和"自荐枕席"。

26. 吕后

【生平考略】吕后(前241~180),名雉,字娥姁,刘邦之妻,单父县(今山东东单县)人,刘邦称帝,立吕雉为皇后,为刘邦剪除异姓诸王侯起了很大作用。高祖死后,吕后以汉惠帝年少,便策划诛杀诸旧臣,从中取得实际政权。又毒死赵王刘如意,砍断戚夫人手足,使她变哑,并置之厕中,名为"人彘"。惠帝不满吕后所为,忧郁而死。吕后遂临朝称制,为中国皇后专政的第一人。

吕后早年称得上是贤惠的女人,她为了刘邦历尽艰辛,九死一生。她嫁给刘邦的时候,刘邦只是沛县的一个泗水亭长,亭长也就相当今天的派出所长。吕后的父亲是沛县县令的好朋友,有一次过生日,刘邦没钱去祝寿,但他脸皮厚,胆子大,居然虚报一笔礼品就堂而皇之入席。这事是少见的,吕后父亲知道后,本是带些怒气出来赶他走,一见却大吃一惊,因为吕后的父亲精于相人之术(也就是看面相),刘邦隆准龙颜,有天日之表,他一眼就看出来了。当机立断,不顾妻子的反对,把爱女嫁给了芝麻绿豆般的小官刘邦。刘邦将吕后娶过来之后,时常为了公务以及与朋友们周旋,三天两头不见人影,织布耕田,烧饭洗衣,孝顺父母及养育儿女的责任,都落在吕后一人身上。

早年的刘邦可说有些无赖,常戴一顶自制的竹帽到处闲逛,骗吃骗喝。一次押解囚犯,因自己酒醉而使囚犯逃跑,自己也只好亡命芒荡山下的沼泽地区。贤惠的吕后除独立支撑家庭外,还不时长途跋涉,为丈夫送去衣物及食品。据说刘邦匿居的地方,时常有一片云气笼罩,吕后追踪而至,便一定能够找到刘邦。

秦末天下大乱,刘邦率众进入沛县被拥立为沛公,吕后当时也水涨船高,被尊称为吕夫人。等到刘邦攻入咸阳,被西楚霸王项羽立为汉王,吕后又晋级成了王妃。

但吕后并没有因此过上舒适的日子,在接下来刘邦和项羽的楚汉战争中,吕后成了项羽的俘虏。甚至在项羽把吕后押到两军阵前,以烹杀吕后威胁刘邦时,刘邦居然笑嘻嘻地说,你爱杀就杀,悉听尊便。当时的吕后一定是心寒如冰,透骨冰凉。在四年的楚汉战争中,吕后一直被囚在楚军之中作人质,受尽了折磨和凌辱。挣扎在生死边缘,使吕后的心理和精神受到了严重打击,也造成了她以后多疑与缺乏安全感的后遗症,变成心地狭隘,紧张恐怖,阴狠毒辣,以及凡事先下手为强的性情。

及至楚、汉罢兵言和，以鸿沟为界平分天下，项羽才将吕后归还刘邦，对吕后来讲，真是恍如隔世。后来刘邦毁约，重挑事端，最终在垓下之战中打败项羽，建立西汉王朝，刘邦当上皇帝，吕后就顺理成章地当上了皇后。

吕后为人有谋略。汉初，吕后助刘邦杀韩信、彭越等异姓王，消灭分裂势力巩固统一的局面。前195年，刘邦死，惠帝立，尊吕后为皇太后。惠帝仁弱，实际由吕后掌政。前188年，惠帝崩，立汉少帝，临朝称制八年。少帝因其生母为吕后所杀，有怨言。吕后诛杀少帝，立常山王刘义为帝。吕后先后掌权达十六年，是中国历史上三大女性统治者（吕后、武则天、慈禧太后）的第一个。

吕后有政治家的风度，匈奴冒顿单于乘刘邦之死，下书羞辱吕后，说："你死了丈夫，我死了妻子，两主不乐，无以自虞，愿以所有，易其所无。"吕后采纳季布的主张，压住怒火，平心静气复书说："我已年老色衰，发齿也堕落了，步行也不方便。"然后赠与车马，婉言谢绝，终于化干戈为玉帛，匈奴自愧失礼，遣使向汉朝认错。

吕后晚年，因没有子孙，怕高祖的子孙欺凌吕氏，故大封外戚诸吕为侯。前180年，吕后崩，终年62岁，与汉高祖合葬长陵。

【历史贡献】吕后当政内，创自刘邦的休养生息的黄老政治进一步得到推行。刘邦临终前，吕后问刘邦身后的安排。她问萧何相国后谁可继任，刘邦嘱曹参可继任，曹参后有王陵、陈平，但不能独任，周勃忠诚老实，文化不高，刘家天下如有危机，安刘氏天下的必是周勃，可任太尉。吕后虽实际掌握大权，但她是遵守刘邦临终遗嘱的，相继重用萧何，曹参、王陵、陈平、周勃等开国功臣。而这些大臣们都以无为而治，从民之欲，从不劳民。在经济上，实行轻赋税。对工商实行自由政策。在吕后统治时期，不论政治、法制、经济和思想文化各个领域，均全面为"文景之治"奠定了坚实的基础。

27. 窦太后

【生平考略】窦太后（前205—前135），名漪，河北清河郡人，汉文帝妻。在武帝前期成为西汉的实际决策者。笃信黄老之学，也是中华帝国最后一位拥附"黄老思想"的统治者。在她的影响下，西汉政权继续实行"以民生息""无为而治"的政策，把汉王朝推上了强盛的高峰。

窦氏出身贫寒，她的父亲为了逃避秦乱，隐居于观津钓鱼，不幸堕河而死，遗下三个孤儿。汉初，朝廷到清河招募宫女，窦氏年幼应召入宫。公元前195

年,高祖刘邦驾崩,皇后吕雉以皇太后的身份操纵国政,她把在皇宫中皇帝未曾御兴过的宫女分赐给诸侯王,每王五人,窦氏被分给了代王,后荐为王妃。窦氏年轻貌美,虽居皇宫却未得高祖临幸,但依然妩媚动人,而且聪明伶俐。窦氏生了二子一女,子刘启和刘武,女刘嫖。

代王原来的王后生了四个儿子后不久去世。等到代王成为汉文帝后,原王后生的四个儿子也相继病死。这样,文帝即位不久,于前元元年(公元前180年)3月封窦姬为皇后,长子刘启立为太子,刘嫖封为馆陶长公主,幼子刘武先封为代王,后封为梁孝王。

后来,窦氏的兄弟窦长君、窦广国到长安认亲,汉文帝见到两位国舅,十分高兴,分了不少田地和房屋给他们,并留他们住在长安。宰相灌婴和周勃认为两位国舅出身寒微,没有很好读书,应选择有品德的教师对他俩加强教育,以免重蹈吕氏外戚作乱的覆辙。窦氏兄弟由此成为谦让有礼的君子,不敢因为地位显贵而盛气凌人。

窦氏一族有三人封侯:兄窦长君早死,其子窦彭祖封为南皮侯,其弟窦少君封为章武侯,其侄窦婴,任命为大将军,封为魏其侯。

公元前157年(汉文帝后元7年),汉文帝病逝。皇太子刘启即位,是为景帝,尊窦氏为皇太后。景帝即位的第四年,梁王刘武入朝,景帝款待他。喝得兴起时,景帝对皇太后说死后将帝位传与刘武,太后听了十分高兴,因她宠爱小儿子刘武。但她的侄子窦婴却进言道:"父子相传,是汉代的祖制,怎可如此。"此言得罪了太后,没几天窦太后便下令把窦婴从皇戚的名册中除名。

窦太后一心想让景帝立刘武为皇位继承人,但景帝只是酒后失言,并非真心。而不立刘武又会违背母后的意愿,正左右为难之际,公卿大臣以古制、祖训为由,坚决反对此事,景帝乘机立儿子刘荣为皇太子。但不到一年,刘荣便因事被废黜,窦太后乘机再次进言,要立刘武为嗣。

这时有个叫袁盎的大臣上书说此事不妥,景帝乘机立刘彻为太子,窦太后的愿望再次落空。梁王刘武听说袁盎从中作梗,便派刺客去刺杀袁盎,景帝得知后龙颜大怒,命令缉捕凶手。刘武怕事情败露,迫令刺客自杀,又托姐姐去向母后说情。在太后的干预下,此事不了了之,但从此景帝开始疏远梁王。

公元前144年,梁王刘武病死。窦太后闻讯整日涕泣,不吃不喝,骂道:"皇上果然杀了吾儿!"景帝惊慌,不知如何是好,姐姐馆陶长公主给景帝出主意,让景帝把梁国一分为五,刘武的五个儿子都封王,五个女儿都赐给汤沐邑,太后方转悲为喜。

这时,窦太后双目失明,她喜欢黄老之术,景帝及窦氏兄弟也不得不读《老子》而尊黄老之术。“黄老”是指黄帝和老子,道家也尊黄老为祖,主张无为而治,宽政待民。窦氏经历文景二朝,史称“文景之治”的盛世,与推行黄老之术的宽民政策有很大关系。

公元前147年,景帝病死,太子刘彻即位,是为武帝,尊窦太后为太皇太后。

窦太后死于公元前135年(汉武帝建元6年),时年71岁,与文帝合葬霸陵。

【政治影响】景帝时窦太后曾召博士辕固生,问他《老子》是怎样的一部书,辕固生不识时务,猝然答道:“这不过是部平常人家读的书,没什么道理。”窦太后大怒道:“难道一定要司空城旦书吗?”话中讥讽儒教苛刻,比诸司空狱官、城旦刑法。辕固生一听想转身就走,不料被太后喝住,要他到猪圈里去与猪格斗。当时还是太子的刘彻(汉武帝)见辕固生为一文弱书生,恐不敌猪,就投进一把匕首,才让辕固生把猪刺死。因此景帝在位16年,始终未用儒生。刘彻即位后,太皇太后闻他好儒,大为不然,常出面干预朝政。武帝也不便违忤祖母,所有朝廷政事,都随时向她请示。当时御史大夫赵绾和郎中令王臧,迎鲁耆儒申公来朝,并建议仿古制,设明堂辟雍,改历易服,行巡狩封禅等礼仪,还建议今后政事“可不必事事请命东宫”。太皇太后听罢,怒不可遏,命武帝下令革去赵绾、王臧官职。至她去世前,武帝不再重用儒生,可见她在政治上的影响。

窦太后是中华帝国最后一位拥附“黄老思想”的统治者。在她的影响下,西汉政权得以继续沿用刘邦时期定下的“以民生息”“无为而治”的思想,把汉王朝推上了强盛的高峰。自她之后,没有一位中华帝国的统治者能像她一样真正地以“黄老思想”来“无为而治”。

28. 王政君

【生平考略】王政君(前70—13),魏郡元城(今河北大名东)人,公元前50年被策立汉元帝皇后,此后成为西汉末年政坛最重要的人物之一,外戚势力一度权倾朝野。晚年时侄儿王莽夺取西汉政权自立新朝,王政君继续被尊奉为太后直至去世。

【长寿皇后】王政君出身于官宦之家,传说她的母亲李氏梦月入其怀,遂有身孕,生下了政君。她的父亲王禁做过廷尉史(法庭书记),嗜酒好色,娶了好几个小老婆,生有四女八子。王政君的生母李氏失宠,与王禁分手,改嫁苟安为妻。王政君从小失去母爱,长大后的政君,婉顺贤惠,及笄就被她的父亲嫁出去，未过门而丈夫病死。后欲改嫁给东平王做姬妾，未进王府门而东平王死。许嫁之人暴病而亡，父亲王禁十分奇怪，找人算了一卦，算卦之人说："你的女儿是富贵之命，将来所嫁之人一定是显贵之人。"王禁很高兴，便教政君写字读书，弄琴鼓瑟。

公元前53年（汉宣帝甘露元年），王政君十八岁，应选入宫，适皇太子刘奭的爱妃司马氏死。司马良娣临死前对皇太子说："妾本不该死，是那些妃嫔咒的。"司马氏死后，刘奭十分悲伤，他想起司马良娣的话，发誓不再接近嫔妃。汉宣帝怕太子忧伤过度，令皇后挑选五名宫女，供太子选妃，王政君位列于候选人中。她穿着一件绣着红色花边的艳服，刚好坐在最靠近太子的位子上。太子还陷于思念爱妃司马氏的悲痛之中，无心选妃，皇后在旁边催促，刘奭随便指着靠近自己身边的一位宫女，皇后看王政君长相还算说得过去，更何况皇太子点头，于是就忙命人将王政君送到东宫。

就这样，相貌平平的王政君，在一个偶然的机遇中成为了太子妃。太子刘奭并不喜欢王政君，谁知政君侍宿一夜而怀孕生子。此后太子刘奭再也没临幸于她。

宣帝听说有了嫡孙，高兴万分，亲自给他起名为骜，字太孙，而且时常抱刘骜，逗他玩。

公元前49年12月，宣帝驾崩，刘骜三岁，皇太子刘奭在宣帝驾崩的当天，登上未央宫前殿的龙位，他就是汉元帝，刘骜是他的长子，被立为皇太子。

按说，母以子贵，刘骜被立为皇太子，他的母亲王政君应该头顶凤冠。但元帝犹豫不决，因为他不宠爱王政君。

他最宠爱的妃子是傅氏和冯氏。傅妃聪明伶俐，善解人意，所以在宫中的人缘极好，虽被元帝宠爱，但并不遭众嫔妃的嫉妒。王政君生了刘骜不久，傅妃生了儿子刘康，冯妃生了儿子刘兴。

元帝想把皇后的凤冠戴在傅妃的头上。但是在他那个时代，刘骜既立为皇太子，皇后的桂冠按传统的规制当属于王妃。元帝整整踌躇了三天，最后还是无可奈何地立王妃为皇后。

他又创设了一个宫中的地位仅次于皇后的名号——"昭仪"。昭仪位视丞相，比诸侯王，他心爱的傅、冯二妃为昭仪，立刘康为定陶王，刘兴为信都王。

王皇后徒有皇后尊号，被冷落一边，好在王政君生性柔顺，不是争风吃醋的女人。汉元帝对皇后家的家庭照例给予恩典，王氏家族封王者多至10人，为西汉末年外戚擅权埋下了祸根。

但是她的儿子、皇太子刘骜越来越让元帝不满。刘骜曾好读经书，恭谨有礼。有一次,元帝召他,他闻诏忙前去。但刘骜不敢横穿皇帝专用的驰道,而是绕了一个大弯。元帝见太子来迟,责怪太子,刘骜说明了原因,元帝很高兴。但好景不长,刘骜对经书渐渐厌烦了,整日游手好闲,喜欢喝酒、游玩。元帝多次训斥,但太子屡教不改。于是元帝打算废黜刘骜,另立傅妃之子刘康。

公元前33年(汉元帝竟宁元年),元帝病重,傅昭仪、刘康在侧侍奉,皇后、太子被拒之门外。一天,元帝向其近臣透露他要废黜刘骜,另立刘康为继承人的心愿。王皇后、太子听后,惶恐不知所措。

这时,元帝宠臣侍中史丹闯进元帝寝宫,顿首涕泣而言:"皇太子名闻天下,臣民归心。今臣听陛下有废立之意。若是这样,请陛下先赐我死吧!"元帝见状,长叹一声,说:"没有此事。皇后谨慎,先帝又疼爱太子,寡人岂敢违先帝之意?"

就这样刘骜保全了皇太子的名字,王政君也保全了皇后的凤冠。

公元前33年(汉元帝竟宁元年)5月,元帝死于未央宫,终年43岁。刘骜继位为汉成帝,尊王氏为皇太后,移居长乐宫。

耽于声色的成帝任命舅舅王凤为大司马大将军领尚书事,掌理朝政。成帝自己整日游山玩水,斗鸡走狗,朝政大权实际掌握在皇太后和她哥哥王凤手中,堂堂天子也得看他们眼色行事。

成帝身体多病,即位多年无子。定陶王刘康来朝,成帝留他在京师伴驾,有以刘康为帝位继承人之意。王凤对此不满,担心刘康做了皇帝对王氏不利,遂借日蚀为名,奏谏成帝遣刘康回他的定陶国去。成帝无奈,只好与刘康相对涕泣而别。

成帝对于自己大权旁落,王凤专权用事,日渐不满,有罢免王凤之意。恰好京师地方官京兆尹王章上书成帝,建议成帝贬王凤,推荐中山王的舅舅冯野王取代王凤,结果他俩的密谋让王音知道了。

王音是皇太后王政君堂弟王弘的儿子,他官为侍中,在成帝左右侍奉,成帝与王章密谋时,他不露声色,事后偷偷地通报王凤,于是王凤在家,上书辞官。成帝觉得这是罢免王凤的大好时机,谁知皇太后出来作梗,她哭哭啼啼地不吃不喝,向成帝施加压力,成帝只好把王章打入死牢,杖毙狱中,妻子流放边陲。

当王氏外戚一个个显贵无缘、趾高气扬、骄奢淫逸的时候,年仅13岁的王莽与母亲相依为命,他被服简陋,举止恭谨,小心翼翼地侍奉执掌大权的姑伯。与那些王家贵公子相比,洁身自好、恭俭有礼的王莽格外引人瞩目。

阳朔三年(公元前22年)王凤病重,王莽在侧侍候,数月未解带。王凤十分感动,弥留之际,嘱皇太后和成帝授给王莽一官半职。王莽更加小心谨慎地侍奉姑叔,皇太后对这个侄子颇有好感。

王凤死后,王根辅政五年后患病,上书矩阵,推举侄子王莽出任大司马一职。

绥和二年(公元前7年),成帝驾崩,定陶王刘康的儿子刘欣即皇帝位,是为哀帝。哀帝尊皇太后王政君为太皇太后。哀帝即位后,他的祖母傅昭仪、母亲丁姬两家成了新的权贵,与王氏外戚在权益分配上发生冲突,太皇太后命王莽辞职以缓和矛盾,王莽极不情愿地上书辞官。

元寿二年(公元前1年),哀帝驾崩。哀帝无子,太皇太后在哀帝驾崩的当天迫使哀帝把军政大权交给王莽,王莽重登大司马的宝座。他和太皇太后迎立中山王刘兴年仅九岁的儿子刘衎为帝,是为平帝。

平帝年幼不能临政。于是,太皇太后临朝称制,行使皇帝的权力,她依赖王莽,委政于他。

其实王莽觊觎帝位已久。他结党营私,排除异己;又沽名钓誉,广施恩惠。经过几年的经营,他把朝政大权控制在自己的手中。对太皇太后王莽是不敢惹的,年迈的太皇太后仍握有相当大的权力。为独揽大权,王莽指使爪牙上书,说太后至尊不宜操劳过度,一些小事就不必亲躬了。太皇太后闻之十分高兴,规定以后惟有封侯赐爵一事须奏闻于她,其他事一概由王莽裁决。

随着岁月的流逝,平帝逐渐长大了。王莽觉察平帝对他专权十分不满。便先下手鸩杀了平帝,拥立了一个年仅两岁的刘婴为“孺子”,自己做起“摄皇帝”来了,王太后万万没想到自己一手栽培的侄儿王莽竟欲篡夺她儿孙的天下!但悔之晚矣,此时朝中大权完全落入王莽手中,自己有名无实权,已没有什么力量能阻止王莽代汉自立了。

到公元8年,王莽将小皇帝刘婴废黜,在爪牙的欢呼声中戴上皇冠,堂而皇之地坐上龙椅之后去谒见太皇太后,说他秉承天命,代汉而立,建立新朝。昔日掌握实权的太皇太后如今也只有愤慨、怒骂的能力了。

翌年正月初一,在未央宫前殿隆重地举行了新朝皇帝即位典礼。王莽登上龙座南面称帝,接受百官朝贺,奉太皇太后“新室文母太皇太后”的玺绶,去掉汉朝的称号。

王莽代汉自立,觉得只有接管汉氏玉玺,才算是真正取代了刘室天下。因此,他称帝不久,便迫不及待地遣王舜去长乐宫向太皇太后索要“汉传国玺”。

太皇太后大怒,指着王舜的鼻子骂道:“王舜,你家蒙受汉室皇恩,却不思报答,反而乘汉室人孤势薄,帮王莽篡位。像你们这样的人,猪狗不如。我乃汉室老寡妇,活不了几天了。我死了,就让这块玉玺陪葬,他王莽休想得到!”

王舜伏在地上,羞赧汗颜。很久,才抬头对太皇太后说:“皇上意在必得,太后今天不给,明日还能不给吗?”

太皇太后担心王莽得不到“汉传国玺”会狗急跳墙,遂拿出玉玺,扔在王舜面前,骂道:“我老将死,你们兄弟定受灭族的报应!”

太皇太后在悲愤中度过了她一生的最后时光。

王政君生于汉宣帝时,一生经历七朝,历尽沧桑。她一人虽没有什么政治野心,但愚庸无能,软弱寡断,终于断送了汉朝刘姓的江山。

公元13年(新朝始建国五年)2月,太皇太后忧愤而死,享年84岁,她是中国历史上最长寿的皇后之一。太皇太后的遗体被运往渭陵,与元帝合葬。

29. 邓绥

【生平考略】邓绥(80—121),南阳(今属河南)新野人,东汉开国元勋邓禹的孙女。邓禹为南阳豪族,随光武帝起事,为东汉初的大功臣。其父邓训,曾为护羌校尉,抚边有功。邓绥于公元102年被汉和帝册封为皇后。和帝死后,相继辅佐殇帝和安帝,控制朝政长达二十年,延续了东汉前期诸帝的施政,延缓了东汉的衰落。

【摄政始末】

幼年时期　邓绥自小孝顺慈爱、喜好读书,六岁即读史书,十二岁通《诗》、《论语》,常和诸兄互相讨论。她不喜欢学做家事,因此屡次被其母亲责骂。母亲以传统男女有别的看法,认为女孩子唯有习女工最重要。于是她在白天学女工之外,晚上仍读经书。她父亲则对她读书较为支持,认为她的才能胜过他的其他几个儿子。像邓绥这种女孩子习读经书史书的情形,虽然常不被称许,但在东汉重视家学的名门大族中,应是常有的现象。她自小就对读经史有如此兴趣,对她后来在政治上的表现有所影响。

从贵人到皇后　邓绥十五岁(公元95年)时,被选入宫中,因外貌出众,次年即升为贵人。她入宫之后,对待皇后阴后甚谦谨,如在宴会之时,嫔妃们多打扮艳丽,只有她素服不装饰,而且平时衣服不敢与阴后同色。此外,她晋见皇上时不敢与阴后并坐立,走路也表现谦卑的姿态,说话也不敢先于阴后。阴后被疏远之时,就常托病不受皇上召见。但也因她如此地敬慎曲从,益受到皇帝的喜爱。她虽身为贵人且深受宠爱,但仍只是皇帝的妾,其地位与皇后相差甚多,因此必须自谦以防遭到妒忌。但她受宠日盛,仍使得阴后大为担忧妒忌,屡想加害她。有一次皇帝重病,阴后已经开始预想得权之后要杀邓家,幸而其后和帝病愈,邓氏才能逃过一劫。

永元十四年(公元102年),阴后因为被告行巫蛊之事为皇帝所废。和帝因宠幸邓氏且认为她有德行,因此立她为皇后。邓绥成为皇后之后,因其具学识和才能,逐渐参与政事。

摄政太后 汉和帝在元兴元年(公元105年)去世,使邓皇后更得以进入政治权力的中心。她早在为贵人之时,因和帝子多夭死,即常为他选进才人,希望能广其后嗣。和帝之后所生数子则多秘养于民间,这虽是为刘家的继嗣着想,但也为邓氏提供了之后拥立新帝并以母后掌权的机会。和帝去世,邓后虽无子,但迎回了养于民间、年方百日的和帝幼子汉殇帝即位,邓后被尊为皇太后。因殇帝年幼,故她临朝听政。她屡次以皇太后的名义下诏书,并自称为朕,因此虽然她在诏书中称她只是“权佐助听政”,但事实上她已成为国家实质上的领袖。不及一年,殇帝亦死,邓太后与兄长车骑将军邓骘以和帝长子平原王胜有疾为由,先以十三岁的汉章帝之孙刘祜为汉和帝之后嗣,再立他为帝,是为汉安帝。这种立侄不立子的安排,引起了一些大臣的不满,如司空周章谋立平原王胜,但事败自杀。安帝即位后,邓太后继续临朝,一直到她死为止,共摄政达十六年之久。

【历史评价】邓太后虽为一妇女,但自小修习经史,在后宫时又曾受经书于班昭,其后亦常诵读,因此颇熟习于治术,她的统治在许多方面甚为成功。在后宫,她一反阴后对其他妃子的忌视,对于和帝的其他贵人甚为优遇。在宫中用度上力行俭约,她罢不合礼之祠官、免遣不少宫人,并减少衣食宴乐上的各种花费。在刑狱上精明体察,常能破除冤情;在学术上,邓太后除本身甚为好学外,亦努力奖掖学术,曾召集学者在东观校对传记;在用人上,太后及邓骘皆引用许多名士如杨震等人。其摄政期间时值羌乱大起,且天灾不断,造成盗贼四起,民不聊生,每有灾,邓太后多自行节俭以救灾。

在统治方法上,虽然她本身具有政治能力,但她以一个女性的身份,不便随时抛头露面,故常身在后宫,必须用一些私近的人为助。她大量任用其兄弟,先以其兄邓骘为车骑将军辅政,后又晋升其为大将军,常留禁中,有大事常与之商量,其他的兄弟如邓悝、邓弘、邓阊等亦居官封侯,成为邓太后统治上的助手。

邓太后虽重用外戚,却了解到必须要管理使他们守法守分。她曾诏告京师一带各长官,对邓氏犯错不要宽假。其后,邓太后也下诏让一些皇室子弟与邓氏子弟一同开学校,教经书,并亲自督导,希望能防止其子弟们生活过于骄逸。而邓骘等外戚亦多恭顺节俭,力谋为国,因此外戚并未成为祸患。

除了外戚之外，邓太后也重用了不少宦官如蔡伦等人为助，以他们来传达内外消息，而较少直接见公卿大臣，当时虽尚未有宦官乱政的情形出现，却也造成他们的权力逐渐增加，为东汉后来的政治带来不好的影响。

尽管邓太后具有统治的能力，且邓氏亦多安分守己，但按中国的传统来说，她是属于不应“牝鸡司晨”的妇女，且又多重用私近之人，再加上安帝年纪渐长，早已成年，而太后却迟迟不肯还政于皇帝，这不仅使得一些大臣之中有人不满，连邓氏之中也有人感到畏惧不安。

如当时诸多天灾，不少人以灾异比附人事，认为是太后摄政所致；又如杜根、成翊世均曾上书希望已年长的安帝亲政，太后不仅不听，杜根还因此被扑杀于殿中，幸被救未死，成翊世也因此而获罪；太后堂兄邓康忧惧太后久临朝政，劝太后崇公室、损私权，太后不悦而免邓康官。

由朝臣以至自家人对于邓太后秉政的不满和忧惧，可见在当时，不论摄政太后的能力如何，太后摄政仍是颇受争议的。而即使实行，也被认为只能是一个因皇帝年幼无法听政的权宜之计。因此当安帝已成年可亲政，权力却仍操于邓太后之手时，会产生如此多的不满。

也由于累积了如此多的反感，她在永宁二年（公元 121 年）死后，安帝终于获得亲政时，不久邓家即被诬告，邓骘兄弟等人自杀。安帝打倒了外戚之后，信用宦官及乳母家之人，东汉的政治也开始日渐衰败。

30. 贾南风

【生平考略】贾南风（256—300），山西平阳襄陵（今襄汾）人，西晋开国元勋贾充之女。公元 290 年 4 月，贾南风被策立为晋惠帝的皇后。惠帝黯弱无能，贾南风大权独揽，将朝廷完全置于自己控制之下，终于引发了“八王之乱”，大一统的中国从此陷入了三百多年的分裂割据局面。

【权诈皇后】贾南风其貌不扬，晋武帝称她“丑而短黑”，不宜做太子妃。然而，她却成为太子司马衷的妃子，继而成为皇后。贾南风之父是西晋的开国元勋贾充，这是她能够与皇太子联姻的主要原因。做太子妃，贾南风过于苛酷，曾亲手杀过人。对此，晋武帝十分愤慨，一度曾想将她废掉，但因外戚杨珧提醒他：“陛下忘贾公闾耶？”遂使废妃之事不了了之。可见，贾充在西晋政权中地位牢固，权势显赫。贾南风本人虽是女流，但她善于钻营，精于权术，史称“妒忌多权诈”，使得司马衷既害怕她，又受她的诱惑，喜欢她。晋武帝和朝臣们对太子司马衷的才识和能力非常了解,认为他"纯质","不能亲政事"。晋武帝与大臣们曾一起"密封疑事,使太子决之"。贾南风怕暴露出丈夫的无能,即想出一条让外人替太子作答案的诡计,才算蒙混过关,使皇太子得以保存太子位,并顺利取得皇位。

太熙元年(公元 290 年)4 月,晋武帝去世,太子司马衷即皇帝位,是为晋惠帝,贾南风被册立为皇后。惠帝懦弱无能,国家政事皆由贾南风干预。故西晋政权从贾南风立为皇后之日起,政局便处于动荡不安中。

贾南风为了掌握朝政大权,采取滥杀无辜、诛灭异己的办法,巩固惠帝的统治地位,如晋惠帝的辅政大臣、太傅杨骏就惨死在贾南风之手。

杨骏是晋武帝的皇后杨氏之父。晋武帝自太康灭吴之后,天下无事,遂不再留心朝政,整日沉浸在酒色之中,朝中事务依赖后党杨氏。此时杨骏、杨珧、杨济位居三公,时号称"三杨",可谓权倾一时。对杨骏其人,尚书褚契、郭奕曾上书晋武帝,说:"(杨)骏小器,不可以任社稷之重。"武帝不以为然。司马衷即帝位,任杨骏为太傅,做辅政大臣。凡朝中之事,杨骏必亲自过问,"百官总己";由于害怕"左右间已,乃以其甥段广、张劭为近侍之职"、"又多树余党,皆领禁兵";然而杨骏在处理一些重要事情上,"谙古义,动违旧典",于是出现了"公室怨望,天下愤然"的局面。在对待贾南风的问题上,"骏知贾后情性难制,甚畏惮之","贾后欲预政事,而惮骏未得逞其所欲,又不肯以妇道事太后"。一味专权的杨骏与权力欲熏心的贾南风之间形成了不可调和的矛盾。经过激烈的明争暗斗,贾南风终于在永平元年(公元 291 年)3 月借汝南王司马亮和楚王司马玮之手,诛杀了太傅杨骏及卫将军杨珧、太子太保杨济、中护军张劭、散骑常侍段广、杨邈、左将军刘预、河南尹李斌、中书分蒋陵、东夷校尉文淑、尚书武茂等,"皆夷三族"。之后,贾南风又矫设废皇太后杨氏为庶人,徙于金墉城,第二年迫害致死。

31. 冯太后

【生平考略】冯太后(442—490),长乐郡信都(今冀州市冀州镇岳良村)人,北燕国君冯弘的孙女,公元 456 年被北魏文成帝封为皇后,两次临朝听政。在她的推动和支持下,北魏孝文帝进行了大规模改革,对推动北魏封建化和汉化作出了卓越贡献,所采取的改革措施对后世产生深远影响。

【主要政绩】和平六年(公元 465 年)献文帝即位,被尊为皇太后。太后执政，定策诛杀专权跋扈的丞相乙浑。献文帝非太后所生，听政后诛除太后内宠。皇兴五年（公元471年）献文帝禅位于五岁的太子拓跋宏，自己仍过问大政。承明元年（公元476年）冯太后毒死献文帝，再度临朝称制达十四年，是一系列改革的实际主持者。她聪明果决，猜忌而长于权术，以重管、重罚驾驭群臣，为其所用。

北魏百官原无俸禄，冯太后称制时，太和八年定每户增调帛三匹、谷二斛九斗，充百官俸禄，称为“班禄”。班禄以后，贪赃满一匹者处死。规定地方守宰任期按“治绩”好坏为定，不拘年限。太和九年采纳给事中李安世建议，实行均田制，使农民附着于土地，劳力得以利用，荒田得以垦辟。北魏原来没有户籍制度，由宗主管理户口，称宗主督护制。因此宗主荫庇人口甚多，往往三五十家合为一户。在九品混通制之下，赋役负担不匀，政府收入也受影响。九年或十年初，李冲建议，仿古制立党、里、邻三长，用以代替宗主督护的统治。定民户籍，按户征发调役。当时反对李冲建议者很多，冯太后力排众议，认为立三长则荫庇的户口可以检出，课调可有常准，决定实行。结果不仅北魏本土见效，同南朝归于北魏的淮北州郡户口，几十年间也比属南朝时大见增长。冯太后主持制定的三长制、均田制和新的租调制三者配合实行，为孝文帝迁洛以后的繁荣富庶打下了基础。

十四年，崩于太和殿，时年四十九。谥曰文明太皇太后，葬于永固陵。

32. 独孤皇后

【生平考略】文献皇后独孤氏，名迦罗（543—602），隋朝云中（位于今内蒙古）人，后周大司马独孤信之七女。独孤信见杨坚相貌奇伟，器宇轩昂，故将迦罗女许配为婚，时年十四。隋文帝即位之后，封为文献皇后。常与文帝讨论政策得失，很有政治才干，时称“二圣”。

【以贤辅政】文献皇后柔顺恭孝，谦卑自守，很受隋文帝宠爱。文帝上朝时，她与帝同辇而进，至阁乃止。候其退朝之后又一起回宫，同吃同乐同寝，相顾欢欣。平日生活俭朴，不好华丽，专喜读书，识达古今。文帝治政稍有不妥之处，她就忠心苦劝，做了很多有益之事。当时突厥与隋贸易，有明珠一盒，价值八百万，幽州总管殷寿让她买下，她婉言谢绝地说：“如今戎狄屡次侵犯，将士征战疲劳，不如将八百万奖赏有功之士为佳。”此举立刻朝野传闻，受到百官称赞；大都督崔长仁是文献皇后表兄，触犯国家王法，按律当处以斩刑，隋文帝看在皇后情面,有意赦免其罪。皇后进谏说:“国家之事岂可顾私。”遂将崔长仁处死;皇后异母兄弟独孤陀因滋酒逞凶残害百姓,曾受过皇后指责,故而怀恨在心,常以猫鬼诅咒皇后,按律当斩。皇后虽然气得三天没有进食,但最后还是请求文帝赦免其罪,皇后说:“如果独孤陀蠹政害民,妾不敢为其说情。但如今独孤陀是因为诅咒我而犯罪,所以我敢请求赦免他。”于是陀被免死。

仁寿二年八月,文献皇后病逝永安宫中,终年59岁,葬于太陵。

文献皇后很有政治才能,每当与隋文帝议论国家大事,看法往往不谋而合,十分一致,故而宫中称为二圣。但她却在确立隋王朝的继承人上犯了错误,对废掉忠厚的长子杨勇,改立比较善于伪装的次子杨广为太子负有一定责任。

33. 武则天

【生平考略】武则天(624—705),本名武照,称帝后改为武曌(zhào)。祖籍初唐并州文水(今山西文水县),唐朝开国功勋武士䕶(huò)的次女,生母杨氏是武士䕶的续妻,陇右大士族、隋朝宰相、遂宁公杨达之女。有绝顶的才能和超人的智慧,心狠手辣,是中华帝国唯一的女皇帝。世人据其封号称之为武则天。

武则天是唐太宗李世民的才人,唐高宗李治的皇后。她在协助高宗处理军国大事,佐持朝政三十年后,亲登帝位,自称圣神皇帝,废唐祚于一旦,改国号为周,成为中国历史上空前绝后的唯一女皇。从她参与朝政,自称皇帝,到病移上阳宫,前后执政近半个世纪,上承“贞观之治”,下启“开元盛世”,历史功绩,昭昭于世。诚如宋庆龄对她的评价:武则天是“封建时代杰出的女政治家”。

武则天出生在唐初新贵显宦之家,显赫的权势,豪奢的生活,滋养了她无限量的权力欲。然而,初唐重士族的门阀之风盛行,而武氏庶族的门第,低微的出身,又使她饱受流俗的轻视,却不甘被埋没。这一特殊的境遇与遭际,强烈地刺激着青年时代的武则天,陶冶了她狂妄地去追逐和攫取最高权力,以达唯我是从的欲望,和以冷酷而不择手段地去报复一切的心理。这一点在她以后从政乃至于“南面称孤”的一系列政治斗争中,表现得尤为突出,成为她一生功过参差的修养、品德、性格和心理根源。

武则天自幼聪慧敏俐,极善表达,胆识超人。父亲深感她是可造人才,遂教她读书识字,使她通晓事理。史载,则天十三四岁时,已是博览群书,博闻强记,诗词歌赋也都有一定基础,而且长于书法,字态卓荦不群。

贞观十一年(公元637年),14岁的武氏以长相俊美,入选宫中,受封“才人”。入宫之后，武氏行事干练，善解人意，再加上姿色娇艳，颇得太宗欢心，遂赐号“媚娘”。但相同时期的徐贤妃聪慧过人，武氏失宠，一直在最低才人档次徘徊，后结识李治。

贞观二十三年（公元649年），太宗死去，则天与所有嫔妃被发送长安感业寺削发为尼。太宗九子李治即位后，因早先与则天暗通款曲，对她极有兴趣，遂经常往来于感业寺，并于两三年后重召则天入宫，晋封为“昭仪”。永徽六年（公元655年），极受高宗宠幸的武则天，在内宫的斗争中稳操胜券，并日促高宗立己为后。然而，在封建社会中，皇后的废立乃国之大事，须与重臣们商定。当高宗把废皇后王氏，立则天为皇后的打算向褚遂良、长孙无忌等忠贞重臣说明后，立即遭到强烈的反对。他们认为武氏出身卑微，不宜为后；且太宗崩时，曾言“佳儿佳妇”，不应废王皇后。但是，高宗的主张也得到武则天的同谋许敬忠以及李义府等一些朝中奸佞的支持。史载，后来武则天亲自杀死自己的女儿，嫁祸王皇后，迫使高宗终于在这年的十月断然颁诏，废皇后王氏，正式册立则天为皇后。册立皇后后，武则天歹毒至极，将王皇后、萧淑妃手脚砍断，醉骨。

武则天登上皇后宝座后，机智精明，“通文史，多权谋”的长处，得到长足的发挥和发展。她亦利用皇后的身份，皇上对己的宠爱，积极参与朝政，“百司奏事，时时令后决之”。从永徽六年（公元655年）到显庆四年（公元659年）的五年时间里，她广弄冤案，天下森森，大量清除政敌，贬尚书右仆射褚遂良，使其郁闷而死；黜同中书门下长孙无忌，逼其自缢；罢免朝中褚遂良、长孙无忌的支持者，巩固和扩大了自己的影响和权力，扫除了她参政道路上的障碍，贞观遗风之称的永徽之治结束。

显庆五年（公元660年），高宗李治因患风眩，目不能视，遂下诏委托武后协理政事。自此，则天从参政步入执政，“黜陟生杀，决于其口，天子拱手而已”，人虽在幕后，却遥控了朝廷实权。后来，高宗后悔，图谋收回大权，并密令中书侍郎上官仪草诏废后。岂知机事不密，“谋泄不果”，武后手辣心狠，先下手为强，立将上官仪处死。高宗之举，功亏一篑，反使武后更为警觉。

武则天为了扫清自己最后障碍，先杀长子，后谋杀次子，废三子，软禁四子。高宗虽厌其独行独断，许多国家大事又不能不倚重她。这样，就使武后逐渐从幕后走向前台，竟与高宗同临紫宸殿，一起接受群臣朝拜。上元元年（公元674年），高宗号天皇，皇后号天后，天下人谓之“二圣”。自此，高宗形同虚设，唐朝权柄，尽在武后则天掌握之中。

从上元元年（公元674年），则天以“天后”之尊开始执政，至天授元年（公元690年）正式称帝的16年中，武氏为当皇帝做了大量的长时间的准备，采取了多种有力有效的措施。首先,在王位的继承上,高宗想禅位于长子李弘。武后则不念母子之情,将李弘毒死,立次子李贤为太子。李贤被高宗委以临国之任,处理政务颇为精干,武后则废李贤为庶人,立三子李显为太子。弘道元年(公元683年),高宗卒,中宗李显刚刚继位,武后则以皇太后名义临朝称制。一年后便废掉中宗,改封庐陵王,立四子李旦为帝,是睿宗。李显、李旦都是昏庸无能之辈,在皇帝位上也是傀儡,处处受制于武后。

其次,是修改《氏族志》为《姓氏录》,原来连《氏族志》都不能列入的武氏,在《姓氏录》中,却定为姓氏的第一等,这并没有改变门阀观念,只是武则天为了提高武姓地位的一个表现。

再次,是变更官名,改东都洛阳为神都,为自己登位称帝、建立新秩序迈出重要的一步,向全国表示自己大位一统至高无上的权力。武后的这些新政措施,很快遭到皇族李氏和许多士族官僚的反对。柳州刺史,唐初元勋徐世绩之后徐敬业,召十数万兵马率先于扬州发难,名著一时的《讨武曌檄》遍撒域中。宗室琅玡王李冲在博州,越王李贞在豫州也相继反武,举兵讨伐。则天武后对此毫不手软,坚决镇压,在她的直接指挥下,这些叛乱很快平息,徐敬业、李冲、李贞等主要发难者,或死于战场,或被捕杀,无一幸免。恐怖的斩杀,广泛的株连,充分地暴露出武后的冷酷果断。

公元690年,武则天认为亲临帝位的条件成熟,先借佛僧法明之口,广造舆论:“武后为弥勒佛转生,当代唐为天子。”接着又一手导演了以唐睿宗为首的六万臣民上表劝进,请改国号的壮举。至此,水到渠成,则天武后在“上尊天示”、“顺从众议”的“万岁”声中,登临大宝,实现了梦寐以求的夙愿,改唐为“周”,自号“圣神皇帝”。这年,她已是67岁的高龄。

公元705年,宰相张柬之乘武则天年老病危,拥立中宗复位,尊武氏为“则天大圣皇帝”。同年冬,武氏死,享年82岁,遗诏“去帝号,称则天大圣皇后。”

【非凡政绩】武则天在称帝前三十余年参政执政的政治生涯中,已显示出惊人的政治谋略和手段。在称帝之后的十余年中,更充分地显示了她在用人、处事、治国等各个方面杰出的政治才能和政治家的气魄。

则天称帝后,更重视人才的选拔和使用。她认为“九域之广,岂一人之强化,必伫才能,共成羽翼”。凡能“安邦国”、“定边疆”的人才,她不计门第,不拘资格,一律量才使用。为了广揽人才,她发展和完善了隋以来的科举制度,放手招贤,允许自举为官、试官,并设立员外官。此外,她还首创了殿试和武举制度,为更多更广地发现人才、搜罗人才创造了有利条件。比如,中唐名将郭子仪就是“自武举异等出”。这样,在她施政的年代里,始终有一批“文似仁杰”、“武类休武”的能臣干将为其效命,有力地维护着武周的政权。

对于农业生产,则天也非常重视。她说:“建国之本,必在务农”,“务农则田垦,田垦则粟多,粟多则人富”。她规定,能使“田畴垦辟,家有余粮”的地方官升任;“为政苛滥,户口流移”的“轻者贬官,甚至非时解替”。这样,在她执政的年代里,农业和手工业都得到较大的发展,人口不断增加。据当时统计,永徽时全国户数为380万户,到则天临终的神龙元年,渐增为615万户,几乎增长一倍。仅此一点即可看出这一时期的农业经济发展情况。

在抗击外来入侵、保护边境安宁、改善相邻各国的关系方面,则天施政时期也做了很多努力。对吐蕃贵族的入侵和骚扰,则天给予坚决的抵御和反击。长寿二年(公元692年),她派大将王孝杰击败吐蕃,收复安西四镇,复置安西都护府于龟兹。之后,又在庭州设置北庭都护府,巩固西北边防,打通了一度中断的通向中亚地区的“丝绸之路”。在她施政的年代里,坚持边军屯田的政策。天授年间,娄师德检校丰州都督“屯田积谷数百万,兵以饶给”。大足元年(公元701年),郭元振任凉州都督,坚持屯田五年,“军粮可支数十年”。武氏的这种大范围的长期屯田,对边区开发、减轻人民转输之劳,以及巩固边防都有着积极的作用。

【功过评述】在武曌掌权近半个世纪的较长时期内,也有很多过失。她重用酷吏,奖励告密,使不少污吏横行一时。他们刑讯逼供,滥杀无辜,诬陷于人,使不少文臣武将蒙受不白之冤。虽然对武周政权的巩固起过一些作用,但却搞得统治集团内部矛盾激化,人人自危,必然影响国家的治理和生产的发展。她放手选官,使官僚集团急剧增大,官僚机构膨胀,必然要加重人民的负担。她晚年好大喜功,生活奢靡,耗费大量财资和劳力,这都不同程度影响和延缓了生产力的发展。

不过,这些错误和过失,毕竟是武则天政治生涯中的支流。她作为中国历史上唯一的女皇帝,能够排除万难,在统治长达半个世纪的岁月里,形成强有力的中央集权,社会安定,经济发展,上承“贞观之治”,下启“开元盛世”,革除时弊,发展生产,完善科举,破除门阀观念,不拘一格任用贤才,功不可没。她的历史功过,恰如她给自己立下的那块“无字碑”一样,只能由历史去作出评论和判断。

34. 太平公主

【生平考略】太平公主(约665—713),是我国历史上赫赫有名的人物,中国历史上第一个女皇武则天的女儿,而且几乎真的成了“武则天第二”。作为唐高宗李治与武则天的小女儿,唐中宗和唐睿宗的胞妹,生平极受父母兄长尤其是其母武则天的宠爱,权倾一时,被称为“几乎拥有天下的公主”。有人依《全唐文·代皇太子上食表》一文认为她的本名是李令月。

太平公主一生很不太平,她的血管里流动着的是她那极不安分的母亲的血液。从小她就骄横放纵,长大后变得凶狠毒辣,野心勃勃地觊觎着那高高在上的皇位,梦想像她母亲那样登上御座,君临天下。然而,正如一位哲人所言,历史往往会发生惊人的重复,但如果第一次是以喜剧面目出现,第二次则会以悲剧结局告终。太平公主虽不乏心机和才干,也曾纵横捭阖得意于一时,但终未能承传母志,位列九五,只是在史书上留下许多五颜六色的斑痕而已。

幼年时期 太平公主出生年份目前尚无确切说法。根据她第一次结婚的时间和她的哥哥李旦出生的时间推定,她可能生于665年前后,是高宗和武后的最后一名子女。

太平公主五六岁时,常常往来外祖母荣国夫人家,她随行的宫女(一说为太平公主本人)遭表兄贺兰敏之逼奸,此事引起武则天大怒,加上此前贺兰敏之曾奸污内定的未来太子妃,武则天最终决定,撤销贺兰敏之作为武家继承人的身份,流放并中途处死贺兰敏之。

太平公主8岁时,以替已经去世的外祖母荣国夫人杨氏祈福为名,出家为女道士,太平一名,乃是她的道号。虽然号称出家,她却一直住在宫中。一直到吐蕃派使者前来求婚,点名要娶走太平公主。李治和武则天不想让爱女嫁到远方去,又不好直接拒绝吐蕃,便修建了太平观让她入住,正式出家,借口公主已经出家来避免和亲。

第一次婚姻 公元681年,太平公主约16岁时,下嫁唐高宗的嫡亲外甥、城阳公主的次子薛绍。婚礼在长安附近的万年县馆举行,场面非常豪华,照明的火把甚至烤焦了沿途的树木,为了让宽大的婚车通过,甚至不得不拆除了县馆的围墙。

武则天对女儿非常宠爱,她认为薛绍的嫂嫂萧氏和成氏出身不够高贵,想逼薛家休妻,有人以萧氏出身兰陵萧氏,并非寒门相劝说,才使她放弃了这个打算。薛绍的兄长薛顗也曾因太平公主来头太大而怕惹来祸事。不过太平公主在第一次婚姻期间,安分守己,并未有不轨事件传出。

太平公主的第一次婚姻结束于公元688年。因为薛顗参与唐宗室李冲的谋反,牵连到驸马薛绍,武则天下令将薛顗处死,薛绍被杖责一百,饿死狱中。当时太平公主还正怀着她和薛绍的第四个孩子。事后,武则天为了安慰女儿,打破唐公主食实封不过三百五十户的惯例,将她的封户破例加到一千二百户。

第二次婚姻 公元690年太平公主改嫁武攸暨。这次婚姻被认为是武则天为了保护太平公主而采取的措施。武则天在太平公主第二次结婚的两个月后正式登基,太平公主因为成为武家的儿媳而避免了危险。

武攸暨性格谨慎谦退。太平公主在第二次婚姻期间,大肆包养男宠,与朝臣通奸,并曾将自己中意的男宠进献给母亲武则天。

武周时期 太平公主"喜权势",武则天认为她长相、性格都像自己,常与之商议政事,但武则天生前从不让太平公主将她参与政事的事情外泄。太平公主畏惧母亲,因而行事比较收敛,对外只大肆装修府邸,购买别业。武则天朝,太平公主见诸史书的建树只有为自卫而铲除来俊臣势力这一件。(有记载称,薛怀义也是她定计处死的,但也有说法称,处死薛怀义的是建昌王武攸宁。另有记载称,太平公主同相王李旦一起作为李家的代表参与了武李盟誓,同样的,这种说法也存在争议。)

武周末年,武李两家矛盾尖锐化,武则天召回庐陵王李显,立他为继承人,并通过一系列联姻将武李两家联系起来,以图能消弭未来的政治斗争。同时,她也开始让太平公主和上官婉儿以及她的两个男宠张昌宗、张易之掌握权力。太平公主本人虽是武家儿媳,但政治上一直是李家的拥护者。

大足元年(公元701年),二张因进谗言害死了两家的嫡系继承人而同时得罪武李两家。长安二年八月(公元702年),李显、李旦与太平公主联名表奏,请封张昌宗为王,遭武则天拒绝,改封二张为国公。这次表奏缓和了双方关系。但不久后的长安三年九月(公元703年),张昌宗诬告魏元忠与太平公主的情人司礼丞高戬,引起武则天大怒,将魏高二人下狱。二张与太平公主及李家的关系彻底破裂。

公元705年,李家的拥护者、宰相张柬之发动兵变,诛杀二张,逼武则天逊位给太子李旦。太平公主由于参与诛杀二张兄弟有功,而受封镇国太平公主,开府,封五千户。

中宗、睿宗时期 唐中宗复位之后,太平公主逐渐走到幕前,积极参与政事。她受到中宗的尊重,中宗曾特地下诏免她对皇太子李重俊、长宁公主等人行礼。中宗朝,韦后与安乐公主乱权,唯惧太平公主多谋善断。

景龙三年七月(公元709年),太子李重俊谋反。安乐公主与宗楚客想趁机陷害太平公主与相王李旦兄妹,遂诬告他们与太子同谋,因主审官御史中丞萧至忠对中宗流泪进谏,“陛下富有四海,不能容一弟一妹,而使人罗织害之乎!”,太平公主与李旦而得以幸免于难,但太平公主与安乐公主的敌对已明显白热化。(也有野史记载称,上官婉儿因崔湜的原因,与太平公主成为情敌,并投入韦氏阵营)

景龙四年(公元710年)六月,唐中宗被韦后与安乐公主毒死。上官婉儿与太平公主一起草拟遗诏,立温王李重茂为皇太子,皇后执政事,相王李旦参谋政事,试图在韦后与皇族之间谋取平衡。但宗楚客与韦后党羽商议,改相王李旦为太子太师,架空了李旦,打破了这一平衡。七月,太平公主派其子薛崇简与刘幽求一起参与了李隆基等诛杀韦后的行动,清除了韦氏党羽,并亲手将李重茂拉下皇位,拥立相王李旦复位,是为唐睿宗。太平公主因此番功劳而晋封万户,三子封王,为唐朝公主权势之顶峰。

太平公主在协助李隆基政变除掉韦后以后,与李隆基发生权争。她曾经要求睿宗废掉太子李隆基,并积极培植党羽。此时,朝中七位宰相有五位是经由太平公主任命,文武百官除了姚崇、宋璟等寥寥数人外,大多数都依附太平公主。睿宗则试图在李隆基和太平公主之间寻求政治平衡,以避免伤害到任何一人。在此期间,太平公主曾劝说唐睿宗下旨,搜集编撰了上官婉儿的著作,保留了这位才女的作品。

结局 延和元年(公元712年)八月,睿宗传位太子李隆基,自己退为太上皇,改元先天。同年,太平公主的丈夫武攸暨去世。

先天二年(公元713年),太平公主准备以羽林军从北面、以南衙兵从南面起兵夺权。李隆基与郭元振、王毛仲、高力士等先发制人,诱杀了左、右羽林将军和宰相。太平公主见党羽被诛杀殆尽,不得不逃入南山佛寺,三日后返回。太上皇李旦出面请唐玄宗恕其死罪,被唐玄宗拒绝,太平公主最终被赐死家中,其夫武攸暨坟墓也被铲平。

【争议与疑点】关于太平公主是否真正计划过谋反这一点,一直以来存在疑问。一部分人认为,她骄横跋扈,与李隆基已经达到水火不容的地步,不可能没有谋反之心。但另一部分人则认为,以太平公主在朝中完全占据上风的局势和她多次成功政变的经验,她若当真谋反,不可能如此轻易就被李隆基平定。

35. 萧太后

【生平考略】萧太后(953—1009),名绰,小字燕燕。是辽景宗耶律贤的皇后,辽北院枢密使兼北府宰相萧思温之女,历史上被称为"承天太后",辽史上著名的女政治家、军事家。萧绰出身于辽代皇族著名四大别部之一的国舅别部,其父萧思温是辽朝的开国宰相萧敌鲁(述律皇后之兄)的侄子,萧思温历事太宗、世宗、穆宗、景宗四朝,身居险要,又有援立景宗之功,可谓权倾一时;其母燕国公主是辽太宗的长女,可见萧绰的出身是何等的显赫和尊贵了。

萧燕燕的形象对人们来说其实并不陌生,她就是《杨家将》里面杀伐决断的萧太后。不过历史上的萧太后却不像小说所描写的那样,是率领虎狼之师与北宋大战燕云十六州的母夜叉,而是一个清正贤良、深明大义、为辽朝的发展做出了重大贡献的女功臣。

【主要政绩】辽景宗继位时,面对混乱的局面,的确想励精图治,大干一番事业,但自幼身体一直不好,军国大事除了依靠蕃汉大臣之外,更重要的是依靠他的皇后萧绰(萧燕燕)。他曾对大臣说:在书写皇后的言论时也应称"朕"或"与",这可作为一条法令。这说明萧燕燕可代行皇帝职权。

乾亨四年(公元982年)九月,辽景宗驾崩,辽圣宗即位,萧燕燕被尊为皇太后,摄政。当时萧燕燕才30岁,圣宗才12岁,在大臣耶律斜轸和韩德让的辅佐下,太后和圣宗的地位才得以巩固下来。

统和元年(公元983年)六月,辽圣宗率群臣给萧燕燕上尊号为"承天皇太后"。萧燕燕以承天皇太后的身份总摄军国大政,就此便开始了辽代历史上著名的"承天后摄政"时期。

萧燕燕虚心诚恳,用人不疑,这一直为后世政治家所效法。她有男子一般的气魄,执法严明,毫不软弱,甚至"亲御戎车,指麾三军,赏罚信明,将士用命",把北宋部队杀得尸横遍野,生擒名将杨业。几年后又和宋真宗确立"澶渊之盟",开创了宋辽和平发展时期,在中国历史上意义重大。

萧燕燕年轻时曾许配给汉臣韩德让,但还没有来得及结婚,就被皇帝选为妃子。辽景宗死后,萧燕燕看中韩德让的政治与军事才能,于是决定改嫁给韩德让。当时契丹族的风俗是允许的。她私自对韩德让说:"我曾经许嫁于你,愿谐旧好。国王也就是你的儿子。"萧燕燕又秘密派人鸩杀韩德让的妻子李氏。从此之后,韩德让就无所避讳不间断地出入于萧燕燕的帐幕之中,过着事实上的夫妻生活。辽圣宗对韩德让也以父事之。韩德让忠心辅佐承天太后与辽圣宗,政绩卓著。

萧燕燕在摄政期间,励精图治,选用汉人,开科取士,消除番汉不平等待遇,劝农桑,薄赋徭,内政修明,军备严整,纲纪确立,上下和睦,与宋讲和,坐收岁币之力,经济文化高度发展,使辽朝达到鼎盛时期。

统和二十四年(公元1006年)十月,辽圣宗率群臣给萧燕燕上尊号为"睿德神略应运启化法道洪仁圣武开统承天皇太后"。统合二十七年十一月,萧燕燕把权力交给辽圣宗,不再摄政。同年十二月,萧燕燕因病崩于行宫,享年57岁。

【历史战绩】萧太后的军事阅历十分丰富,《辽史》的编纂者认为"澶渊之役"是她军事生涯中最光彩的一页。

宋真宗景德元年(公元1004年),以收复瓦桥关(今河北雄县旧南关)南十县为名,萧太后和辽圣宗发兵南下。辽军避实击虚,绕过宋军固守的城邑,长驱直进。十一月,破德清军(今河南清丰)、通利军(今河南浚县),抵达黄河之滨的重镇澶州(今河南濮阳),威胁宋朝的都城东京开封。一时北宋帝国朝野震动。有的大臣主张迁都升州(今江苏南京),有的大臣主张迁都益州(今四川成都),丞相寇准则力请宋真宗亲征。在寇准一再催促下,宋真宗亲自登上澶州北城门楼,以示督战。宋军士气为之一振,于是出现两军对峙的局面。最终双方合议休战,宋王朝每年向辽输绢20万匹,银10万两。萧太后能够"亲御戎车,指麾三军",率领数十万大军攻城野战,是历史上少见的女中豪杰。

36. 刘娥

【生平考略】刘娥(968—1033),章献明肃皇后,祖籍太原,公元1012年被册封为宋真宗赵恒的皇后,协助真宗处理政务。真宗死后,和仁宗赵祯一起听政决事,正式垂帘,长期控制北宋的国政。是宋朝第一位摄政的太后,功绩赫赫,常与汉之吕后、唐之武后并称,史书称其"有吕武之才,无吕武之恶"。

刘娥的祖父刘延庆在五代十国的后晋、后汉时任右骁卫大将军(后晋高祖石敬瑭起兵于太原南,而后汉则建都太原),父亲刘通是宋太祖时的虎捷都指挥使,领嘉州(今四川乐山)刺史,因此刘家举家迁至成都华阳。生刘娥之时,母亲庞氏曾梦到明月入怀,醒来后便生下一女,取名刘娥。然而刘娥出生不久,刘通便奉命出征,谁料牺牲于战场上,因刘通无子,家道中落,庞氏只好带着襁褓中的幼女寄居娘家。不知是否庞家穷困,还是刘通生前未敛财产,刘娥虽然身为刺史千金,读书识字,却学会一手击鼗的谋生技艺,善说鼓儿词。

刘娥十三四岁的时候,庞家就把她嫁给一位名叫龚美的年青银匠。刘娥嫁夫随夫,跟着龚美一起来到京城开封谋生。龚美手艺出众,又为人和善,善于结交朋友,尤其与襄王府里当差的张耆交好。襄王正是未来的宋真宗赵恒,此时他的名字还叫赵元侃,尚未被册定为太子,年仅16岁。

据宋史上说,15岁的刘娥与赵恒初会,进襄王府,但是赵恒与刘娥同为公元968年出生,于17岁才被封为韩王,端拱元年(公元988年)才被封为襄王,时年已二十。总之,赵恒当时尚未婚配,听说蜀女才貌双全,便让随从去暗暗物色一名。刘娥随夫抛头露面击鼗挣钱,自有美名在外,为赵恒的随从们所知。龚美得知是王府选姬,不愿放弃,改称是刘娥的表哥,让刘娥入王府。(不过关于这段故事,也有说法是刘家家道中落,刘娥举目无亲,好心人龚美收留她,让她一起跟着去开封,两人对外称是表兄妹,其实不是夫妻。反正究竟是不是只有宋真宗知道了。)

刘娥天生丽质,聪明伶俐,与赵恒年貌相当,很快如胶似漆。然而赵恒的乳母秦国夫人看不起刘娥的出身,认为刘娥勾引赵恒上邪路,劝赵恒赶跑刘娥,不果,只好报与宋太宗。太宗大怒,圣旨一道下来,命逐刘娥出京,并为十七岁的赵恒赐婚。此时赵恒被封为韩王,新娘为忠武军节度潘美的八女儿,十六岁的潘氏受封为莒国夫人。

然而,赵恒虽迫于皇命把刘娥送出王府,却不愿离开刘娥,把刘娥偷偷藏在王宫指挥使张耆家里,不时私会。这样偷偷摸摸,刘娥过了十五年。宋太宗至道三年三月癸巳日,五十九岁的宋太宗赵光义病逝,遗诏传位于已立为太子两年的赵恒。赵恒继承大统,再也不用与刘娥偷偷来往了。

当年赵恒奉命娶的王妃潘氏,婚后六年便死了,死时年仅二十二岁,无子。潘氏去世两年后,太宗又赐婚于郭氏,宣徽南院使郭守文的次女。年十七的郭氏初封鲁国夫人,不久又晋封秦国夫人。

赵恒于三月即位,五月册立郭氏为皇后,六月追封潘氏为庄怀皇后(后来儿子宋仁宗改为章怀皇后)。虽然后宫三千佳丽,赵恒却并未忘情于刘娥,很快把刘娥接入宫里。景德元年(公元1004年)的正月,封刘娥为四品美人,正式成为后宫妃嫔的一位(当时,郭皇后之下,只有刘美人最为尊,连王府姬妾杨氏都只被封为五品才人)。这时候的刘娥,终于可以正大光明地和真宗在一起了。刘娥虽然已经36岁,可是她聪慧温柔,一直获得真宗的专宠,很快晋封为二品修仪,又封为一品德妃。

此时的刘娥,已非昔日击鼗的小妹,她长年幽居,博览群书,研习琴棋书画,早已才华出众。刘娥见举目无亲,便向真宗提出,愿让表哥改姓为刘美,做自己的兄长,继承刘家香火。其实,龚美早已跟随真宗,一直忠心耿耿,只对真宗效忠。刘美任官,既不阿附于权臣,对部属也关心备至,出任在外时他的随从兵卒,都按省籍定时轮换,从不培植自己的私人势力。

然而,景德初年,郭皇后的儿子赵佑夭折了,年仅九岁;半月后,另一名两月大的皇子也夭折了。真宗的五名皇子居然一个也没能活过十岁,此时真宗年近四旬,以防万一,养宗室之子于皇宫内。郭皇后前后生了三个儿子,只有赵佑能活到九岁,不想也不幸夭折,伤心过度,身子垮了下来。

景德四年四月十六日,郭皇后病薨,享年三十一岁,谥号为庄穆皇后(后改章穆皇后)。真宗心里虽然很想立刘娥为后,但是刘娥既无子嗣又出身低微,群臣们都不赞同,反而要求册立十四岁的才人沈氏为皇后。沈才人虽然是大中祥符元年才入宫的,然而她出身高贵,是宰相沈伦的孙女。真宗不悦,索性让后位空缺,不谈立后之事。

然而刘娥虽然长年受宠,却无法怀孕。她身边的侍女李氏,突然一日梦到仙人下降为子,真宗和刘娥大喜,想出“借腹生子”的方法来。大中祥符二年(公元1010年)四月十四日,李氏生下一子,赵受益(即后来的宋仁宗赵祯)。皇子虽然是李氏所生,却只会认刘娥为母。真宗早在孩子出生三月前,便已宣布刘娥怀孕,册封刘娥为修仪,与刘娥交好的杨才人则晋封婕妤。皇子虽然是刘娥的儿子,刘娥却没有亲自抚养,而是交给杨婕妤抚养。杨婕妤亦是成都人,比刘娥小十六岁,与刘娥情同姐妹。真宗爱的既是刘娥,对杨氏也有好感,因此刘娥每每晋封,也少不了杨氏一份。时刘娥四十多岁,精力自然不如二十多岁的杨氏充沛,便让杨氏代行哺育之职。

然而,刘娥并未杀害真正的生母李氏,而封李氏为崇阳县君。不久,李氏又生下一女,晋封才人,正式进入妃嫔行列。不幸的是,小公主很快夭折。李氏自认命薄无福,终其一生,都未与儿子相认。

刘娥既已“生子”,真宗便诏告群臣,欲立为后。然而不少高级官员都知道刘娥“生子”的真相,真宗无奈,几次欲“立之”,刘娥都不得不“固辞”。大中祥符五年(公元1012年)十一月,真宗晋封刘娥为德妃,并给百官加官晋爵,册后礼仪一应从简,既不让官员进贺,也不搞封后仪式,封后诏书也回避朝臣公议,只下令将封后诏书传至中书省,自己家里宣布一下就完事。十二月丁亥,四十四岁的刘娥终于成为大宋王朝的皇后。

【主要政绩】身为皇后的刘娥,不像其他妃嫔只知争宠,她才华超群,通晓古今书史,熟知政事,每每襄助真宗。真宗每日批阅奏章,刘皇后必侍随在旁;外出巡幸,也要带上刘娥。虽然刘娥贵为皇后,朝中反对刘娥掌政的人也不少,以寇准和李迪为首。刘娥也开始笼络自己势力,以钱惟演和丁谓为首:钱惟演之妹为刘美之妻,丁谓的儿子娶了钱惟演的女儿。个中孰是孰非,后人只知表面,总之后来寇准落败,贬为相州知州(后为道州司马),丁谓也因为后来欺刘娥孤儿寡母想独揽大权而获罪。

天禧四年二月(公元1020年),真宗患病,难以支持日常政事,上呈到皇帝那里的政务实际上都由皇后刘娥处理。后来,真宗更是病重,下诏:"此后由皇太子赵祯在资善堂听政,皇后贤明,从旁辅助。"此诏书便认可刘娥裁决政事的权力。

群臣不安起来,刘娥虽非太子生母,却对他视若己出,恪尽母职,根本不是旁人所能离间。乾兴元年(公元1022年)二月甲寅,54岁的宋真宗赵恒病逝于延庆殿,遗诏曰:太子赵祯即位,皇后刘氏为皇太后,杨淑妃为皇太妃,军国重事"权取"皇太后处分。而小皇帝赵祯这时只有十一岁,实际上就是由刘娥处理政务。

然而丁谓想独揽大权,欺上瞒下,以为刘娥是女子无见识。刘娥虽然当初因为后位不稳培植他,多年下来早已查知丁谓的不法举动,此时更是怒不可遏,决心除掉他。当年六月,与丁谓勾结的宦官雷允恭被诛,丁谓罢相贬谪。丁谓被贬后,刘娥开始和仁宗赵祯一起听政决事,正式垂帘。

刘娥自知出身卑微,宋朝以士大夫为尊,因此大力抬高母家,一直追尊加封祖宗:曾祖父刘维岳成了天平军节度使兼侍中兼中书令兼尚书令,曾祖母宋氏最后封到安国太夫人;祖父刘延庆为彰化军节度使兼中书令兼许国公,祖母元氏封齐国太夫人;父亲刘通为开府仪同三司魏王,母亲庞氏封晋国太夫人。

刘娥号令严明,赏罚有度,虽然难免有些偏袒家人,但并不纵容他们插手朝政。在大是大非面前,她更尊重士大夫们的意见,王曾、张知白、吕夷简、鲁宗道都得到了她的重用,刘氏姻族也没有做出危害国家的祸事。

刘娥也非常简朴,当初身为皇后时服饰简朴,当了太后依然未改习性。宫中侍女见皇帝侍女服饰华丽,觉得自己身为太后侍女,怎么能被比下去呢?报与刘娥,刘娥不为所动,"那是皇帝嫔御才能享用的,你们哪有这样的资格。"虽然刘娥掌权日久,不愿把权柄交给仁宗,但她却依然是个慈母。仁宗少时体弱多病,刘娥忙于政务,让杨淑妃照顾,仁宗称刘娥为"大娘娘",杨妃为"小娘娘。"而仁宗生母李氏,刘娥也升封她为顺容,迁往真宗永定陵,成为守陵的先帝诸妃之一。而且早在真宗年间,便寻访到李氏家人封官。真宗去世后,刘娥依然沿用李氏,未下杀手。

明道元年(公元1032年)二月,李氏患了重病,刘娥连忙派太医前去诊治,并晋封她为宸妃。然而李氏薄命,封妃当天,便病薨,享年四十六岁。起初,刘娥只想以普通宫嫔的身份殓葬了事,然而听了宰相吕夷简的劝说,刘娥以一品礼仪将李妃殡殓,在皇仪殿治丧,并给李妃穿上皇后冠服。李妃的父亲得到追封,兄弟李用和也再次晋升。

刘娥虽不愿还政于仁宗,却并未想过自立。程琳献图《武后临朝图》,刘娥亲掷于地,道:"我绝不会做这样的事!"刘娥表态后,群臣如释重负。仁宗也心怀感激,恭孝唯谨,更于天圣七年(公元1029年)九月颁布诏书,将太后生辰长宁节的仪礼升级到与皇帝生辰乾元节相同的程度。

明道二年(公元1033年)二月,举朝行祭太庙大典,刘娥自觉天命已不久,想要在生前穿一次天子衮冕,便提出自己要着衮冕祭祀太庙。群臣大哗,却只得将皇帝衮衣上的饰物稍减了几样,呈了上去。二月乙巳这天,皇太后刘娥穿着天子衮衣、头戴仪天冠,在近侍引导下步入太庙行祭典初献之礼。为了将这场典礼搞得功德圆满,亚献者为皇太妃杨氏、终献者为仁宗皇后郭氏。仪式结束后,刘娥在太庙文德殿接受了群臣给自己上的尊号:应天齐圣显功崇德慈仁保寿皇太后。自此,彻底还政于儿子仁宗。三月,刘娥病重,仁宗大赦天下,四处征召名医,然而却无法挽留刘娥的生命。几天后,刘娥病逝于宝慈殿,享年六十五岁。第二日,仁宗在皇仪殿召群臣,哭道:"太后临终前数度拉扯身上衣服,可有什么心愿未了?"参知政事薛奎曰:"太后不愿先帝见她身穿天子服入葬。"仁宗恍然大悟,下令给刘娥换上皇后冠服。仁宗正自伤感,群臣却纷纷上议,说刘娥并非他生母,生母是李宸妃,而燕王更说李宸妃是太后毒死的。仁宗震惊,派人招来李用和,让他亲自去查看李宸妃的棺木。见李宸妃葬品如一品夫人,甚至身穿皇后服,仁宗大悔,叹道:"人言岂可尽信。"来到刘娥牌位前拜谢自责:"从此后大娘娘的生平可清白分明了。"而上谥号之时,刘娥谥为四字:庄献明肃皇后(后改章献明肃皇后),而一般皇后只谥二字;生母李宸妃谥为庄懿皇后(后改章懿皇后)。九月,仁宗下诏,刘娥和李妃同时迁葬永定陵。灵柩起驾这天,仁宗先为刘娥发引,不但执孝子礼,还不顾宰相们的劝阻亲自执绋之礼(牵引棺材的绳索),一直步行送出皇仪殿。随后他才再去往李宸妃下葬的洪福院为生母起灵,伏在棺木上痛哭道:"劬劳之恩,终身何所报乎!"

刘娥死后,刘氏家族受尊崇更胜昔日。刘娥曾有遗诏,命仁宗尊养母杨太妃为皇太后。仁宗遵其旨意,尊封杨氏为保庆皇太后,杨后虽未垂帘听政,仁宗却恪尽孝道奉养。三年后,杨太后亦去世,享年五十六岁,谥为庄惠皇后(后改章惠皇后)。

【**野史记载**】从明朝流传下来"狸猫换太子"的故事,说宋真宗的德妃刘娥和宸妃李氏同时有孕，李宸妃先产下皇子，刘德妃妒忌，勾结李宸妃身边内官，把一只剥了皮的狸猫换去皇子，真宗以为李宸妃产下怪胎，把李宸妃打入冷宫，将刘德妃生下的皇子立为储君，并册立刘德妃为皇后。

另一种说法则是刘德妃的皇子不幸夭折，于是刘德妃把李宸妃的儿子据为己有，宣称是自己的儿子，真宗照样立她为后。

两种说法的结局都是：刘娥逼李宸妃自尽，却有好心的宫人代李妃而死，而李妃流落民间，直到包拯横空出世，才得以揭开这桩宫闱迷案，使李妃与儿子相认。刘娥因为做了坏事不久便死去，老包也因为替宋仁宗找回了亲生母亲而官升龙图阁大学士。

37. 孝庄皇后

【平生考略】孝庄皇后，博尔济吉特氏，名布木布泰。生于万历四十一年二月初八日（公元1613年3月28日），清太宗爱新觉罗皇太极之妃，孝端文皇后的侄女。蒙古科尔沁部（在今通辽）贝勒寨桑之次女。天命十年（公元1625年）嫁给努尔哈赤第八子皇太极为妻。天聪三年生固伦雍穆公主雅图，六年生固伦淑慧公主阿图，七年生固伦端献公主淑哲。崇德元年（公元1636年），皇太极改号称帝，受封为永福宫庄妃。崇德三年，生下皇九子福临。福临即位后（年号顺治），尊为皇太后。

孝庄文皇后一生经历清初三朝，正是由乱到治的关键历史时期。她全力辅佐皇朝，对调和清宫内部矛盾和斗争，稳定清初社会秩序，促进国家的统一做出了重大贡献。后世称之为“清代国母”。她为开创清朝鼎盛之局面，呕心沥血，费尽心血，实属中国历史上少见的蒙古族女政治家。

【主要政绩】纵观清代诸后妃，孝庄文皇后可谓第一女政治家，同时也是颇具传奇色彩的人物。在她童年的一天，满洲的贝勒皇太极带着弟弟多尔衮来到了草原，皇太极的妻子孝端文皇后是孝庄文皇后的姑姑，皇太极的此次草原之行，正是为了看望岳丈，并加强与蒙古的联络。谁知这次普通的交往却对孝庄文皇后的一生产生了巨大的影响。两小无猜的孝庄文皇后与皇十四子多尔衮之间产生了爱情。但老天似乎总是愿意捉弄有情人，为了蒙古与满洲的政治需要，皇太极即位后，孝庄文皇后被送到了满洲，只不过她要嫁的人不是朝思暮想的多尔衮，而是一代帝王皇太极。多尔衮为此曾失魂落魄，但很快他就平静下来，决心不断壮大自己的力量，使孝庄文皇后回到自己的身边。功夫不负有心人，太宗皇帝殡天后，多尔衮成为当时最有实力的人物之一，同时也是皇位的有力争夺者。当时的形式可谓一触即发。孝庄文皇后预见到了政治危机的可怕后果，说服多尔衮拥立自己的儿子福临为帝，化解了多尔衮与豪格的一场火并，保证了清代政权的平稳过渡。顺治初年，孝庄文皇后为褒奖多尔衮的功绩，对他大加封赏，使多尔衮成为了朝中的最强势力。但多尔衮似乎并不知足，他一生的愿望就是娶孝庄文皇后为妻。在当时的情况下，孝庄文皇后不得不同意他的要求，但顺治皇帝却不买他的账，一度以绝食相威胁，使得多尔衮的计划破产，才保住了皇家的威严。这就是清宫三大谜案之一的太后下嫁。

清初战乱频繁，国库空虚，兵饷不足。孝庄经常将后宫省下的钱物拿出来赈济兵民。她这种节省宫中开支赈济灾民的做法，一直影响到康熙、雍正两朝。

皇太极猝死后，诸王兄弟相争为乱，窥视神器。皇太极长子豪格，皇太极兄代善，弟多尔衮、阿济格、多铎均紧张地四处活动，不惜兵戎相见。在这关键时刻，孝庄凭着自己的宠贵地位和聪明才智，笼络各方势力，尤其是关键人物多尔衮和代善。

顺治十八年（公元 1661 年），福临死后，第三子玄烨即位（年号康熙），尊为太皇太后。康熙 8 岁丧父，10 岁丧母，幼年由孝庄抚养成长，又赖孝庄辅政。孝庄不过多出面参政，然而康熙处理国家大事，必先征求她的同意而后决。

康熙帝即位后，鳌拜的专权又一次威胁了爱新觉罗氏的统治，在孝庄文皇后的帮助下，康熙帝最终打败了对手，巩固了政权。随之而来的吴三桂叛乱势头更猛，孝庄文皇后为鼓舞士气，将宫中金帛发给出征将士，以壮军威。

在孝庄文皇后的一生中，她能从爱新觉罗氏的利益出发，多次在关键时刻发挥自己的智慧，一次又一次地挽救了大清的统治，在大清王朝从开疆拓土到康乾盛世的过渡中，起着不可估量的重要作用。孝庄文皇后可谓清代后妃中的第一人。

【后人评价】孝庄皇后的政绩是历代任何一位皇后所不能及的，虽然她有能力作为中国第二个武则天，然而她没有，却是为了辅佐自己的儿子和孙子而活，这是最让人敬佩的。这就是她的境界，她是不想被后人指责，不想乱了朝政，她一生的心头愿望就是为了大清朝，只要大清兴盛她什么都可以牺牲！如果爱情在她心中是第一位的话，那么也许多尔衮早就能当皇上了，但孝庄皇后心中第一的是大清基业，她没有把它跟爱情混为一谈！她一生辛劳地辅佐一代又一代皇帝，为了丈夫为了儿子付出很多很多。她的委屈、她所承受的苦与累，见证了她的伟大。无数的阻力与背后的唾骂，她没有把功名看重，只想做个无名功臣兴旺大清！所以我们不能不为她的善良和始终以大局为重的睿智而崇敬感动！

六、温柔辅政的贤淑典范

38. 卫子夫

【生平考略】卫子夫，字子夫，平阳（今山西临汾）人。西汉武帝之后，是虎威皇帝汉武帝的第二位皇后，她出身卑微，以一介歌女身份跻身于皇后之列。生年不详，卒于汉武帝征和三年（公元前90年）。

子夫本是袭封平阳侯曹时府中的歌妓，服侍曹时的夫人平阳公主。汉武帝即位后，他的第一位皇后也就是武帝幼年时戏言要藏于金屋的阿娇无子，所以平阳公主就把邻近大户女子收买来，养在家中，准备让汉武帝选取为妃。适逢汉武帝在霸上祭扫后来到平阳侯家中，平阳公主就将这些美女装饰打扮起来，供汉武帝选择。但汉武帝看后，觉得都不满意。在武帝与平阳公主一起饮酒的时候，又让歌女起舞助兴，汉武帝便看中了子夫。随后，汉武帝起坐更衣，子夫便来服侍，一见倾心。就这样，汉武帝把她召进了宫。但入宫不久，很快遭到了冷落。一年多以后，一次汉武帝释放一批宫女，子夫才又见到他，并哭泣着请求放她出宫。哭的梨花带雨的卫子夫使汉武帝又动了怜香惜玉之心，并再次受到宠幸。同时，又把她的兄长卫长君、弟弟卫青召入宫中为侍中。到汉武帝元朔元年（公元前128年）子夫生了一男，母以子贵，遂被立为皇后。

元狩元年（公元前122年），卫后所生之子刘据被立为太子。由于他是汉武帝长子，汉武帝极为宠爱他。除了专门派人辅导他学习《穀梁春秋》、《公羊春秋》外，还为他建了一座苑囿，称为博望苑，让他学习接待宾客。皇太子的确立，自然更加巩固了卫皇后的地位。从此，卫皇后的荣宠也达到了极点。除此之外，卫氏一门也得到封爵封侯。然而宫廷当中充满了尔虞我诈，争权夺势。对于一个女人来说，特别是帝王所宠幸的女人，随着时间的流逝，容颜的衰老，其宠幸的地位也日见低下，慢慢地被李夫人和勾弋夫人所取代。在她立为皇后的第38年，也就是汉武帝征和三年（公元前90年），因遭巫蛊事变，不能自明而自杀。

所谓巫蛊事变，即汉武帝末年，年老多疑，适有周围一些心怀奸恶之人，乘机制造事端，挑拨他与太子、大臣之间的关系。当时，一些胡人的巫婆作俑，诅咒他死亡。此事被汉武帝发觉，在朝廷内外大加搜索，因此很多人受到牵连。而专门主持处理此事的是素与太子不和的江充，他得到汉武帝的命令，便有意在卫皇后和太子刘据居住的地方掘地搜索，挖出一具桐木人，即把巫蛊之事加在了太子头上。当时，汉武帝深居简出，居住在甘泉宫，外间人怀疑他是否还在人世。太子刘据惟恐不得自明，就请教他的师傅，他师傅让他先杀掉江充。同时，刘据也征得母后同意，遂矫诏起兵，与江充等人在长安城中展开激战，终于杀死了江充。然而，他起兵后，因长安城中盛传太子与卫皇后起兵造反而失去人心，护北军使者任安接受了太子的符节却没有出兵，汉武帝派去了解情况的使臣不敢入京，谎报太子造反，武帝派丞相刘屈牦去镇压，太子兵败后逃到湖县，随后自缢而死。卫皇后因不能自明也自尽身亡。后代史学界对太子刘据都持同情态度，不认为他和卫皇后与巫蛊之祸有关。武帝晚年也深有悔意。

【历史评价】卫子夫由歌女、妃子到女人之极位的一国之后，除了她的容颜美色、温柔贤淑之外，还因为她有太子刘据作为她的支柱。太子自缢，亦使她的政治生命走向了终结。事实证明，她尽管希望太子早日登基，但并没有存心诅咒汉武帝早死。在她为皇后的38年中，是比较安分守已的，更难能可贵的是她没有政治野心以及参与汉朝的政治斗争之中。所以汉武帝死后，她的名誉还是得到了恢复。另外，应该指出的是，子夫的入宫，使她的弟弟卫青，外甥霍去病得到了施展才能的机会，也使汉武王朝多了两名能征善战的将军，在以后西汉反击匈奴的战争中赢得了主动地位。从客观上讲，子夫对汉朝是有功劳的。固然，汉武帝对卫氏一门的宠幸有过分之处，但总的来说，卫氏一门对汉朝的巩固是做出过贡献的，因此，子夫的影响也是不能抹杀的。

39. 长孙皇后

【生平考略】长孙皇后（601—636），长安人，鲜卑族拓跋氏人，其父长孙晟为隋朝右骁卫将军，兄长是唐朝的开国功臣长孙无忌，唐太宗李世民登基后被立为皇后。长孙皇后生性节俭、深明大义，唐太宗能成为千古一帝，开创李唐江山和“贞观之治”的成功,和他贤淑温良的妻子长孙皇后的辅佐是分不开的。

【辅政佳话】长孙氏13岁时便嫁给了当时太原留守李渊的次子、年方17岁的李世民为妻,她年龄虽小,但已能尽行妇道,悉心事奉公婆,相夫教子,是一个非常称职的小媳妇,深得丈夫和公婆的欢心。

李世民少年有为,文武双全,21岁随父亲李渊在太原起兵,亲率大军攻下隋都长安,使李渊登上天子宝座,成为大唐王朝的开国之主——唐高祖。李渊称帝后,封李世民为秦王,负责节制关东兵马,数年之内,李世民就挥兵扫平了中原一带的割据势力,完成了大唐统一大业;唐高祖因之加封他为天策上将,位置在其他诸王公之上。在李世民征战南北期间,长孙王妃紧紧追随着丈夫四处奔波,为他照料生活起居,使李世民在繁忙的战事之余能得到一种清泉般温柔的抚慰,从而使他在作战中更加精神抖擞,所向无敌。

唐高祖武德九年八月,李渊因年事已高而禅位给太子李世民,李世民就成了唐太宗。水涨船高,长孙王妃也随即被立为母仪天下的长孙皇后,应验了卜卦先生说她“坤载万物”的预言。做了至高无上的皇后,长孙氏并不因之而骄矜自傲,她一如既往地保持着贤良恭俭的美德。对于年老赋闲的太上皇李渊,她十分恭敬而细致地侍奉,每日早晚必去请安,时时提醒太上皇身旁的宫女怎样调节他的生活起居,像一个普通的儿媳那样力尽孝道。对后宫的妃嫔,长孙皇后也非常宽容和顺,她并不一心争得专宠,反而常规劝李世民要公平地对待每一位妃嫔。正因如此,唐太宗的后宫很少出现争风吃醋的韵事,这在历代都是极少有的。

因为长孙皇后的所作所为端直有道,唐太宗也就对她十分器重,回到后宫,常与她谈起一些军国大事及赏罚细节。长孙皇后虽然是一个很有见地的女人,但她不愿以自己特殊的身份干预国家大事,她有自己的一套处事原则,认为男女有别,应各司其职,因而她说:“母鸡司晨,终非正道,妇人预闻政事,亦为不祥。”唐太宗却坚持要听她的看法,长孙皇后拗不过,说出了自己经过深思熟虑而得出的见解:“居安思危,任贤纳谏而已,其他妾就不了解了。”她提出的是原则,而不愿用细枝末节的建议来束缚皇夫,她十分相信李世民手下那批谋臣贤士的能力。

李世民牢牢地记住了贤妻的“居安思危”与“任贤纳谏”这两句话。当时天下已基本太平,很多武将渐渐开始疏于练武,唐太宗就时常在公务之暇,招集武官们演习射技,名为消遣,实际上是督促武官勤练武艺,并以演习成绩作为他们升迁及奖赏的重要参考。按历朝朝规,一般是除了皇宫守卫及个别功臣外,其他人员不许带兵器上朝,以保证皇帝的安全,因此有人提醒唐太宗:“众人张弓挟箭在陛下座侧，万一有谁图谋不轨，伤害陛下，岂不是社稷之大难！”李世民却说：“朕以赤心待人，何必怀疑自己左右的人。”他任人唯贤，用人不疑的作风，深得手下文武诸臣的拥护。由此属下人人自励，不敢疏怠，就是在太平安定的时期也不放松警惕，国家长期兵精马壮，丝毫不怕有外来的侵犯。

长孙皇后与唐太宗的长子李承乾自幼便被立为太子，由他的乳母遂安夫人总管太子东宫的日常用度。当时宫中实行节俭开支的制度，太子宫中也不例外，费用十分紧凑。遂安夫人时常在长孙皇后面前嘀咕，说什么“太子贵为未来君王，理应受天下之供养，然而现在用度捉襟见肘，一应器物都很寒酸。”因而屡次要求增加费用。但长孙皇后并不因为是自己的爱子就网开一面，她说：“身为储君，来日方长，所患者德不立而名不扬，何患器物之短缺与用度之不足啊！”她的公正与明智，深得宫中各类人物的敬佩，谁都愿意听从她的安排。

长孙无忌是长孙皇后的哥哥，文武双全，早年即与李世民是至交，并辅佐李世民赢取天下，立下了卓卓功勋，本应位居高官，但因为他的皇后妹妹，反而处处避嫌，以免给别人留下话柄。唐太宗原想让长孙无忌担任宰相，长孙皇后却奏称：“妾既然已托身皇宫，位极至尊，实在不愿意兄弟再布列朝廷，以成一家之象，汉代吕后之行可作前车之鉴。万望圣明，不要以妾兄为宰相！”唐太宗不想听从，他觉得让长孙无忌任宰相凭的是他的功勋与才干，完全可以“任人不避亲疏，唯才是用”。而长孙无忌也很顾忌妹妹的关系，不愿意位极人臣。万不得已，唐太宗只好让他作开府仪同三司，位置清高而不实际掌管政事，长孙无忌仍要推辞，理由是“臣为外戚，任臣为高官，恐天下人说陛下为私。”唐太宗正色道：“朕为官择人。唯才是用，如果无才，虽亲不用，襄邑王神符是例子；如果有才，虽仇不避，魏征是例子。今日之举，并非私亲也。”长孙无忌这才答应下来，这兄妹两人都是那种清廉无私的高洁之人。

长乐公主是唐太宗与长孙皇后的掌上明珠；从小养尊处优，是一个娇贵的金枝玉叶。将出嫁时，她向父母撒娇提出，所配嫁妆要比永嘉公主加倍。永嘉公主是唐太宗的姐姐，正逢唐初百业待兴之际出嫁，嫁妆因而比较简朴；长乐公主出嫁时已值贞观盛世，国力强盛，要求增添些嫁妆本不过分。但魏征听说了此事，上朝谏道：“长乐公主之礼若过于永嘉公主，于情于理皆不合，长幼有序。规制有定，还望陛下不要授人话柄！”唐太宗本来对这番话不以为然。时代不同，情况有变，未必就非要死守陈规。回宫后，唐太宗随口把魏征的话告诉了长孙皇后，长孙皇后却对此十分重视，她称赞道：“常闻陛下礼重魏征，殊未知其故；今闻其谏言，实乃引礼义抑人主之私情，乃知真社稷之臣也。妾与陛下结发为夫妇，情深意重，仍恐陛下高位，每言必先察陛下颜色，不敢轻易冒犯；魏征以人臣之疏远,能抗言如此,实为难得,陛下不可不从啊。"于是,在长孙皇后的操持下,长乐公主带着不甚丰厚的嫁妆出嫁了。

长孙皇后不仅是口头上称赞魏征,而且还派中使赐给魏征绢四百匹、钱四百缗,并传口讯说:"闻公正直,如今见之,故以相赏;公宜常秉此心,不要转移。"魏征得到长孙皇后的支持和鼓励,更加尽忠尽力,经常在朝廷上犯颜直谏,丝毫不怕得罪皇帝和重臣。也正因为有他这样一位赤胆忠心的谏臣,才使唐太宗避免了许多过失,成为一代圣明君王,说到底,这中间实际上还有长孙皇后的一份功劳。

贞观八年,长孙皇后随唐太宗巡幸九成宫,回来路上受了风寒,又引动了旧日痼疾,病情日渐加重。太子承乾请求以大赦囚徒并将他们送入道观来为母后祈福祛疾,群臣感念皇后盛德都随声附和,就连耿直的魏征也没有提出异议;但长孙皇后自己坚决反对,她说:"死生有命,富贵在天,非人力所能左右。若修福可以延寿,吾向来不做恶事;若行善无效,那么求福何用?赦免囚徒是国家大事,道观也是清静之地,不必因为我而搅扰,何必因我一妇人,而乱天下之法度!"她深明大义,终生不为自己而影响国事,众人听了都感动得落下了眼泪。唐太宗也只好依照她的意思而作罢。

长孙皇后的病拖了两年时间,终于在贞观十年盛暑中崩逝于立政殿,享年仅三十六岁。弥留之际尚殷殷嘱咐唐太宗善待贤臣,不要让外戚位居显要;并请求死后薄葬,一切从简。

唐太宗并没有完全遵照长孙皇后的意思办理后事,他下令建筑了昭陵,气势十分雄伟宏大,并在墓园中特意修了一座楼台,以便皇后的英魂随时凭高远眺。这位圣明的皇帝想以这种方式来表达自己对贤妻的敬慕和怀念。

长孙皇后以她的贤淑的品性和无私的行为,不仅赢得了唐太宗及宫内外知情人士的敬仰,而且为后世树立了贤妻良后的典范,到了高宗时,尊号她为"文德顺圣皇后。"

40. 马皇后(明太祖)

【生平考略】马皇后(1333—1382),安徽宿州人,"有智鉴,好书史",她早年丧母,被郭子兴夫妇收养为义女。郭子兴做农民起义军元帅时,马氏嫁给了英勇善战的朱元璋。

【贤德典范】在朱元璋平定天下、创建帝业的岁月里,马皇后和他患难与共。

因此朱元璋当了皇帝后,对马皇后一直非常尊重和感激,对她的建议也往往能认真听取和采纳。朱元璋几次要寻访她的亲族封官加赏,都被马皇后劝止。朱元璋性情暴烈残忍,为了保住朱家子孙日后的统治地位,不断寻找借口屠戮功臣宿将。对此,马皇后总是婉言规劝,使朱元璋多少有所节制。马皇后一直保持过去的俭朴作风,平日穿洗过的旧衣服,破了也不忍丢弃,并教导妃嫔不忘蚕桑的艰难。遇到荒年灾月,她带领宫人吃粗劣的菜饭,以此来体察民间疾苦。公元1382年(洪武十五年)五十一岁的马皇后病逝。临终嘱咐朱元璋"求贤纳谏,慎终如始",并愿"子孙皆贤,臣民得所"。

朱元璋常将马皇后的贤德与长孙皇后相提并论,她们的确可以先后媲美。朱元璋雄才大略,很快在濠州红巾军中崭露头角,不免遭人忌妒,郭子兴亦对他有疑忌。诸将出征,掳获物都要贡奉郭子兴,元璋不猎取私财,无从进纳,更容易引起郭子兴的不快。马氏见此情形,就把自家财产送给养母张夫人和郭子兴妾张氏,请她们在义父前给干女婿说点好话,以弥缝裂痕。有一次,郭子兴把元璋关了禁闭,不给饭吃,马氏心痛丈夫,把刚烙好的烧饼放在怀中偷偷送去,等到事后才发现胸前的皮肤都烫焦了(《明史·高皇后传》),可见这对青年伉俪感情的深厚。平时马氏对元璋生活的关照之好自不必说,当时因战乱缺乏食粮,马氏在家省吃俭用,把粮食和好的食品留给丈夫,以至有时自己饿肚子。这些事朱元璋铭感五内,当皇帝后还向大臣讲述,把它比作刘秀困在河北得到冯异豆粥麦饭的美事。据《明书》记载,朱元璋与陈友谅对垒时,曾被对方追击,马氏背着元璋逃跑,太子朱标为此绘有图像,放在怀中。后来朱标与乃父政见不合,元璋追打他,他故意把图像遗落在地,元璋见到,痛哭一场,也不打儿子了(《明书·懿文皇太子纪》)。这个记载未必是真实的,不过马氏不像当时的其他妇女缠足,是天足者,背丈夫是有可能的。马氏自奉节俭,衣服穿破了还要补了穿,听女史讲元世祖昭睿顺圣皇后用旧弓弦织成绸,做衣服穿,马后就命用旧料织治,做成盖被、巾褥,送给孤寡老人。

马皇后对子女仁爱,勉励他们学习,要求他们生活简朴,有比穿衣、用物的,加以教诲,又把宫中利用旧料织成的被褥送给他们,并解释说:你们生长在富贵家庭,不知纺织的艰难,要爱惜财物。她对待养子如同亲生的,而且始终如一。

和朱元璋血缘最近的亲戚是侄儿朱文正,文正在对陈友谅的战争中立功,因叔父未及时赏赐而不满,元璋因此杀了文正身边的亲信,还要治他的罪。马皇后也把文正当儿子看,这时劝元璋:这孩子立了好多战功,守南昌尤其不易,况且只是性急要强,并不是反叛,不要追究了。元璋这才将文正免官了事。

马皇后对娘家人极为怀念,每当说到父母早逝就痛哭流涕,朱元璋也因关心她而及于外家,要为马皇后访察亲属,以便封赏。马皇后认为封外戚容易乱政,不是好事,不让访找。事实上马皇后是孤儿,娘家已没有人了。元璋只好追封马公为徐王,郑媪为王夫人,在宿州为他们设立祠祭署,以邻居王姓主持奉祀的事。

马皇后与身边的妃子和宫人也是和睦相处,是比较慈惠的。妃嫔中有人生儿子,一定厚待他们母子。马皇后以皇后的身份,还要管丈夫的饮食,宫女认为她不必这样做,她说有两方面原因,一是尽做妻子的责任,再一是怕皇帝饮食有不中意处,怪罪下来,宫人担当不起,她好承受着。她也设法保护宫女,有一次元璋盛怒要立即惩罚一个宫中下人,马皇后也假作发怒,命把那人捆绑起来,交给宫正司议罪。元璋不满地责问她:这是你皇后处理的事情,为什么要交给宫正司?马皇后回答:赏罚公平才可以服人,治理天下的君主,哪能亲自处理每一个人,有犯法的应当交给有关部门去办。元璋又问,那你为什么也发火?她回答说,当皇上愤怒时,我故意也发怒,把这事推出去,消释你的烦恼,也为有司能持平执法。这一事表明她对丈夫、宫女双方都是关怀的。

清上官周《明太祖功臣图》中宋濂画像命妇入宫朝见,马皇后以家人礼来接待,给人以温暖,对朝臣的家庭也给以关心。有人告发和州知州郭景祥的儿子要杀乃父,朱元璋欲以不孝罪处郭子死刑,马皇后知道了,说这是传闻之词,不一定真实,何况郭景祥就这么一个儿子,处决了他就绝后了。朱元璋一调查,果然是传闻不实,不是马皇后的劝说,郭家就家破人亡了。洪武十三年(公元1380年),知制诰宋濂因长孙宋慎陷入胡惟庸党而获罪,元璋要处他极刑。宋濂是明朝开国"文学之首臣"(朱元璋《高皇帝御制文集·赠翰林承旨宋濂祖父诰》),又是太子的师傅,这时他已告老还乡,与胡党毫无牵涉。元璋搞胡党扩大化,宋濂眼看要遭殃,马皇后及时出面救援,她说:老百姓请一位先生,还知道终生不忘尊师的礼节;再说他致仕回籍,京中的事必定不知道,可别冤枉了他。但是元璋一心惩办胡党,不听马皇后的劝告。一次马皇后陪丈夫吃饭,她不喝酒,也不吃肉,元璋问为什么不吃不饮,她说:听说宋先生获咎,我不近荤酒,为他祈福,希望他免祸。听了这番话,元璋动了恻隐之心,饭也不吃了,第二天赦免了宋濂的死罪。

马皇后对士庶的生活也很关心。明朝太学建成,朱元璋临幸回宫,马皇后问有多少学生,回答有几千名。当时有些太学生携带眷属在京,他们没有薪俸,无法养家,马皇后建议按月发给口粮,元璋接受了,专门设立"红板仓",存储粮食,发给太学生。此后,"月粮"成为明代学校的一项制度。

明初有个商人沈万三,是"赀钜万万,田产遍吴下"的江南第一大财主(董谷

《碧里文存》),据说朱元璋建设南京城,洪武门至水西门一段城墙由他出资修筑。又据说沈万三要求出钱犒赏军队,元璋问他,我有百万军士,你能普遍犒劳吗?他不知收敛,蛮有把握地说可以每人发给一两银子。这样的人,富可敌国,敢同天子抗衡,激恼了君主,要以乱民的罪名杀掉他。对此,马皇后劝解道:沈万三富是富得出奇,但他没有犯法,也没有谋图造反,杀他没有道理,也不符合法令,还是不杀的好。元璋听了她的话,免沈万三一死,把他流放到云南。

对于太医院的医生,马皇后也照顾他们的利益。马皇后最后一场病很严重,元璋命太医诊治,但马皇后不服药,元璋强要她吃药,她说:如果我吃药无效,你就会杀死那些医师,那不等于我害了他们吗!我太不忍心了。元璋希望她医好,就说不要紧,你吃药,就是治不好,我因为你,也不会惩治医生。但是马皇后还是不用药,以致死亡。马皇后替医生着想竟至不顾自身的治疗。她死于洪武十五年(公元1382年),享年51岁。

【高度评价】马皇后处理复杂的人际关系很得体。无论是朱元璋在甥馆时,与义父母及其家人的关系,还是独立成家后,与义子、丈夫的子女的关系,以及做皇后以后,与妃嫔、宫人、命妇、朝臣、娘家的种种关系,都料理得非常妥切,与人关系融洽。她能做到这种程度,重要的在于她按"待人以宽,责己以严"的原则去办事,与他人的矛盾就易于化解。

马皇后的所作所为,赢得了丈夫的尊敬与爱护。她生前,朱元璋褒奖她,比诸历史上的贤后唐太宗长孙皇后,为她父亲起坟立庙;她死后,朱元璋不再册立皇后,表示对她的敬重和怀念。这一对同甘苦共患难的夫妇,互相眷恋,互相体贴,从这个意义上说,尽管丈夫多妻妾,她的生活还是完满的。

《明史》赞扬马皇后,"母仪天下,慈德昭彰"。

七、感天动地的爱情悲歌

41. 孟姜女

【生平考略】孟姜女，秦代江苏松江人，其父是当地有名的大户人家孟员外，和书生范喜良（即范植）婚后三天，范即被征筑长城。姜女送棉衣到长城，闻夫死而大哭。长城为之倒毁八百里，露出白骨无数。“孟姜女哭长城”的传说在民间广为流传，至今在卫辉池山乡歪脑村一带还流传着这个故事，山上能见到孟姜女哭塌长城的泪滴石。新乡市区有孟姜女河，孟姜女路，孟姜女桥等名称。

【孟姜女哭长城】相传在秦朝的时候，有一户姓孟的人家，种了一棵瓜，瓜秧顺着墙爬到姜家结了瓜。瓜熟了，一瓜跨两院得分啊！打开一看，里面有个又白又胖的小姑娘，于是就给她起了个名字叫孟姜女。孟姜女长大成人，方圆十里、八里的老乡亲，谁都知道她是个人好、活好、聪明伶俐，又能弹琴、作诗、写文章的好闺女。老两口更是把她当成掌上明珠。

这时候，秦始皇开始到处抓夫修长城。有一个叫范喜良的公子，是个书生，吓得从家里跑了出来。他跑得口干舌燥，刚想歇脚，找点水喝，忽听见一阵人喊马叫和咚咚的乱跑声。原来这里也正在抓人哩！他来不及跑了，就跳过了旁边一堵垣墙。原来这垣墙里是孟家的后花园。这功夫，恰巧赶上孟姜女跟着丫环出来逛花园。孟姜女冷不丁地看见丝瓜架下藏着一个人，她和丫环刚想喊，范喜良就赶忙钻了出来，上前打躬施礼哀告说：“小姐，小姐，别喊，别喊，我是逃难的，快救我一命吧！”

孟姜女一看，范喜良是个白面书生模样，长得挺俊秀，就和丫环回去报告员外去了。老员外在后花园盘问范喜良的家乡住处，姓甚名谁，何以跳墙入院。范喜良一五一十地作了口答。员外见他挺老实，又知书达礼、就答应把他暂时藏在家中。范喜良在孟家藏了些日子,老两口见他一表人才,举止大方,就商量着招他为婿。跟女儿一商量,女儿也同意。给范喜良一提,范公子也乐意,这门亲事就这样定了。

那年月,兵荒马乱,三天两头抓民要夫,定了的亲事,谁家也不总撂着。老两口一商量,择了个吉日良辰,请来了亲戚朋友。摆了两桌酒席,欢欢喜喜地闹了一天,俩人就拜堂成亲了。常言说:“人有旦夕祸福,天有不测风云”。小两口成亲还不到三天,突然闯来了一伙衙役,没容分说,就生拉硬扯地把范公子给抓走了!

这一去明明是凶多吉少,孟姜女成天哭啊,盼啊!可是眼巴巴地盼了一年,不光人没有盼到,信儿也没有盼来。孟姜女实在放心不下,就一连几夜为丈夫赶做寒衣,要亲自去长城寻找丈夫。她爹妈看她那执拗的样子,知道拦也拦不住,就答应了。

孟姜女打整了行装,辞别了二老,踏上了寻夫的路途。饿了,啃口凉饽饽;渴了,喝口凉水;累了,坐在路边歇歇脚儿。有一天,她问一位打柴的白发老伯伯:“这儿离长城还有多远?”老伯伯说:“在很远很远的地方是幽州,长城还在幽州的北面。”孟姜女心想:“就是长城远在天边,我也要走到天边找到我的丈夫!”

一天,她走到了一个前不着村、后不着店的荒郊野外,天也黑了,人也乏了,就奔破庙去了。破庙挺大,只有半人深的荒草和龇牙咧嘴的神像。她孤零零的一个年轻女子,怕得不得了。可是她也顾不上这些了,找了个旮旯就睡了。夜里她梦见了正在桌前跟着丈夫学书,忽听一阵砸门声,闯进来一帮抓人的衙役。她一下惊醒了,原来是风吹得破庙的门窗在响。她叹了口气,看看天色将明,又背起包裹上路了。

一天,她走得精疲力尽,又觉得浑身发冷,刚想歇歇脚儿,便咕咚一下子就昏倒了。她苏醒过来,才发觉自己是躺在老乡家的热炕头上。房东大娘给她擀汤下面,沏红糖姜水,她千恩万谢,感激不尽。她出了点汗,觉得身子轻了一点,就挣扎着起来继续赶路。房东大娘含着泪花拉着她说:“她大嫂,我知道你找丈夫心切,可你身上热得像火炭一样,我能忍心让你走吗!她大嫂,你再看看你那脚,都成了血疙瘩了,哪还是脚呀!”孟姜女一看自己的脚,可不是成了血疙瘩了。她在老大娘家又住了两天,病没好利索就又动身了。老大娘一边掉泪,一边嘴里念道:“这是多好的媳妇呀!老天爷呀,你行行好,让天下的夫妻团聚吧!”孟姜女终于到了修长城的地方。她向修长城的民工打听范喜良的消息,不知打听了多少人,才打听到了邻村修长城的民工。邻村的民工热情地领着她找和范喜良一块修长城的民工。

孟姜女问:“各位大哥,你们是和范喜良一块修长城的吗?”

大伙说:“是!”

“范喜良呢?”

大伙你瞅瞅我,我瞅瞅你。含着泪花谁也不吭声。孟姜女一见这情景,嗡的一声,头发根一乍。她瞪大眼睛急追问:“俺丈夫范喜良呢?”大伙见瞒不过,吞吞吐吐地说:“范喜良上个月就——就——累累——累饿而死了!”

“尸首呢?”

大伙说:“死的人太多,埋不过来,监工的都叫填到长城里头了!”

大伙话音未落,孟姜女手拍着长城,就失声痛哭起来。她哭哇,哭哇,只哭得成千上万的民工,个个低头掉泪,只哭得日月无光,天昏地暗,只哭得秋风悲号,海水扬波。正哭着,忽然“哗啦啦”一声巨响,长城象天崩地裂似地一下倒塌了一大段,露出了一堆堆人骨头。那么多的白骨,哪一个是自己的丈夫呢?她忽地记起了小时听母亲讲过的故事:亲人的骨头能渗进亲人的鲜血。她咬破中指,滴血认尸。她又仔细辨认破烂的衣扣,终于找到了丈夫的尸骨。孟姜女守着丈夫的尸骨,哭得死去活来。

这时,秦始皇带着大队人马,巡察边墙,从这里路过。

秦始皇听说孟姜女哭倒了城墙,立刻火冒三丈,暴跳如雷。他率领三军来到角山之下,要亲自处置孟姜女。可是他一见孟姜女年轻漂亮,眉清目秀,如花似玉,就想霸占孟姜女。孟姜女哪里肯依呢!秦始皇派了几个老婆婆去劝说,又派中书令赵高带着凤冠霞帔去劝诱,盖姜女死也不从。最后,秦始皇亲自出面。孟姜女一见秦始皇,恨不得一头撞死在这个无道的暴君面前。但她转念一想,丈夫的怨仇未报,黎民的怨仇没伸,怎能白白地死去呢!她强忍着愤怒听秦始皇胡言乱语。秦始皇见她不吭声,以为她是愿意了,就更加眉飞色舞地说上劲了:“你开口吧!只要依从了我,你要什么我给你什么,金山银山都行!”

孟姜女说:“金山银山我不要,要我依从,只要你答应三件事!”

秦始皇说:“莫说三件,就是三十件也依你。你说,这头一件!”孟姜女说:“头一件,得给我丈夫立碑、修坟,用檀木棺椁装殓。”

秦始皇一听说:“好说,好说,应你这一件。快说第二件!”

“这第二件,要你给我丈夫披麻戴孝,打幡抱罐,跟在灵车后面,率领着文武百官哭着送葬。”

秦始皇一听,这怎么能行!我堂堂一个皇帝,岂能给一个小民送葬呀!“这件不行,你说第三件吧!”

孟姜女说:“第二件不行,就没有第三件!”

秦始皇一看这架势,不答应吧,眼看着到嘴的肥肉摸不着吃;答应吧,岂不让天下的人耻笑。又一想:管它耻笑不耻笑,再说谁敢耻笑我,就宰了他。想到这儿他说:“好!我答应你第二件。快说第三件吧!”

孟姜女说:“第三件,我要逛三天大海。”

秦始皇说:“这个容易!好,这三件都依你!”

秦始皇立刻派人给范喜良立碑、修坟,采购棺椁,准备孝服和招魄的白幡。出殡那天,范喜良的灵车在前,秦始皇紧跟在后,披着麻,戴着孝,真当了孝子了。赶到发丧完了,孟姜女跟秦始皇说:“咱们游海去吧,游完好成亲。”秦始皇可真乐坏了。正美得不知如何是好,忽听“扑通”一声,孟姜女纵身跳海了!

秦始皇一见急了:“快,赶快给我下海打捞。”

打捞的人刚一下海,大海就哗——地掀起了滔天大浪。打捞的人见势不妙,急忙上船。这大浪怎么来得这么巧呢?原来,龙王爷和龙女都同情孟姜女,一见她跳海,就赶紧把她接到龙宫。随后,命令虾兵蟹将,掀起了狂风巨浪。秦始皇幸亏逃得快,要不就被卷到大海里去了。

【秦皇岛孟姜女庙】孟姜女哭倒长城的故事,在我国广为流传,可说是家喻户晓。后人为了纪念她,便修了贞女祠,俗称孟姜女庙。这座贞女祠,坐落在秦皇岛市山海关区城东6.5公里处的望夫石村北凤凰山小丘陵之巅。1956年,被公布为河北省第一批重点文物保护单位。

整个景区由长阶、山门、神亭、前殿、后殿、望夫石、梳妆台、振衣亭、海眼、孟姜女苑等景点组成,布局合理,错落有致。庙宇四周林木蓊郁,掩映着青砖红瓦,显得格外古朴清幽。

长阶是通往姜女庙正门的必由之路,青石砌成,随地势而逐渐增高,直达山门。长阶共一百零八级,抬头仰望,使孟姜女庙增加了几分庄严。

沿一百零八级长阶缓步而上,迎面便是屋宇式一字墙硬山顶山门,配上灰色小瓦,玲珑小巧,别具一格。两旁为一带红墙,随山势起伏环绕着孟姜女庙。“贞女祠”的匾额便横挂于山门正中门额上。

前殿是姜女庙的主体建筑。为硬山顶式,三楹四窗,古朴典雅。前殿大门前两侧,有一副情趣盎然的对联:海水朝朝朝朝朝朝朝落　浮云长长长长长长长消

此联有几种读法,一般读成三、三、四或四、三、三句式。它是根据汉字一字多音、一字多义和谐音的特点而作,其中也带有文字游戏的性质,内容主要是描写这里的自然景象。

进入大殿,前殿正中塑孟姜女像,旁有男女二小童,身背罗伞。孟姜女像泥

塑彩绘,身披青衫素服,面带愁容,遥望南海。像上悬横额“万古流芳”,两柱对联是:“秦皇安在哉万里长城筑怨;姜女未亡也千秋片石铭贞。”相传这副楹联为南宋末年伟大的民族英雄、爱国诗人文天祥所作。

在前殿的墙壁上还镶有多块卧碑,上面刻有乾隆、嘉庆、道光等清朝皇帝及近代一些游人的题诗,大多是赞颂孟姜女的高节。

后殿也是硬山顶式建筑。额坊上挂“慈航普渡”横匾一块,殿内正中塑观音、文殊、普贤三大士像。观音菩萨面容慈祥,身着长衣,双手合十,盘膝坐于莲花宝座上,两旁男女小童侍立左右。东侧普贤菩萨手持如意,安详自如。西侧文殊菩萨手持书卷,全神贯注。在后殿之后,有一块大石,上面有几个大石窝窝,传说是孟姜女登此石望夫留下的脚印。这就是望夫石。望夫石在人们心目中成了忠贞的象征,许多文人墨客多在此挥毫泼墨,抒发感怀,就连风流天子乾隆也在这望夫石上留下了亲笔题诗。如今,凡来到孟姜女庙游览的游客,多登上望夫石,或居高远眺,或摄影留念,好像只有这样才不虚此行。

望夫石旁有一个小平台,这就是传说中的孟姜女的梳妆台。相传孟姜女千里迢迢寻夫来到长城脚下,想到就要见到日夜思念的夫君范喜良,心里十分高兴。她想找个地方梳洗一下,可这荒郊野外,哪有人家呢?于是,她便在一块巨石上磨出一个小平台,又在旁边磨出一个小圆坑,捧来积雪,化成雪水梳洗打扮起来。这个小平台,便是我们今天见到的梳妆台。

望夫石旁有一个六角攒尖顶小凉亭,这就是振衣亭,相传为孟姜女被逼投身大海之前整理衣衫的地方。振衣亭地势较高,居高临下,视野开阔,是一处观长城览渤海的好地方。

在姜女庙东南约 5 公里的海中,有两块礁石兀立,高者似碑,低者似坟,一高一矮,相傍相依,这就是人们传说中的姜女坟。

相传孟姜女千里寻夫到这里,哭倒长城 800 里,秦始皇不但对其遭遇毫无同情之心,反而垂涎孟姜女的美貌,欲纳为妃。孟姜女不畏强暴,纵身跳进茫茫大海殉夫而死。就在她跳入大海的一刹那,海上波涛汹涌,白浪滔天,海里冉冉升起了这两块礁石,人们便说这是姜女坟。

1993 年,在姜女庙北侧,新兴建了大型园林式庭院建筑——孟姜女苑。以孟姜女千里寻夫的民间传说为依据,以具有秦、明代建筑风格的宫殿、瓦舍、衙署、城垣、水榭、楼廊等为依托,运用现代化的声、光、电等控制技术,修建了许多场景,将“孟姜女寻夫”这一历史传说栩栩如生地展现在广大游客面前。

附民歌:

《孟姜女》

正月个里来是新春,家家户户喜盈盈,人家夫妻团圆聚,孟姜女的丈夫去造长城,夏夜里银河飞流星,那是牛郎织女点燃的红灯笼,孟姜女望长空,泪眼雾蒙蒙,我与杞良哥何日能重逢,九月里来九重阳,菊花煮酒空相望,空相望,落叶飘秋风凉,窗前月如霜,我给亲人做衣裳,线是相思针是情,针针线线密密缝,密密缝,再把心口一丝热,絮进寒衣伴君行,大雪纷飞北风急,孟姜女千里送寒衣,从秋走到年关过,年关过,不知丈夫在哪里,在哪里,声声血泪声声唤,天也昏来地也暗,哭倒长城八百里,只见白骨满青山。

42. 刘兰芝

【生平考略】刘兰芝,东汉末年安徽庐江郡人,17 岁时嫁给庐江郡的一个小官吏焦仲卿为妻。为焦母不容,而被遣回娘家,兄逼其改嫁。新婚之夜,兰芝投水自尽,焦仲卿亦殉情而死。记叙其事的《孔雀东南飞》成为汉代乐府民歌中最杰出的长篇叙事诗,和北朝的《木兰辞》合成为乐府双壁。

【爱情悲歌】刘兰芝是汉代末年庐江郡的一个小家碧玉,“十三能织素,十四学裁衣,十五弹箜篌,十六诵诗书”,是一个家教严谨,多才多艺而又知书达礼的闺阁少女。丈夫焦家人口简单,只有守寡多年的老母和一位小姑子,也算是当地的小康之家。

刘兰芝嫁到焦家以后,起早睡晚,辛勤操持家务:提水、烧饭、洗衣、织布,一天到晚忙个不停,把一个四口之家打理得有条不紊。焦仲卿看在眼里,喜在心头,工作余暇便陪在妻子身边,喁喁低语,情话绵绵,偶尔也弹筝奏乐,轻声合唱一曲,伉俪情深,其乐融融,邻里之间对这对郎才女貌的小夫妻,莫不十分羡慕,然而焦母心中却非常不是滋味。焦母始则蛮不讲理地加重媳妇的工作量,继而百般挑剔媳妇的不是,终于完全丧失理性,认为媳妇简直就是破坏焦家和谐气氛的狐狸精,强迫儿子非把刘兰芝休回娘家不可。

焦母当时要休去刘兰芝的理由就是:认为媳妇没有礼节,凡事爱自作主张,使我老人家心里不快活 这在今天看来简直是天大的笑话,然而在古代却是重要的理由,古代有所谓“七出”戒律,符合其中的任何一条都可以休妻。《礼记·

本命》中记载:“妇有七去:不顺父母去,无子去,淫去,妒去,有恶疾去,多言去,窃盗去。”从心理学的角度看,焦母守寡多年,母子相依为命已经成为长久以来的习惯,家中忽然多出一个媳妇,使母子之间彼此依赖的态势,顿时产生大幅度的变化,失去了心理平衡,迁怒于媳妇。当时焦仲卿认为媳妇的行为并无不当之处,为何得不到母亲的爱护呢?他反对母亲这样做,在母亲面前发誓:“倘若遣去媳妇,此生誓不再娶!”但是焦母却使出了最后的杀手锏,一把鼻涕一把眼泪地以死相威胁,在最后关头焦仲卿还是败下阵来,屈从了母亲的意思。

当天夜里,夫妻两人泪眼到天明,焦仲卿一再解释他的尴尬处境,并保证假以时日,情况必然会获得改善,劝慰其妻务必要暂时忍耐,过些日子再来相迎;然而刘兰芝不敢作此奢望,完全是一别成永诀的态势,哭得像个泪人儿似的,犹自叮咛丈夫把留下来的绣襦、罗裙、斗帐、香囊、镜匣、丝绳等女用物品,得便全部赠送别人好了,不必留置,以免睹物伤情,徒增苦恼。

泪还没有干,天就快亮了,含着悲愤的心情刘兰芝起床收拾打扮,她在穿衣着袜的时候,每一件小事都重复四五遍,每一遍都牵动着她对丈夫的无限深情,欲说还休,欲说还休!她款款地走出房门,向焦母辞行。她是严肃的,穿着典雅的服装,这是一种对焦母的抗议。然而这一圣洁的表情轮到向小姑子辞行的时候,化作珠泪涟涟。她的满腹辛酸在同是女性,又与自己同龄的小姑子面前再也忍不住了。她必须离开而又不忍离开这个家啊!

该走了。一辆马车载着刘兰芝离开焦家,焦仲卿骑着一匹白马随车相送,行行重行行,车轮的每一转动,似乎在辗碎两颗已经支离破碎的心,忍不住难舍难分的痛楚,焦仲卿下马钻进车里,两人再度相拥而泣,指天发誓,决不相负;“君当作磐石,妾当作蒲苇。蒲苇纫如丝,磐石无转移。”意即海枯石烂,两情相悦,永不变心。到家了,该分手了,“举手长劳劳,二情同依依。”

刘兰芝回到家中,善良的母亲望着回家的“进退无颜仪”的女儿,大为悲摧。然而刘兰芝还有一位性情暴躁的兄长,对她这位兄长,刘兰芝是早有心理准备,在回家的路上她就知道:“我有亲父兄,性行暴如雷,恐不任我意,遂以煎我怀。”果然,刘兰芝回家后,首先是县令遣媒为他刚满18岁的第三个儿子求亲,做母亲的理解女儿的心情,在女儿的恳求下代为谢绝了。不久,太守造县丞为他的五少爷求婚。当母亲再次准备为女儿谢绝时,她的兄长出面干涉了,在旧社会长兄代父啊,而家庭又是认男子为主的,于是答应了这门婚事,并纳采行聘,选定了良辰吉日,准备迎亲过门。刘兰芝默不作声,只有用手巾掩口啼泣,眼泪哗哗地直流,所谓“腌腌日欲暝,愁思出门啼。”

焦仲卿听到刘兰芝再嫁的消息,快马加鞭赶到了刘家,已经是薄暮时分,那声声马嘶，也就是他心中的悲鸣。眼见门前已经搭好了“青庐”，那是以大幅布幔搭成的帐幕，是新娘出阁前的一晚用来过夜的。见到刘兰芝，焦仲卿心急如焚地说：“我如磐石，千年不转移，而你蒲苇的韧性呢？何以在一天一夜之间一切就变了样子呢？我们的海誓山盟呢！我只有祝贺你攀上高枝，一天比一天过得好。”刘兰芝肝肠寸断，呜咽讲道：“人生不如意，一言难尽，你又何必那样讲呢！我和你同样是受逼迫，只有一死来表明我的志向了。”刘兰芝哭着跑回青庐，焦仲卿也拨转马头，万念俱灰地踏上归途，世上万般辛苦事，无过死别与生离。

那天已是冷冬的时节，寒风摧凌着树木，树叶飘零。渐渐地庵庵黄昏，寂寂人定，斜月清冷，严霜满地，偶尔地自空中传来一、两声孤鸟的悲鸣。刘兰芝踉踉跄跄地离开了青庐，趁人不备，跃身投入村外的池塘之中，用她的生命来诠释情爱的坚贞。

那边焦仲卿回到家里以后，登堂拜母，说了一些“不能承欢膝下，万望善自珍重”的诀别话。他那糊涂而专横的母亲还在安慰他：“汝是大家子，仕宦于台阁，慎无为妇死，贵贱情何薄。东家有贤女，窈窕艳城郭，阿母为汝求，便复在旦夕。”不管母亲如何劝勉，此时焦仲卿已经决心赴死，哪里听得进去。当天夜里徘徊庭院之中，三更过后，乌鸦成群飞过，焦仲卿心知有异，知道爱妻已经殉情，正在黄泉路上等他结伴同行呢！于是解下腰带，绑在庭树枝上自缢而死。

刘兰芝放着“金车玉作轮，青骢马，金镂鞍”的富贵之家不去，甘愿为情而死，令人赞叹。

天亮以后，焦仲卿与刘兰芝双双殉情的消息，已经轰动了附近村里，焦母呼天抢地，为独子的死悲恸不已；刘家兄长更是愧悔交加，因为自己的贪利趋势，而害得走投无路的妹妹投水保贞；一般村民更是由同情而愤慨，聚集在两家门前，鼓噪唾骂，并要求将两人合葬在华盖山麓。

焦仲卿与刘兰芝的墓地，东西植松柏，南北种梧桐，若干年后，枝丫繁茂，浓荫覆地，有一种双栖双飞的鸳鸯鸟，夜以继日地穿飞上下，婉转和鸣；青年男女纷纷来到墓地参拜，祈求获得美满良缘，至今安徽省舒城县城南的华盖山，还有鸳鸯坟的遗迹！焦仲卿是庐江郡的一个小吏，大约是如今安徽省庐江县、潜山县与舒城县一带地方。

【以诗为证】这是一个令人感伤的悲剧爱情故事，有一位民间诗人就此写成了一篇《孔雀东南飞》的五言诗，南朝徐陵把它收集在《玉台新咏》中。诗中对刘兰芝的形貌作了这样的描写：“指若削葱根，口如含朱丹，纤纤作细步，精妙世无双。”说到她的服饰，作了这样的描写：“足下蹑丝履，头上玳瑁光，腰着流纨素,耳垂明月当。”

《孔雀东南飞》中用了许多笔墨,来描写刘兰芝的才情、品性、美丽与装扮,目的在强调如此难得的佳人,竟然无法博得婆母的青睐,益增世人同情惋惜之意。

已经1700多年过去了,而今银幕上与舞台上,仍然不断搬演这段感人肺腑的故事,依旧能够催人泪下,可见其不朽的因由,断非偶然或浪得了。“孔雀东南飞,五里一徘徊。”“生人作死别,恨恨那可论。”“多谢后世人,戒之慎勿忘。”

43. 王宝钏

【生平考略】王宝钏,丞相王允之女。随薛平贵同住寒窑,薛平贵降服红鬃烈马,荣任先行,泪别宝钏,从此王宝钏苦守寒窑十八载。

西安城南小雁塔附近有个武家坡,上有一孔破旧的窑洞,洞沿上题有“古寒窑”三个字,相传当年王宝钏苦守寒窑十八载,等待丈夫薛平贵归来的故事,就是发生在此。窗前还建有一座祠庙,庙内供奉着王宝钏与薛平贵的塑像,祠柱上题着一副对联:十八年古井无波,为从来烈妇贞媛,别开生面;千余岁寒窑向日,看此处曲江流水,想见冰心。

【抛绣球择婿】王宝钏本是唐懿宗时期朝中宰相王允的女儿。王允没有儿子,只有三位如花似玉的千金承欢膝下:长女名宝金,许配兵部侍郎苏龙为妻;次女宝银,也已嫁给了九门提督魏虎;三女儿便是宝钏,三姐妹中数她才貌最为出众。两个姐姐都婚配得门当户对,父母也想为待字闺中的小女儿找一位乘龙快婿。

三小姐宝钏似乎比父母更挑剔,许多前来提亲的豪门贵族公子都被她坚定地回绝了,别人都以为是相府千金心高气傲。实际上宝钏心中自有一套择夫标准,她一不慕权贵,二不贪虚名,一心只求嫁个有才有德的如意郎。无奈那些豪门之后,不是花花公子,就是酒囊饭袋,怎么能让她看上眼呢?

当时长安城南一带,山环水绕,风光秀丽,每到春暖草绿,柳暗花明的时候,京城长安里的皇族显贵、文人雅士、平民百姓,都喜欢到这里赏花游春。这年春天,王宝钏也带着几个丫环来南郊踏青,不料遇上一伙不明来历的风流公子追随纠缠,讨厌却又摆脱不了。这时,旁边一位衣着陈旧的年轻书生看不过去,果敢上前拦阻这伙人的无礼之行。这伙锦衣公子根本不把这书生放在眼里,七手八脚地推搡着他,还骂道:“哪来的野小子,在这里管起爷们来了!”书生毫不畏惧,回敬道:“路见不平有人铲,光天化日之下调戏良家妇女,岂有此理?”锦衣公子们当然来气,心想你这小子怕是吃了豹子胆,于是一拥而上,对那书生拳脚相加。

王宝钏在一旁为这位仗义书生正担心,不想那书生只略摆架势,轻轻一格,便把那伙中看不中用的锦衣公子撞得七倒八歪,心知不是书生的对手,相扶着骂骂咧咧走开了。

宝钏暗自佩服着书生的功夫和胆略,见那群风流公子走开,连忙上前作礼感谢。书生略有些腼腆,连声说:“理当如此,小姐不必多礼!”

书生愈是客气,王宝钏就愈是欣赏他,口中称谢不已,一来二往,两人便熟络起来。这书生只道自己叫薛平贵,父母双亡,家道中落,只剩下自己一人,至于详细家世却不肯相告。在王宝钏看来,这书生不只是武功高强,而且知书达礼,颇具文采,虽然衣着寒酸,却掩不住气宇轩昂,不由心生爱慕。于是两人结伴游赏,一种温馨的感觉回荡在两人中间。薛平贵知道了眼前的小姐乃是相国千金,不但容貌姣美,言谈举止又那么娴雅而不矫揉、端庄而不傲慢,确实让他着迷,但又自愧太不般配。

不知不觉,两人一同度过了一个下午,言语十分投缘,彼此从对方的眼神中都能读出几分爱慕,因为丫鬟相随,也不便更深地说些什么,日暮分手时,两人眼光中充满眷恋与不舍。

回到家中,王宝钏不敢向父母禀明春游遇良人的事,她知道父母不会答应把她许配给一个毫无功名的落魄书生,只好暗饮相思,愁怅度日。不久,老父又催促三女儿赶快订下婚事,以免成了老姑娘。王宝钏灵机一动,提出了以抛掷绣球来决定终身大事的办法。宝钏想,自己抛球征婚的消息一传出,有情郎薛平贵一定会赶来参加,到时绣球落哪方就全凭自己决定了。而王父眼看着执拗任性的三女儿年龄渐大,婚事却总是订不下来,心中甚为着急,既然她自己提出抛绣球的,此法古已有例,再说公子王孙争相簇拥在自家门前也是件风光的事,于是就应允了。只是暗中决定,到那天院门要把紧,只放些有身份的公子进来,这抛球的规矩可是“中鸡嫁鸡,中狗嫁狗”的,可不能让那些贫贱小子捡了便宜。

于是王家院里搭起了高高的彩楼,订了个黄道吉日由三小姐抛掷绣球择婿。王宰相遍邀了京城的贵胄子弟前来参加。消息传出后,远远近近有身份的名家公子都争相赶到王家,因为大家早就风闻了王家三小姐的才貌,又贵为相国千金,绣球若能有幸打中自己的头,那岂不是喜从天降?所以谁都想来碰碰运气。

王家的院门果然把持甚严,不是有头有脸的人决不许进。那么无钱无位的薛平贵岂不是进不来了？不用着急，聪明的宝钏早有安排，她早已让上次同去春游、见过薛公子面的贴身丫环到院外悄悄寻找薛平贵，让她带薛平贵从侧门进院。

吉时已到，一阵锣鼓炮仗响过之后，彩楼上的垂帘轻轻撩起，一群侍女簇拥着一个如花似玉、衣着艳丽的小姐露出面来，小姐手上托着一个五彩绣球。楼下院中披红戴紫的公子哥儿们轰动起来，都伸长了脖子，期待着天赐良缘降落到自己头上。上面王宝钏粉面含笑，似乎胸有成竹，玉腕翻处，绣球已翩翩落下，不偏不倚，正打在院中一角的布衣公子薛平贵头上，正如后来戏曲里所唱的"王孙公子千千万，彩球单打薛平郎。"

王允仔细一看，绣球抛中的女婿竟是一个衣着寒酸的落拓少年，当即心中生怒，立下了悔婚的决心。回到屋里后，王允对刚下彩楼的宝钏坚决地说："为父不同意这桩婚事！此事择日再议。"原本心中喜滋滋的宝钏，一听父亲的话，猛地吃了一惊，很快她就明白了父亲一定是见了薛平贵的贫贱，而不惜违约悔婚的。此时宝钏心中主意已定，她决意不再凭父亲任意摆弄自己的终身大事，就接口据理力争道："既是抛球定婚事，那便中鸡嫁鸡，中狗嫁狗，父亲怎能置信义而不顾，出尔反尔呢?"

父女俩一番唇枪舌剑，谁也说服不了谁，最后王宝钏执意嫁给了心上情郎薛平贵，王允一怒之下与她断绝了父女关系。成了薛平贵的妻子，就要跟着薛平贵走，这时薛平贵了无栖身之所，平时就在亲戚朋友家，东一日，西一宿地借住，如今添了妻子，总得有个自己的窝，于是两人搬进了武家坡上的一处旧窑洞。在寒窑中，夫妻俩男樵女织，过着清苦的日子，幸而夫妻间互敬互爱，相依为命，苦日子也过得颇有滋味。虽然王宝钏的父亲与她断绝了关系，而相距不远的老母却无法割舍这个惹人怜爱的小女儿，不时派人来探望他们，送些钱物，使他们的生活得以维持下来。

【苦守寒窑十八载】咸通九年，桂州边区戍卒发生了叛乱，聚众为匪，攻占了边防重镇，并向北逼进。朝廷派康承训率军讨伐，为了增强兵力，还令沙陀部队随军助战。

沙陀原本是大唐西北边区的一支游牧部落，因与吐蕃交战失败，酋长就率残部归附唐朝，唐廷把他们安置在定襄一带。接到调遣令，沙陀部队先赶往长安待命，随时准备奔赴桂州。文武兼备的薛平贵看准了机会，认定自己建功立业的时候已到，于是在大军云集长安之时，薛平贵参加了沙陀的部队。

王宝钏是多么不愿意自己的丈夫离开，但薛郎是有才有识的伟男儿，总不能与自己终身相守寒窑，她擦掉泪水，为薛郎收拾行装，挥手送他出征。

在沙陀部队中，薛平贵凭着自己出色的武艺和才学，渐渐受到酋长朱邪赤心的重视，当部队转战湘江、淮泗一带时，薛平贵成为了沙陀部队与唐军之间的联络人物。终于剿平了叛乱，唐军班师回朝，沙陀部队因在战争中居功最大，唐廷赐朱邪赤心姓李名国昌并授为大同节度使。薛平贵没有来得及回长安探望久别的妻子，就随军进驻了大同。

为了今后的幸福，薛平贵在大同努力争取立功晋升的机会，无奈战争平息，这种机会是很难遇上的。一次，薛平贵随朱邪赤心一家到郊外狩猎，行到山崖时，朱邪赤心的女儿春花公主的坐骑突然受惊失控，扬蹄飞奔，眼看就要坠下悬崖。紧随其后的薛平贵，飞奔向前，伸臂竭力拦住了公主的马匹。两匹马行到山坡上，薛平贵下马扶起受惊的春花公主，正值情窦初开的小公主，见救她的人是一位年轻英俊的汉族勇士，不由地心旌摇晃，憧憬如泉，就势倒在薛平贵怀里。

从那天起，春花公主就如痴如醉地爱上了薛平贵，沙陀少女不像汉族姑娘那般腼腆羞涩，春花公主又依仗着自己的美丽和地位，向薛平贵频频发动进攻，像一团火焰一样猛烤着薛平贵。薛平贵心里一直挂牵着长安寒窑中苦等自己的妻子王宝钏，他不愿意背叛她诚挚的爱心；可是自己在沙陀部队里一直默默无闻，若不抓住春花公主这个台阶，以后怕是很难再有高升的机会，何况若是惹恼公主，自己还不知道能不能在这里待下去。权衡再三，薛平贵成了沙陀酋长的“驸马爷”，他在沙陀军中的地位自然也就急骤地升高了。当然，他不会忘记结发之妻，曾多次趁唐廷专使前来大同慰劳之际，悄悄托使者为王宝钏带去书信金帛，接济伊人的生活，当然他没告诉她自己在这里已另配佳偶。而寒窑中的王宝钏始终矢志不移，纺纱度日，一心一意等待着良人衣锦荣归。

一年又一年地过去了，总也不见薛平贵归家的身影，后来竟还断了音信。是薛郎变心了吗？不是，是政局在这时发生了急剧的动荡。

沙陀酋长朱邪赤心的嗣子李克用屯兵蔚州，对朝廷颇为不满，因而野心勃勃地四出扩充势力、地盘，唐廷忍无可忍，出兵讨伐沙陀军，朱邪赤心与李克用父子率众逃入阴山一带的达靼人地区，薛平贵自然也追随他们到了阴山。阴山与长安两地遥遥，不通音讯，薛平贵心想不知何时才能与宝钏团聚。

就在这时，黄巢在山东聚众起义，大军浩浩荡荡，由江西、浙江、福建至广州，再经桂州至潭州，占领了两湖广大的地盘。唐僖宗乾符年间，因治国无道，天下扰攘不安，到了广明年间，黄巢趁机率军攻陷了东都洛阳，紧接着又突入潼关，直逼京师。长安情势紧迫，大唐军队力不足用，朝廷只好派特使到阴山赦免李克用之罪，并赐以官爵，请他率军入京援战。

于是,李克用在中和二年率沙陀兵一万七千人南来,会合诸路勤王援军,攻克了已被黄巢占领的长安,保住了大唐江山。

薛平贵随军来到长安,因沙陀军战功辉煌,李克用成了唐室功臣,薛平贵也水涨船高,被朝廷委以重职。功成名就的薛平贵只身步行来到武家坡的寒窑中,终于与分别达十八年之久的妻子王宝钏见面了。那情那景,已是用文字难以描述。总之,夫妻相见,直从正午呜咽流泪到黄昏。

王宝钏终于走出了寒窑,被接入薛平贵府中。这时薛平贵已有了王宝钏与朱邪春花两位妻子,两个人不分大小,平起平坐,相处得甚为和睦。经过了十八年的苦盼,王宝钏终于有了一个美满的家庭。而王宝钏苦守寒窑十八载的故事也被人们传为美谈,并搬上了戏曲舞台。

44. 杜十娘

【生平考略】杜十娘,明万历年间人,原名杜媺,相传为当时的北京名妓,19岁时遇到来自浙东的太学生李甲,自己出资由李甲为己赎身,并携带巨金追随李甲返乡,途中为李甲所负,将百宝箱中的财宝投入江中并投江而亡。在冯梦龙的《警世通言》第三十二卷中,《杜十娘怒沉百宝箱》一节对此做了详细的描述。

【杜十娘怒沉百宝箱】明朝万历年间,北京城南的"教坊司"名妓杜十娘一天在接待客人时,偶遇南京布政老爷的公子李甲,李甲爱其美貌红颜,杜十娘倾其举止文雅,二人情投意合。李甲不顾学业,日日沉浸在温柔乡里,渐渐耗尽了钱财。其父闻听后怒不可遏,断了他的供给,并劝说京城的亲戚都不要借钱给他。

十娘决心将终身托付给温存忠厚的李甲。老鸨儿同意只要李甲在十日内拿出三百两银子就可赎出十娘。但他在亲友中早已坏了名声,谁也不会拿出钱来帮他往妓院里填。

李甲奔波数日,一筹莫展,杜十娘取出缝在被子里的碎银150两,李甲的好友柳遇春被这位风尘女子的行为感动,设法凑足了那150两银子。十天后果然把银两如数交到老鸨儿面前,老鸨儿本想反悔,杜十娘晓以利害,老鸨儿只得放人。

于是两个有情人在柳遇春住所喜结百年之好。杜十娘与李甲本要回到老家去,无奈李甲心存顾虑,携妓而归难以向父亲交代。杜十娘献计说:先到苏杭胜地游览一番,然后郎君回家,求亲友在尊父面前劝解和顺;待李父消气后,再来接她。李甲依言而行。

二人行到瓜州古渡之时,遇到了好色又阴险的富贾孙富。他夜饮归舟,听到杜十娘的歌声,心动不已。天亮以后,从窗口向内视其容貌,更觉心荡神摇。孙富假意与李甲相接近,饮酒畅谈,谈到杜十娘时,李甲告知其事情的原委,孙富叹道:尊父位高,怎容你娶妓为妻!到时候进退两难,岂不落得不忠不孝不仁不义的下场?他这么一说,李甲更觉步履维艰,孙富又拿出一副为朋友肯两肋插刀的架势说:在下倒是愿以千金相赠,你拿着银钱回去,只说在京授馆,你父定会原谅你。一番话说得李甲动了心,他一直怕回家后不能交差,如今也只有如此了,于是当下立了契约,按了手印,把杜十娘转卖给孙富。

杜十娘闻知,如雷轰顶,回忆自己童年被卖,受尽屈辱,眼看已经逃出了火坑,就要过上幸福的生活,如今却全告破灭。翌日,杜十娘扮上盛装,先让孙富把银两放到李甲船上。自己站在踏板上,打开百宝箱,里面装满金银翡翠各色珍奇玩物。杜十娘指着价值连城的金银珠宝,怒骂孙富拆散他们夫妻,痛斥李甲忘恩负义,利欲熏心,把一件件宝物抛向江中,最后纵身跃入滚滚波涛之中。

45. 李香君

【生平考略】李香君,又名李香,是明末南京秦淮河畔名妓李贞丽的养女,原是秦淮歌妓。自孔尚任的《桃花扇》于公元1699年问世后,李香君遂闻名于世。李香君与复社领袖侯方域交往,嫁与侯作妾。侯曾应允为被复社名士揭露和攻击而窘困的阉党阮大铖排解,香君严辞让侯公子拒绝。阮又强逼香君嫁给漕抚田仰作妾,香君以死抗争,此时正值马、阮大捕东林党人,侯等被捕入狱,香君也被阮选送入宫。清军南下之后,侯方域降顺了清朝。

李香君的受压迫受侮辱的地位,使她对统治阶级里的黑暗势力保持警惕,当她知道阮大铖出资收买侯方域的阴谋活动时,义正词严地责备了侯方域的动摇,是我国戏曲舞台上最光辉的妇女形象之一。

【血溅桃花扇】作为秦淮河畔媚香楼里的名妓,李香君诗书琴画歌舞样样精通。因为养母李贞丽仗义豪爽又知风雅,所以媚香楼的客人多半是些文人雅士和正直忠耿之臣。第一次见到侯方域并一见倾心时,李香君刚16岁。

侯方域与方以智、陈贞慧、冒辟疆合称明复社四公子,又与魏禧、汪琬合称清初文章三大家,确实才华横溢。他原本是明天启户部尚书侯恂之子,15岁即应童子试中第一名。这几位公子整日聚在秦淮楼馆,说诗论词,狎妓玩乐,癫痴狂笑。侯方域与李香君一个是风流倜傥的翩翩少年,一个是娇柔多情的青楼玉女,很快便两情相悦。

像李香君这样一位名妓,赎身必须邀请大批有头有脸的风流雅士,还要付一笔丰厚的礼金给鸨母,可惜侯方域没有银子,无能为力。友人杨龙友雪中送炭,给了他大力的资助。但是,那笔钱并不是杨龙友的,而是阮大铖赠送给侯方域的一个人情,想拉拢侯方域入僚。阮大铖本是明末了不起的戏曲家和文学家,但是却为魏忠贤服务,后又追随伪明政权,不是什么好东西。侯方域尚自犹豫,但是李香君劈手就把头上的发簪脱下来了,骂醒了侯方域。变卖了首饰,四下借钱,总算凑够了数,把钱扔还给了阮大铖。

阮胡子给气死了,侯方域只好逃亡。李香君洗尽铅华,闭门谢客,一心等侯公子归来。在阮大铖的怂恿之下,弘光皇朝的大红人田仰吹吹打打地来迎接李香君做妾了。李香君一口拒绝了,田仰还要坚持,她干脆一头撞在栏杆上,血溅桃花扇。娶亲的人见闹出了人命案,只好灰溜溜地抬着花轿溜回去了。

阮大铖在当时文坛上大名鼎鼎,他并不想就此放过李香君,而是为伪明皇朝弘光皇帝亲自执笔撰写歌词剧本,等李香君伤愈后,阮大铖立即打着圣谕的幌子,将她征入宫中充当歌姬。不久后,清兵攻下扬州,直逼南京,弘光帝闻风而逃,最终被部将劫持献给了清军,随后南京城不攻自破。李香君随着一些宫人趁夜色逃了出去。

青楼皆为义气妓,英雄尽是屠狗辈。妓女用性命来维持自己的贞节和道德大义,士大夫倒是放弃原则,随时准备改换门庭。入清以后,陈贞慧隐居不出,冒辟疆放意林泉,方以智出家为僧,杨文聪抗清殉国,陈子龙自沉明志,但侯方域却耐不住寂寞,参加了顺治八年的乡试,而且只进了副榜,又引起许多人非议。

【结局之谜】关于李香君的结局有三种版本:一种是终于在苏州与侯方域重逢了,被一个老头当头棒喝,两人拔剑四顾心茫然,勘破尘缘,只好出家了事。一种是李香君顺利嫁给侯方域为妾,侯方域变节南下,李香君则在侯府里被人赶了出来,寂寥而死。第三种是两个人连最后一面都没有见着,李香君就留下一柄桃花扇恹恹地死去。临去之前留下一句话:"公子当为大明守节,勿事异族,妾于九泉之下铭记公子厚爱。"可惜,她的侯公子连玩世的犬儒主义者都做不成了,白白玷污了香君的名声。

46. 柳如是

【生平考略】柳如是(1618—1664),祖籍吴江(今江苏),本姓杨,名爱,后改姓柳,名隐。因读辛弃疾词:“我见青山多妩媚,料青山见我应如是”,故自号如是;后又称“河东君”、“蘼芜君”。柳如是是活动于明清易代之际的著名歌妓才女、名扬当时的“秦淮八艳”之一。幼年被卖到盛泽归家院名妓徐佛家为养女。受徐教养,柳诗擅近体七言,分题步韵,作书得虞世南、褚遂良笔法。年稍长,流落青楼。在松江,她以绝世才貌,与复社、几社、东林党人相交往,常着儒服男装,与诸文人纵谈时势,诗歌唱和。明崇祯十四年(公元1641年),东林领袖、常熟钱谦益与柳如是结秦晋之好。两人同居绛云楼,读书论诗相对甚欢。钱戏称柳如是“柳儒士”。晚年推动钱谦益投身抗清斗争,被后世史学家称为“女侠名姝”。

【主要事迹】柳如是幼即聪慧好学,但由于家贫,从小就被掠卖到吴江为婢。妙龄时坠入章台,易名柳隐,在乱世风尘中往来于江浙金陵之间。由于她美艳绝代,才气过人,遂成秦淮名妓。她留下了不少值得传颂的轶事佳话和颇有文采的诗稿《湖上草》、《戊寅卓》与尺牍。

柳如是曾与南明复社领袖张缚、陈子龙友好,与陈情投意合,但陈在抗清起义中不幸战败而死。柳氏择婿要求很高,许多名士求婚她都看不中,有的只停留在友谊阶段。最后于崇祯十四年她20余岁时,嫁给了年过半百的东林党领袖、文名颇著的大官僚钱谦益。钱氏娶柳后,为她在虞山盖了壮观华丽的“绛云楼”和“红豆馆”,金屋藏娇。柳氏生有一女。有“红学”者认为,曹雪芹设计的“绛云轩”是来自柳氏的绛云楼。

当崇祯帝自缢,清军占领北京后,南京建成了弘光小朝廷,柳如是支持钱谦益当了南明的礼部尚书。不久清军南下,当兵临城下时,柳氏劝钱与其一起投水殉国,钱沉思无语,最后走下水池试了一下水,说:“水太冷,不能下”。柳氏“奋身欲沉池水中”,却给钱氏硬托住了。于是钱便腼颜迎降了。钱降清去北京,柳氏留在南京不去。钱做了清朝的礼部侍郎兼翰林学士,由于受柳氏影响,半年后便称病辞归。后来又因案件株连,吃了两次官司。柳如是在病中代他贿赂营救出狱,并鼓励他与尚在抵抗的郑成功、张煌言、瞿式耜、魏耕等联系。柳氏并尽全力资助,慰劳抗清义军,这些都表现出她强烈的爱国民族气节。钱谦益降清,本应为后世所诟病,但赖有柳如是的义行,而冲淡了人们对他的反感。

就文学和艺术才华,她可以称为“秦淮八艳”之首。清人认为她的尺牍“艳过六朝,情深班蔡”。柳氏还精通音律,长袖善舞,书画也负名气,她的画娴熟简约,清丽有致;书法深得后人赞赏,称其为“铁腕怀银钩,曾将妙踪收”。

公元1666年钱谦益去世时,柳如是还不到五十岁,从此,厄运便降临到柳如是身上。乡里族人聚众欲夺其房产,柳氏为了保护钱家产业,吮血立下遗嘱,然后解下腰间孝带悬梁自尽,情形极为悲惨。一代风流奇女,香消玉殒,余恨不斤,而此时距钱谦益去世仅两个月。柳如是死后,不但未能与钱谦益合葬,反而被逐出钱家坟地,柳如是的墓在虞山脚下,那是一座孤坟,墓前石碑只一米多一点,上面刻有:河东君(柳如是曾自号河东君)。百步之外,钱谦益与原配夫人合葬一墓。陈寅恪先生著有《柳如是别传》。

附:红颜舛命

明崇祯十三年冬天,原朝廷礼部侍郎钱谦益削籍归乡已经两年,这年的冬天奇冷,他所居住的“半野堂”门前也特别冷清,已好久不曾有友人来访了。

一个冬日淡淡的午后,钱谦益坐在书房中打盹,忽听得家人传报:“有客人来访!”不一会儿,拜帖就送到了书桌上,钱谦益来了精神,拿过拜帖一看,上面写着:“晚生柳儒士叩拜钱学士。”“柳儒士?”他心里起了疑问,这名字似乎未曾听说过,是谁呢?

也许是慕名前来造访的无名晚辈吧,这种人钱谦益接待得不少,如今反正闲居无事,有个人聊聊也好,于是他让家人有请来客。

待钱谦益慢条斯理地踱进客厅,来客已站在屋里翘首欣赏墙上的字画了,听到脚步声,来客连忙转过身来,朝钱谦益深深一揖,恭恭敬敬地称礼道:“晚生见过钱老先生,冒昧造访还望见谅!”

钱谦益打量着来客,见他一身兰缎儒衫,青巾束发,一副典型的富家书生打扮,举止虽有板有眼,身材却异常的娇小,似乎缺少一种男子的阳刚之气。再瞧面貌,明眸生辉,鼻挺嘴秀,皮肤白嫩,清秀有余而刚健不足。看着看着,钱谦益猛觉得有几分面熟,可搜索枯肠,始终想不起是在哪里见过。

来客看着钱谦益若有所思的神态,不禁露出一丝狡黠的笑意,似乎猜中了主人在想什么,他也不去打断,只是轻悠悠地吟出一首诗:草衣家住断桥东,好句清如湖上风;近日西冷夸柳隐,桃花得气美人中。

“真没想到啊！柳姑娘光临寒舍，有失远迎，得罪！得罪！”钱谦益热情地请所谓的“柳姑娘”落了座，又忙着命侍婢上茶奉酒，说是要为柳姑娘驱寒消疲。

这个女扮男装的柳姑娘是谁呢，竟如此惊动名重一方的钱谦益？柳姑娘原来就是苏州一代名妓柳如是。说起柳如是与钱谦益的交情，那还是两年前的事。

那是崇祯十一年初冬，供职京师的江左才士钱谦益，本已高居礼部侍郎之职，眼看又要提升，却因贿赂上司之事被揭露，不但受了廷杖之责，而且免去了官职，被迫返回原籍常熟。那时他已五十七岁高龄，猝遭巨变，心境黯淡悲凉，一路逶迤南归。途经杭州时，顺便前往西湖上荡舟闲游，排遣愁怀，疲倦时便落脚在杭州名妓草衣道人家中。当时恰逢柳如是也客居杭州，是草衣道人门上的常客，那天正巧将一首游湖时即兴作的小诗搁在了草衣道人的客厅里。钱谦益无意中发现了那帧诗笺，拿过来轻声诵读：垂杨小宛绣帘东，莺花残枝蝶趁风；最是西冷寒食路，桃花得气美人中。

好清丽别致的诗句，诗词大家钱谦益不由得击节称赞，善解人意的草衣道人看在眼中，心领神会，凑过来道：“明日何不请来柳姑娘一同游湖？”钱谦益自然求之不得。

第二天，一只画舫果然载着三个人悠悠荡荡于西子湖上。一见到柳如是，钱谦益立即生出一份怜爱之情，这姑娘长得娇小玲珑，一双黑白分明的大眼睛嵌在俊秀的脸蛋上，显得分外动人。这般小巧的可人儿，腹内竟藏着锦绣诗情，着实令人感叹。柳如是是个性格开朗的姑娘，虽是与鼎鼎有名的钱谦益初次相见，却毫无拘束之态，谈诗论景，随心所欲。那活泼可爱的神情，使钱谦益暂时忘却了心中的悒郁，感觉自己也变得年轻起来，一时兴起，竟一口气吟了十六首绝句，以表示对伊人的倾慕之情。柳如是吟来唤起他记忆的就是其中的一首。

西湖一别，钱谦益万万没想到这姑娘还会跑到常熟来看他，女扮男装而至，又给了他一分额外的惊喜。一番寒暄问候之后，钱谦益留柳如是在“半野堂”住上一段时间，柳如是欣然应允，似乎她就是抱着这个打算来的。

于是，寂静的“半野堂”中荡漾起一老一少一对忘年之交的笑声，他们一同踏雪赏梅、寒舟垂钓，相处得竟是那么和谐。为了感谢柳如是的相慰之情，钱谦益命人在附近的红豆山庄中为柳如是特筑一楼，他亲临现场督工，仅以十天时间，一座精美典雅的小楼就建成了。钱谦益根据《金刚经》中“如是我闻"之句,将小楼命名为"我闻室",以暗合柳如是的名字。小楼落成之日,他还特写诗抒怀:清樽细雨不知愁,鹤引遥空凤下楼;红烛恍如花月夜,绿窗还似木兰舟。曲中杨柳齐舒眼,诗里芙蓉亦并头;今夕梅魂共谁语?任他疏影蘸寒流。

钱谦益的一片深情,让柳如是感动不已。她是一个历尽坎坷的女子,成名后虽然也有千人万人捧着,可无非都是逢场作戏,又有几人能付出真情呢?钱谦益虽是花甲老人,可那份浓浓情意比一般的少年公子要纯真得多,也许是同样尝过生命的苦涩,才有这种深切的相知相感吧,感念之余,柳如是回赠了一首"春日'我闻室'作呈牧翁"的诗:裁红晕碧泪漫漫,南国春来正薄寒;此去柳花如梦里,向来烟月是愁端。画堂消息何人晓,翠帐容颜独自看;珍贵君家兰桂室,东风取次一凭栏。

几场春雪过后,春风又绿江南岸。桃红柳绿中,钱谦益带着柳如是徜徉于山水间。湖上泛舟,月下赏山,诗酒作伴,日子过得像神仙一般。这期间,柳如是几次露出以身相许的心意,而钱谦益每次都在一阵激动之后,悄悄避开这个话题。钱谦益颇有他的一些顾虑:一是两人年龄悬殊太大,柳如是今年二十四岁,整整比自己小了三十六岁;二是自己身为罪臣,前途无望,岂不耽搁了人家姑娘的前程!如此想来,他迟迟不肯接纳她,心中却又一刻也舍不下她。

柳如是则有她的想法:她十五岁沦落风尘,阅人可谓丰富。多才多情的公子为数不少,可有几个能情有独钟?几个能真正关心体贴女人?十六岁时她曾委身于松江举人陈子龙。陈公子也算才情横溢,热心教她诗词音律,使她获益不小,可偏偏又性情不合,终于闹得各奔东西,让她心伤欲碎。如今遇到的钱谦益,才华自不用说,二十八岁就考成了探花郎,诗词享誉一方。虽说年纪大些,可有情有趣,对她又是这般关照,与他在一起,她觉得生活是那么安稳恬静、有滋有味,年纪相悬又算得了什么呢?既然两人情投意合,其他还有什么可顾忌的?面对柳如是的一片痴情,钱谦益无法再犹豫退缩,终于在这年夏天,正式将柳如是娶进了家门。

他俩的婚礼办得别出心裁,租了一只宽大华丽的芙蓉舫,在舫中摆下丰盛的酒宴,请来十几个好友,一同荡舟于松江波涛之中。舫上还有乐伎班子,在热闹悠扬的箫鼓声中,高冠博带的钱谦益与凤冠霞帔的柳如是拜了天地,又在朋友们的喝彩声中,回到酒席边,喝下了交杯酒。

婚后,他们老夫少妻相携出游名山秀水,杭州、苏州、扬州、南京、黄山,处处留下他们相偎相依的身影。柳如是问丈夫爱她什么,钱谦益说道:“我爱你白的面、黑的发啊!”言外之意是无一处不爱她;接着,钱谦益又反问娇妻,柳如是偏着头想了想,娇嗔地说:“我爱你白的发、黑的面啊!”说完,两人嬉笑成一团,俨然是一对打情骂俏的小情人。

一番游历之后,他们都特别钟情于杭州西湖的明丽风光,于是在西湖畔修筑了一座五楹二层的“绛云楼”,画梁雕栋,极其富丽堂皇。夫妻俩安居其中,日日欣赏西湖上的朝霞夕雨。春花秋月,时光如诗一般地静静流过。

甲申之变,崇祯帝自缢于煤山,江南旧臣谋划着拥立新君。马士英推崇福王朱由崧,钱谦益则拥护潞王朱常范,最后福王得势做了弘光皇帝。钱谦益害怕新朝廷与自己过不去,就赶忙巴结当权的马士英,竟也获了个礼部尚书之职,虽是空衔,却让他觉得安稳而风光。

可是不久清军攻破了南都,弘光朝廷为时一年的生命宣告结束,中国顿时成了满清的天下。钱谦益作为旧朝遗臣,又是一方名士,必定会引起新政权的注意。不奉新朝便忠旧主,他面临着命运的选择。柳如是目睹了清兵破城、扫荡江南的种种惨象,内心悲愤不已,如今既然已是清朝的天下,她劝钱谦益以死全节,表示忠贞之心。钱谦益思索再三,终于点头同意了柳如是的建议,两人说好同投西湖自尽。

这是一个初夏的夜晚,钱谦益与柳如是两人自己驾了一叶小舟,飘进了西湖。朦胧的月光冷冷地照着他们,柳如是一脸悲切而圣洁的表情,而钱谦益却露出几分不安。船上摆着几样菜肴和一壶酒,柳如是斟好酒,端一杯给丈夫,自己举起一杯,缓缓说道:“妾身得以与钱君相识相知,此生已足矣,今夜又得与君同死,死而无憾!”钱谦益受她的感染,也升出一股豪壮的气概,举杯道:“不求同生,但求同死,柳卿真是老夫的红颜知己啊!”两人幽幽地饮完一壶酒,月儿也已偏西,柳如是率先站起身来,拉着钱谦益的手,平静地说:“我们去吧!”钱谦益从酒意中猛地惊醒过来,忙伸手到船外搅了搅水,抬头对柳如是说:“今夜水太凉,我们不如改日再来吧?”“水冷有何妨!”“老夫体弱,不堪寒凉。”柳如是知道他是难舍此生,心有悔意,此时她也满怀悲凉,无心劝他什么,只有紧紧偎在他怀中,一直坐到天亮。

钱谦益推说水凉不肯再去投湖自尽,柳如是只好退让两步,说:“隐居世外,不事清廷,也算对得起故朝了。”钱谦益唯唯表示赞同。

几天后,钱谦益从外面回来,柳如是发现他竟剃掉了额发,把脑后的头发梳成了辫子,这不是降清之举吗?柳如是气愤得说不出话来,钱谦益却抽着光光的脑门,解嘲道:“这不也很舒服吗?”柳如是气得冲回了卧室。

其实,钱谦益不但是剃了发,甚至还已经答应了清廷召他入京为官的意图。柳如是百般劝说无济于事。临行前夕,正逢中秋佳节,柳如是与钱谦益泛舟西湖之上,一个是悲伤缠绵,一个是满怀喜悦,这一夜,两人与往常不一样,都闷闷地饮酒,很少说话。柳如是看着眼前熟悉的湖光月色,吟了一首诗给钱谦益:素瑟清樽迥不愁,柂楼云雾似妆楼;夫君本志期安桨,贱妾宁辞学归舟。烛下乌笼看拂枕,凤前鹦鹉唤梳头;可怜明月三五夜,度曲吹箫向碧流。

她想用柔情和宁静甜蜜的生活图景挽留住丈夫,可钱谦益已动功名之心,一下子哪里收得回来。

钱谦益到京城后混得并不理想,他一心想着宰相的高位,最终还只是得了个礼部侍郎的闲职,不免有些心灰意冷。而远在西湖畔独居的柳如是接二连三地写来书信,一面倾诉相思之苦,一面劝他急流勇退,回去与她同享纵情山水之间的隐居生活。慢慢地,钱谦益动了心,想到:“功名富贵,贵在知足,年逾花甲,夫复何求!”终于下定了决心,于是向朝廷托病辞官,很快便获得了应允,脱下官袍,再度回乡。

西湖边,钱谦益与柳如是又开始了那种田园牧歌式的生活。顺治五年,柳如是生下了一个女儿,老年得千金,钱谦益喜不胜收,更加醉心于平淡而欢乐的小家庭生活。然而树欲静而风不止。就在这一年,一件飞来的横祸又落在了钱谦益的头上。他的门生黄毓琪因写诗讽刺清廷而受责,事情牵连到钱谦益身上,他被总督衙门捕入了大牢。丈夫的性命危在旦夕,产后卧病在床的柳如是挣扎着起来,冒死上书总督府,要求代夫受刑。总督府感其诚心苦意,又查证钱谦益确无乱上之举,便将他放了出来。经历了四十天牢狱之苦的钱谦益无惊无险地度过了劫难,更加看破了尘世,对柳如是也更加敬重了。

宁静的生活又过了十余年,钱谦益 83 岁那年病殁于杭州。丈夫死后,47 岁的柳如是受到钱氏家族的排斥。为了家产之事,族人与她纠缠不休。丈夫去了,柳如是失去了依靠,也失去了生活的希望,就在当年,她用三尺白绫,结束了自己风风雨雨的一生,追随钱谦益于九泉之下。一代奇女,香消玉殒。

八、追求真爱的痴情才女

47. 卓文君

【生平考略】卓文君，西汉临邛（属今四川邛崃）人，汉代才女。她是汉临邛大富商卓王孙女，貌美有才气，好音律，善鼓琴。她和司马相如的爱情佳话被人传诵至今，卓文君以一首数字诗赢回丈夫心的故事也为人们所熟知。

【才女痴情】卓文君，一个美丽聪明，精诗文，善弹琴的女子。可叹的是十七岁年纪轻轻，便在娘家守寡。某日席间，只因司马相如一曲《凤求凰》，多情而又大胆的表白，让久慕司马相如之才的卓文君，一听倾心，一见钟情。可是他们之间的爱恋受到了父亲的强烈阻挠。卓文君凭着自己对爱情的憧憬，对追求幸福的坚定以及非凡的勇气，毅然在漆黑之夜逃出卓府，与深爱的人私奔。卓文君随司马相如私奔后，开了个酒铺，亲自当掌柜，文君当垆卖酒，相如则作打杂，不怕人讥笑。后卓王孙碍于面子，接济二人，从此二人生活富足。后来司马相如终于成名天下。

当司马相如在事业上略显锋芒，终于被举荐做官后，久居京城，赏尽风尘美女，加上官场得意，竟然产生了弃妻纳妾之意。曾经患难与共，情深意笃的日子此刻早已忘却，哪里还记得千里之外还有一位日夜倍思丈夫的妻子。文君独守空房，日复一日年复一年地过着寂寞的生活。一首《白头吟》，“……闻君有二意，故来相决绝。愿得一人心，终老不相负。……”表达了她对爱情的执著和向往以及一个女子独特的坚定和坚韧，也为她们的故事增添了几分美丽的哀伤。

终于某日，司马相如给妻子送出了一封十三字的信：一二三四五六七八九十百千万。聪明的卓文君读后，泪流满面。一行数字中唯独少了一个“亿”，无亿岂不是表示夫君对自己“无意”的暗示？她心凉如水，怀着十分悲痛的心情，

回了一封《怨郎诗》,其诗曰:

一别之后,两地相悬。只说是三四月,又谁知五六年。七弦琴无心弹,八行书无可传,九连环从中折断,十里长亭望眼欲穿。百相思,千系念,万般无奈把郎怨。万语千言道不完,百无聊赖十依栏。重九登高看孤雁,八月仲秋月圆人不圆。七月半烧香秉烛问苍天,六月伏天人人摇扇我心寒。五月石榴扣火偏遇阵阵冷雨浇花端。四月枇杷未黄我欲对镜心意乱。忽匆匆,三月桃花随水转。飘零零,二月风筝线儿断。噫,郎呀郎,巴不得下一世你为女来我为男。

司马相如看完妻子的信,不禁惊叹妻子之才华横溢。遥想昔日夫妻恩爱之情,羞愧万分,从此不再提遗妻纳妾之事。这首诗也便成了卓文君一生的代表作:数字诗。细细品读,其爱恨交织之情跃然纸上。

卓文君,一个有思想,有勇气,敢爱敢恨的才女。她的一生,应该是值得的。比如充满浪漫色彩的夜奔,比如可遇而不可求的一见钟情,比如与爱的人携手终老等等。卓文君亦是聪明的,她用自己的智慧挽回了丈夫的背弃。她用心经营着自己的爱情和婚姻,终于苦尽甘来。他们之间最终没有背弃最初的爱恋和最后的坚守,这也使得他们的故事千转百回,成为世俗之上的爱情佳话。

【相关诗词】

《凤求凰》

"凤兮凤兮归故乡,游遨四海求其凰,有一艳女在此堂,室迩人遐毒我肠,何由交接为鸳鸯。"

《白头吟》

"日斗酒会,明旦沟水头,蹀躞御沟止,沟水东西流。凄凄重凄凄,嫁娶不须啼,愿得一心人,白首不相离。杆何袅袅,鱼儿何徙徙,男儿重义气,何用钱刀为?"

《诀别书》

"春华竞芳,五色凌素,琴尚在御,而新声代故!锦水有鸳,汉宫有水,彼物而新,嗟世之人兮,瞀于淫而不悟!朱弦断,明镜缺,朝露晞,芳时歇,白头吟,伤离别,努力加餐勿念妾,锦水汤汤,与君长诀!"

《望江亭》

"当炉卓女艳如花,不记琴心未有涯。负却今宵花底约,卿须怜我尚无家。"句首四字连起来为:"当不负卿"。

48. 祝英台

【生平考略】祝英台,生于东晋孝武帝太元二年,即公元 377 年。祝家是由于北方出现"五胡闹中华"的局面而南迁的士族,定居在山明水秀的上虞,即今天浙江北部,在一处荒僻的梅溪源头聚族而居,人们都把这里称为祝家庄,传到祝英台已是南迁之后的第四代了。

祝家的上两代曾经数度为朝廷效力,追随祖逖、陶侃、桓温等大军北伐中原,并且收复了原来西晋的都城洛阳,一度进军陕南。祝英台的童年时期,经常听到长辈们叙述征战的故事,小小的心灵中便立下了志愿,要成为一个驰骋疆场的巾帼英雄。

【传奇爱情】公元 383 年,淝水之战,前秦苻坚以投鞭止流之势,动员百万人马,大举攻晋,东晋宰相谢安边下围棋边指挥晋军反击,区区八万之师,竟然在他的侄儿谢玄的巧妙运用下,把来犯之敌打得落花流水,也留下许多美好的故事,如"八公山上,草木皆兵"、"风声鹤唳"。祝英台当时正度过她多彩多姿的童年,巾帼英雄没有当成,却熟读经史,成了遐迩皆知的才女。

祝英台不是那种云鬓花颜,娇婉柔丽的女子,却是一位活泼爽朗而略带几分男性气概的闺阁人物,为了满足她不能驰骋疆场的遗憾,遂降格以求地说服了父母,女扮男装,到杭州负笈游学,这时她只不过是刚满 14 岁而已。

正值阳春三月,一路上桃李芬芳,江南草长。祝英台与服侍她的家人缓缓前行,在一处风光明媚,杂花生树的路旁小亭中,邂逅了由贸城而来的梁山伯,双方一见如故,相谈甚欢,于是结为异性兄弟,结伴同行。不日到了杭州城外的"崇绮书院",拜师入学,朝夕勤苦攻读诗书。三年时间,弹指一挥,略嫌木讷而且长祝英台一岁的梁山伯,竟然没有发觉祝英台是个女孩。

三年时间不算短,耳鬓厮磨,日久生情。祝英台多次显示爱恋之意,又恐怕稍有不慎便会弄得不可收拾;而梁山伯一片兄弟之情,并没有特别的感受。恰好祝英台的母亲生病,祝英台仓促回乡,梁山伯依依不舍地送了一程又一程。不久,梁山伯便风闻到祝英台居然是个红粉佳人,而且回乡后便许配给了贸城姓马的人家。人非草木,梁山伯迫不及待地赶到祝家,岂奈木已成舟、只有泪眼相向,凄然而别。真是相见莫如不见,多情还似无情。

三年的同窗,一同切磋学问,相互照顾扶持;风檐展书读,挑灯写文章;春来花丛温步,秋夜畅谈理想;关怀疾病,分享欢乐。点点滴滴的往事都化作刻骨的相思,一点相思,万种柔情,从记忆的深处如春蚕吐丝,绵绵不绝。

怪只怪梁山伯太不解风情,怪只怪祝英台没有把自己对梁山伯的情意,适时地告诉父母,在男大当婚,女大当嫁的情况下,父母答应了门当户对的马家求婚。既然有了婚约,便不能随意更改,当时是士族之风盛行,重门第,讲阀阅。祝、马两家都是由北方迁来的体面人家,祝家是不可能因照顾小女儿的情意而丢掉脸面的。

祝英台明白自己是深深爱着梁山伯的,她以为梁山伯并不爱她才答应马家求婚,现在梁山伯向她一吐衷肠,她可是肝肠寸断。人世事,几圆缺。婚约!婚约是不能废的,怎么办呢?痴情的女子用上了“拖延战术”,希望借时间来改变一切。主意既定,祝英台私下派人送信给梁山伯,希望他暂时隐忍一切,努力求取功名,以图借显赫的声名来扭转一切,并表示对梁山伯海枯石烂,此情不渝。

一年过去了,两年过去了,祝英台已经是年近二十岁的人了,过去十四岁出嫁的闺女多的是,十七八岁更是公认的适婚年龄,虽然马家一再催促,父母也心急如焚,祝英台就是不肯点头答应。甚至不惜以死相胁,终于得到双方家庭的允许,婚事等到祝英台过了二十岁生日再说。

果然,皇天不负苦心人,在爱情这一伟大动力的驱使下,梁山伯终于获取了功名,又恰好被皇帝任命为贸城县令,贸城就是今日的浙江宁波。宁波在甬江与姚江汇流的地方,距海约四十里,江水清澈深泓,无滩险淤沙,便于舟船航行,到了唐代,这里成为日本人入贡和贸易的要道。东晋的时候虽然还没有与海外来往,然而商衢繁荣,舟楫辐辏,已经颇具大商埠的气势了。梁山伯到任以后,忙着施政听讼,暂时还不便专注自己的私人事务,等到一切都就绪以后,衡情度理又不便贸然行事。贸城马家世代为官,宗族繁盛,梁山伯实在想不出什么充分的理由来横刀夺爱。因爱故生忧,因爱故生怖。忧心如焚,闷闷不乐的梁山伯终于一病不起,溘然而逝。就像是晴天霹雳,祝英台先是目瞪口呆,继而放声大哭,既哭梁郎的可怜,也哭自己的可悲,更哭梁郎的无能。这边是愁云惨雾,了无生趣;那边是催婚使者不断。祝英台的父母用尽了方法,一面好言相劝,一面苦苦哀求,祝英台万念俱灰,而且也再没有理由加以搪塞,于是心思一横,答应了择吉出嫁马家。梁山伯死后,他的亲友遵照他的遗愿将他葬在贸城西郊邵家渡山麓,意思是要一睹祝英台出嫁时喜船路过的风采。祝英台自然是为了情郎,非要在出嫁时经过邵家渡不可了,更提出要到昔日的同窗好友梁山伯的墓上去祭拜一番的要求。笃念旧谊,益见多情,双方家长自然也不便峻拒。

北方人结婚时，新郎骑马，新娘坐轿；南方人，特别在江南水乡，结婚时多乘舟船。祝英台的喜船经过邵家渡时，马家迎亲执事人等，原想顺风急驶，让船来不及靠岸就驶过邵家渡，如果要拜墓，等三朝过后与新郎双双前往也不为迟。谁料船至邵家渡时，忽然狂风大作，江面波涛汹涌，喜船连忙靠岸避风，祝英台也就从容上岸。前往梁山伯坟前祭拜。一声哀号，伤心欲绝，刹那间天摇地动，飞沙走石，白昼灰暝，就在迎亲和送亲的执事人员大惊失色时，忽见坟前裂开一条一尺多宽的隙缝，说时迟那时快，祝英台一跃而入。转瞬风停地平，一切恢复正常。

其实，祝英台在答应出嫁的时候，便抱定了以身殉情的决心，她想过投江、自缢，总觉得不及亲到梁山伯的坟前撞碑为佳，本来是打算祭拜以后，一头向墓碑上撞去以结束自己的生命，不料却天从人意，省去了许多周折。当时的人都认为是天意，连朝廷都啧啧称奇。如果仔细探究起来，那天大约是龙卷风加上地震凑巧与祝英台拜墓的事凑在一块而已。不管怎么说，这事确实很感人，宰相谢安奏请孝武帝，敕封该地为“义妇坟”，并立庙祀奉。

晋安帝时，国家多难，梁山伯又屡显灵异为国效劳，为地方消灾，于是被敕封为“忠义王”。后来邵家渡的山坡上，时有大蝶双飞翩翩，据说黄色的蝴蝶就是祝英台，而褐色的蝴蝶就是梁山伯。

被人称之为：“三生慧业，不耐浮尘，寄思无端，抑郁不释，韵淡疑仙，思幽近鬼。”“骚情古调，侠肠隽骨，隐隐奕奕，流露子豪楮间。”著名的清代大词人，相国公子纳兰容若写了一首题为《蝶恋花》的情词：“辛苦最怜天上月，一昔如环，昔昔都成玦。若似月轮终皎洁，不辞冰雪为卿热。”“无那尘缘容易绝。燕子依然，软踏帘钩说。唱罢秋坟愁未歇。春丛认取双栖蝶。”结语把永恒的爱情寄托在化蝶上，就是用祝英台与梁山伯的事迹来抒写胸中的块垒。

【今古佳话】至今宁波城西十五里的高桥乡，倚山面水的山坡上，尚有一座构筑精致的庙宇，门题：“敕封忠义王庙”，庙内即供奉着官服的梁山伯和穿新娘子衣服的祝英台，庙前有一段雕着大荷花的石板路，尽头有一座精巧的石拱桥，叫“夫妻桥”。庙右就是梁山伯与祝英台的坟。庙后有两人的寝殿，仿照卧室布置，宝帐绣榻，明镜香橱，榻前放有男女绣花拖鞋；橱中悬挂梁山伯的袍服冠带和祝英台的罗衣绣裙。庙前的楹联写着：“精忠不二昭千古，大义无双冠五洲。”

相传农历八月二十一日是祝英台殉情的日子，从一千六百多年前的东晋末年开始，直到现在，每年从八月初开始直到月底，四面八方的水陆香客，络绎不绝地前往忠义王庙进香，尤其是青年男女更是成群结队烧香许愿，并在墓地绕行一周。以符合长久以来的古老相传的一句俗谚：“若要夫妻同到老，梁祝坟上绕一绕。”宁波在宋代以后,成为对外通商的四大口岸之一,历代古迹甚多,如天童寺及霞屿寺等,而游人最多,名气最大的仍是忠义王庙。

49. 唐琬

【生平考略】唐琬,字蕙仙,生卒年月不详。陆游的表妹,陆游母舅唐诚的女儿,自幼文静灵秀,才华横溢。陆家曾以一只精美无比的家传凤钗作信物,与唐家定亲。陆游二十岁(绍兴十四)与唐婉结合。不料唐婉的才华横溢与陆游的亲密感情,引起了陆母的不满(女子无才便是德),后陆母认为唐婉把儿子的前程耽误殆尽,遂命陆游休了唐婉。陆游曾另筑别院安置唐婉,其母察觉后,命陆游另娶一位温顺本分的王氏女为妻。唐婉而后由家人做主嫁给了皇家后裔同郡士人赵士程。公元1155年(绍兴二十年),礼部会试失利后陆游到沈园去游玩,偶然遇见了唐琬,两个人都非常难过。陆游感伤地在墙上题了一首《钗头凤》(红酥手)词。1156年,唐婉再次来到沈园瞥见陆游的题词,不由感慨万千,于是和了一阙《钗头凤》(世情薄)。随后不久便抑郁而终。

【爱情挽歌】陆游和唐婉是表兄妹。陆游母亲的嫂子即是唐婉的母亲。陆游的母亲尚未出嫁的时候,在娘家与嫂子关系不和。由此,自然也不喜欢嫂子生的女儿。但是当时的风俗经常是亲上加亲,因而唐婉还是过了门。唐婉生得很漂亮,而且是当时有点小名气的才女,和陆游感情非常好。但是她在家庭中的行为可能属于比较开明的一类,时常令婆婆感到不敬。陆游的母亲虽然经常抱怨和训斥她,但也还是能够容忍的。但有件事情是她无法容忍的:唐婉婚后数年未育。她不愿意让儿子因为这个女人而绝了后。当时,生育是家族的大事。陆游母亲以这个理由提出要休唐婉,无论陆、唐两家的谁,都觉得提不出很多有力的理由来反对。最后,两人终究被迫离婚。

与唐婉离婚后,陆游依母亲的心意,另娶王氏为妻,唐琬也迫于父命嫁给同郡的赵士程。这一对年轻人的美满婚姻就这样被拆散了。

十年后的一个春天,陆游满怀忧郁的心情独自一人漫游山阴城沈家花园。正当他独坐独饮,借酒浇愁之时,突然意外地看见了唐琬及其改嫁后的丈夫赵士程。

尽管这时他已与唐琬分离多年,但是内心里对唐琬的感情并没有完全摆脱。他想到,过去唐琬是自己的爱妻,而今已属他人,好像禁宫中的杨柳,可望而不可及。想到这里,悲痛之情顿时涌上心头,他放下酒杯,正要抽身离去。不料这时唐琬征得赵士程的同意,给他送来一杯酒,陆游看到唐琬这一举动,体会到了她的深情,两行热泪凄然而下,一扬头喝下了唐琬送来的这杯苦酒。然后在粉墙之上奋笔题下《钗头凤》这首千古绝唱:红酥手,黄藤酒,满城春色宫墙柳。东风恶,欢情薄,一怀愁绪,几年离索。错!错!错!春如旧,人空瘦,泪痕红浥鲛绡透。桃花落,闲池阁,山盟虽在,锦书难托。莫!莫!莫!

沈园一会后,唐婉悲恸不已。回家后,反复玩味陆游的词,和了一首同样曲牌的词:世情薄,人情恶,雨送黄昏花易落。晓风干,泪痕残。欲笺心事,独语斜阑。难!难!难!人成各,今非昨,病魂常似秋千索。角声寒,夜阑珊。怕人寻问,咽泪装欢。瞒!瞒!瞒!

二人沈园重逢后不久,唐琬抑郁死去。在她死后将近60年里,陆游仍时常怀念她。

陆游75岁时,写有《沈园二首》:城上斜阳画角哀,沈园非复旧池台。伤心桥下春波绿,曾是惊鸿照影来。梦断香消四十年,沈园柳老不吹绵,此身行作稽山土,犹吊遗踪一泫然。

陆游死前一年又去了沈园,写了最后悼念唐琬的诗:沈家园里花如锦,半是当年识放翁,也信美人终作土,不堪幽梦太匆匆。

这种深挚无告、凄然而又令人慕然的爱情,真是爱情的千古绝唱。作为一个女人,能在死后那么多年仍然不断被爱人猝心悼念,真是一种莫大的幸福。

50. 董小宛

【生平考略】董小宛(1624—1651),本名董白,号青莲,名与字均因仰慕李白而起。金陵人(今江苏南京),歌妓,“秦淮八艳”之一,名隶南京教坊司乐籍。

董小宛聪明灵秀、神姿艳发、窈窕婵娟,为秦淮旧院第一流人物,又称“针神曲圣”,位列中国古代十大名厨。曾“自西湖远游于黄山白岳之间”。清代诗人、画家吴伟业题董白小像诗,对他游历黄山作了描述:“钿毂春浇斗画裙,卷帘都道不如君。白门移得丝丝柳,黄海归来步步云。”她性好清静,每到幽林远壑,就眷恋不舍,因厌弃喧闹奢靡,独居苏州半塘达六年之久。后冒辟疆慕名求见,由此开始了一段缠绵悱恻的爱情故事。

【患难真爱】董白出生在一个苏绣世家,生活原本美满幸福,不料天有不测风云,13岁那年,父亲在暑天患上了暴痢,药不奏效,不久便撒手人寰。这突如其来的变故,将董白母女打击得心神憔悴,料理完丈夫的后事,白氏不愿在城中的旧宅中继续住下去，于是花了一笔钱，在半塘河滨筑下了幽室，带着女儿隐居其中，过一种与世相隔的恬淡生活，绣庄的事则全委托伙计去掌管。

明朝末年，朝廷腐败，枭雄四起，天下陷入战乱之中。到了崇祯九年，乱象已迫近苏州，人们不由得惶惶不安，白氏也打算关闭绣庄的生意，收回资金以备随时逃难。谁知绣庄伙计一算账，不但没有银两剩余，反而在外面欠下了上千两银子的账。分明是伙计从中捣鬼，白氏又无法把握，又气又急，终于病倒在床。母亲倒下，绣庄破产，债务压头，生活的重担猛地压到了十五岁的董白身上。庞大的债务能拖则拖，母亲的医药费用却迫在眉睫。从小随母亲隐居世外的董白已养成一副孤高自傲的性格，哪里肯低三下四地向人借贷。一急之下使出下策，答应了别人的引荐，来到南京秦淮河畔的画舫中卖艺，改名小宛。

董小宛秀丽的容貌，超尘脱俗的气质使她很快就在秦淮河出了名。为生活所迫，她不得不屈意卖笑，但她那清高的脾气有时不免露了出来，得罪了一些庸俗的客人，然而却赢得了一些高洁之士的欣赏。董小宛孤芳自赏，自怜自爱，决不肯任凭客人摆布，如此一来，影响了鸨母的进账，鸨母自然对她冷嘲热讽。董小宛郁怒之下，一跺脚离开南京，回到了苏州。可家中母亲依然躺在病床上，离不开请医吃药，一些债主听说董小宛回了家，也纷纷上门催债。董小宛无力应付，只好重操旧业，索性将自己卖到半塘的妓院，卖笑、陪酒、陪客人出游。

在半塘，董小宛依然抱定不卖身的初衷，而为了生存，她不得不压抑住自己的那份清高，把一份毫无实际内容的媚笑卖给客人。倒是有一种客人，既有闲情、闲暇，又有足够的财力，便能带上个中意的青楼女游山逛水，享受自然风情。对陪客出游，董小宛是最有兴趣的，虽说那些能有此雅举的多是上了年纪的人，可那时董小宛醉心于山水之间，并不觉得白发雅士有可憎之处。在旖旎风光的衬托下，她也容易涌动柔情，而真心真意地给客人以娇媚娇笑。因此，她三番五次地受客人之邀，游太湖、登黄山、泛舟西湖，一去就是十天半月。就在董小宛离开秦淮河不久，却有一公子慕名到秦淮河去寻访她，那位公子就是冒辟疆。冒辟疆出身于官宦之家，虽无功名，却胸怀大志，富有正义感。天启年间，阉党魏忠贤阴谋弄权，惑乱朝纲，冒辟疆联合一批有志之士结社金陵，伸张正义，其中较有名的是“四公子”。“四公子”分别是陈贞慧、方密之、侯方域、冒辟疆，皆年少有才之士。无奈终因势弱力薄，不但未成气候，还惨遭阉党摧折，冒辟疆虽免于难，但前途深受影响，只好暂时寄情于山水声色之中。

这年秋天，29 岁的冒辟疆来南京参加乡试。说起乡试，冒辟疆已参加过三次，凭他的才学早该中举，可在应试作文中，本应循规蹈矩，就经解经，他却要联系时势，针砭政局，自然违背了主考官的要求，所以屡试屡败。此次应试他也并不打算改变自己的风格，只看能否遇上个有眼力的主考官，否则就任其落第。与冒辟疆抱着同样心情来应试的还有他的好友方密之，两人全不把考试放在心上，见考前有点空暇，便相约往秦淮河去散心。方密之早听人说起秦淮河来了个冰清玉洁的“冷美人”董小宛，在青楼女子中别树一帜，正合方密之等人的口味，因而与冒辟疆两人特意前往造访，不料董小宛却已赌气离开了秦淮河。后来乡试发榜，冒辟疆又一如既往地名落孙山。他没有失望，只是暗叹自己生不逢时，收拾了行装，便转往苏州闲游去了。在苏州，冒辟疆一边访胜探幽，一边打听董小宛的下落，得知她已在半塘待客，便又兴致勃勃地专程拜访。偏不凑巧，董小宛已受人之邀游太湖去了。之后又接连去了好几次，都无缘见到董小宛，直到准备离开苏州的前夕，没抱多大希望地来到半塘，却终于得以与她相晤。

果然与一般欢场女子大相径庭，此时虽醉意朦胧，娇弱不堪，却依然思路清晰，谈吐不俗，纵谈时局，颇有见地。怜惜伊人酒后神倦，冒辟疆坐了不到半个时辰就匆匆离去，就是这半个时辰的交谈，已使他对董小宛留下了深刻的印象。这时冒辟疆已出游日久，囊中羞涩，不得不按原计划离开苏州回家乡如皋去了，心里则暗藏着对小宛的眷恋。

经过几次曲折，第二次见到小宛，与上次一样，她也是斜卧床头，只是上次带着娇憨的笑容，这次却是满脸的凄怆。冒辟疆满怀同情地将她宽慰一番，并且说了自己几次寻访都吃了闭门羹的经过，董小宛露出一丝歉意和欣慰。见她病体虚弱，冒辟疆几次提出早早归去，董小宛却殷勤挽留，两人直谈到深夜才分手。

第二天一早，冒辟疆忍不住又雇舟来到小宛家，两人并没有约定，小宛却笑盈盈地站在门外相迎。一夜之间病竟好了大半，也似乎料定冒辟疆今天会来。董小宛将冒辟疆迎进了屋，奉上茶，小宛幽幽地自言自语道：“此番公子前来，妾身的病竟然不药而愈，看来与公子定有宿缘，万望公子不弃！”冒辟疆听了不甚欢喜，又怕对方是一时之兴。便探试道：“小生与姑娘交浅言少，姑娘难道不为此话后悔吗？”

董小宛心意坚定地说：“风尘打滚，阅人不少，如蒙公子不弃，妾身算是跟定公子了！”冒辟疆兴奋得一把搂住她，小宛则在他怀中嘤嘤地抽泣起来。

冒辟疆此行还需到南京参加乡试后再回家乡，他与董小宛约好，一等乡试结束，就马上返回苏州为她赎身，再相伴回到如皋。

不久乡试揭榜，冒辟疆再次落第。这时他已过而立之年，既然仕途难成，便索性打定主意归乡隐居，董小宛对他的决定由衷地赞同，她早就向往那种布衣素食、朝夕相依的平淡生活。什么夫贵妻荣,她早已看穿了那一套。

冒辟疆带着小宛回苏州赎身,不料又遇上了麻烦,因董小宛在半塘名气太大,不论出多少银子,鸨母都不想放走这棵摇钱树。就在他们一筹莫展之际,钱谦益偕同柳如是来游苏州。柳如是是董小宛当初卖笑秦淮河时的好姐妹,钱谦益也曾与她有过颇深的交情,他如今虽然免官闲居,但在江南一带名望甚高,经他出面调排,董小宛赎身之事迎刃而解。

这时已是崇祯十五年隆冬季节,冒辟疆与董小宛顶风冒雪赶往如皋。一路上,他们不愿意放弃观光赏景的好机会,走走停停,寻幽访胜,直到第二年初春才到达如皋的冒家。

冒家十分通情达理,顺利地接受了董小宛这位青楼出身的侍妾,因为他们相信冒辟疆的眼光。这时冒辟疆的父亲已从襄阳辞官归家,一家人欢聚一堂,共享天伦之乐。冒辟疆的原配妻子秦氏体弱多病,董小宛便毫无怨言地承担起理家主事的担子来,恭敬柔顺地侍奉公婆及大妇,悉心照料秦氏所生二男一女。冒家的全部账目出入全由她经手,她料理得清清楚楚,从不私瞒银两。小宛还烧得一手好菜,善做各种点心及腊味,使冒家老少大饱口福,在众人的交口称赞中,小宛得到了无限的满足。对丈夫,小宛更是关照得无微不至,冒辟疆闲居在家,潜心考证古籍,著书立说,小宛则在一旁送茶燃烛;有时也相帮着查考资料、抄写书稿;丈夫疲惫时,她则弹一曲古筝,消闲解闷。

宁静和谐的家庭生活刚刚过了一年,国家出现了战乱,李自成攻占北京,清兵入关南下,江南一带燃起熊熊战火。清军肆虐无忌,冒家险遭涂毒,幸亏逃避得快,才得以保住了全家的性命,然而家产却在战乱中丢失得一干二净。

战乱过后,冒家辗转回到劫后的家园,缺米少柴,日子变得十分艰难,多亏董小宛精打细算,才勉强维持着全家的生活。就在这节骨眼上,冒辟疆却病倒了,下痢兼疟疾,把他折磨得不成人形。疟疾发作寒热交作,再加上下痢腹痛,冒辟疆几乎没有一刻能得安宁。为照顾他,董小宛把一张破草席摊在床榻边作为自己的卧床,只要丈夫一有响动,马上起身察看,恶寒发颤时,她把丈夫紧紧抱在怀里;发热烦躁时,她又为他揭被擦澡;腹痛则为他揉摩;下痢就为他端盆解带,从没有厌倦神色。经过五个多月的折腾,冒辟疆的病情终于好转,而董小宛已是骨瘦如柴,仿佛也曾大病了一场。

日子刚刚安稳不久,冒辟疆又病了两次。一次是胃病下血,水米不进,董小宛在酷暑中熬药煎汤,紧伴枕边伺候了六十个昼夜;第二次是背上生疽,疼痛难忍,不能仰卧,董小宛就夜夜抱着丈夫,让他靠在自己身上安寝,自己则坐着睡了整整一百天。

艰难的生活中,饮食已是难饱,小宛的身体又十分虚弱,加上照顾辟疆连续几场大病,使得小宛身体顷刻间垮了下来,连续二十多天喝不进一口水。由于体质已极度亏虚,冒家多方请来名医诊治,终难奏效。顺治八年(公元1651年)正月初二,在冒辟疆痛彻心扉的哀哭声中,小宛仙逝,年仅28岁。临终之时,她手中紧握着冒辟疆镌有"比翼"、"连理"四字的那对金钏。冒家上下恍惚伤痛,葬之于如皋影梅庵。历代文人多有凭吊。

【小宛疑案】清道光以后有人妄言小宛当年未死,被洪承畴计取,送入皇宫,以博帝欢,得顺治宠爱,辟疆恐惧,谎称小宛已死,其实董鄂妃即董小宛,全属虚谈。董小宛死时28岁,顺治才14岁,小宛与辟疆崇尚气节,誓死不肯降清。小宛厌恶宫廷的奢侈生活,何况满汉又不通婚,小宛无入宫邀宠之理。顺治所钟爱的是栋鄂妃而非董鄂妃。栋鄂妃系武臣鄂硕之女,18岁入宫(而小宛19岁嫁辟疆)。栋鄂妃生得美慧异常,且端静温柔,宠冠后宫。顺治十三年八月册为贤妃,十二月晋为贵妃。顺治与她形影不离,赋诗作画,研究佛法。顺治十七年栋鄂妃的儿子不满百日夭折,她悲伤过度,不久也得病死去。顺治帝追封她为端敬皇后,罢朝五日,治丧立碑极为隆重。至于传说顺治因董小宛之死看破红尘到五台山出家更是谬传。

【小宛的诗】

《绿窗偶成》:病眼看花愁思深,幽窗独坐抚瑶琴。黄鹂亦似知人意,柳外时时弄好音。

九、英雄美人的悲情主角

51. 虞姬

【生平考略】虞姬（？—前202），秦末人。虞姬是西楚霸王项羽的爱姬，常随项羽出征。楚汉相争后期，项羽趋于败局，于公元前202年，被汉军围困垓下（今安徽省灵璧县南），兵少粮尽，夜闻四面楚歌，哀大势已去，面对虞姬，在营帐中酌酒悲歌。随侍在侧的虞姬，怆然拔剑起舞，并以歌和之，歌罢自刎，以断项羽后顾之私情，激项羽奋战之斗志，希冀胜利突围。虞姬如此大义凛然、忠于爱情，人民至今传颂不已。

【项虞奇恋】公元前209年，项羽帮助叔父项梁起义反秦，虞子期是项羽军中的一名战将，虞子期的妹妹虞姬不仅貌美，而且好武。她十分爱慕年轻勇猛的项羽，愿嫁给他为妾，随项羽出征。后来项梁战死，项羽升为上将军，经过巨鹿一战，项羽声名远播。不久项羽便进入关中，自立为西楚霸王，在连年的征战中，虞姬始终与项羽形影不离，两人感情甚笃。

公元前202年，汉王刘邦和项羽争夺天下，项羽被刘邦困在了垓下，刘邦手下有不少人会唱楚歌，项羽几番突围失败，兵孤粮尽，夜晚听到四面楚歌，以为楚地尽失，楚营里的将士们听见家乡的歌声，军心涣散，都纷纷逃跑了。楚霸王看见大势已去，心如刀绞，他什么也不留恋，只惦记着爱妾虞姬。两人饮酒帐中，不由悲伤地唱起了《垓下歌》："力拔山兮气盖世，时不利兮骓不逝。骓不逝兮可奈何，虞兮虞兮奈若何！"

虞姬凄然起舞，忍泪唱起《和垓下歌》："汉兵已略地，四方楚歌声。大王意气尽，贱妾何聊生！"

虞姬的这一首《和垓下歌》，既是历史上少见的绝命悲歌，也是爱情的悲歌，虞姬唱罢，拔剑自刎。项羽悲痛万分，在仓促间只好草草掩埋了虞姬，随即带着八百骑兵连夜突围而出，被汉军追至乌江，项羽在进退无路的情况下，也拔剑自刎了。

【虞姬与“霸王别姬”】“霸王别姬”的故事，反映的是虞姬和项羽感天动地的爱情，楚霸王英雄末路，虞姬自刎殉情。这悲情一瞬，已定格在中国文学的字里行间，定格在中国戏曲的舞台上，成为中国古典爱情中最经典、最荡气回肠的灿烂传奇。

虞姬死于四面楚歌声中，张爱玲在读中学时所写的《霸王别姬》里，却感叹：“啊，假如他成功了的话，她将得到些什么呢？她将得到一个贵人的封号，她将得到一个终身监禁的处分……他们会送给她一个‘端庄贵妃’或‘贤穆贵妃’的谥号……”就算楚霸王当了皇帝，她也不过是成千上万的贵妃中的一个而已。

虞姬早已消失在历史帷幕的深处。现代人，梅兰芳等艺术家，一直借题发挥，搬演《霸王别姬》，让她到台前且歌且舞，亦悲亦泣，把“幽恨”二字张扬到了美学的境界。虞姬形象如何，我们都不知道，但可以肯定的是，她至少拥有美貌、才艺与风情三大优势，这就让“力拔山兮气盖世”的大王像《金瓶梅》开篇里说的：“只因撞着虞姬……豪杰都休。”从历史和政治上来说，项羽是败军之将，刘邦是开国之勋。但从人格力量和美学角度看过去，项羽因了虞姬，因了在最后一搏的生死关头竟然对虞姬“泣数行下”，让后人觉得，这个儿女情长英雄气短的大将军更有人情味，更具个性光彩，比起刘邦来也就显得更真更善更美。

【故里考证】关于虞姬的故里有两种说法。

一说虞姬生于充满悠久文化的美丽江南名城绍兴，具体出生地是今绍兴县漓渚镇美女山脚下的塔石村，风光秀丽的美女山也是因此地出此奇女子而命名的。美女山比邻书法圣地兰亭和西施故里绍兴诸暨，因此此地出美女不足为奇。

一说虞姬为今沭阳县颜集乡人。该乡境内有虞姬沟蜿蜒半境，此沟因人得名，沟畔有胭脂井、霸王桥、九龙口、点将台、项宅等史迹。

【历史遗迹】明崇祯年间，颜集镇人民在颜集镇西首建立虞姬庙，以祭祀这位巾帼英烈。清乾隆年间，乡人吴九龄、叶祥麟等又为该庙建中殿、后殿，庙貌巍峨，正殿供奉虞姬戎装塑像，显示家乡人民对虞姬的高度崇敬之情。

清代著名文学家、诗人袁枚，曾任沭阳知县，离任43年后重游沭阳时，特地再到颜集乡凭吊虞姬，作有“过虞沟游虞姬庙”诗，并自注：“相传虞故沭人也。”其诗云：

为欠虞姬一首诗，白头重到古灵祠。
三军已散佳人在，六国空亡烈女谁？
死竟成神重桑梓，魂犹舞草湿胭脂。
座旁合塑乌骓像，好访君王月下骑。

民国期间，曾对虞姬庙进行修建。抗战期间，因兵燹失修而圮毁。

历史悠悠，千百年来，沭阳民间关于虞姬的传说佳话颇多；京剧中也有一出震人心弦的历史悲剧——《霸王别姬》。

【相关诗句】

《虞美人》

清·何溥

遗恨江东应未消，芳魂零落任风飘，
八千子弟同归汉，不负君恩是楚腰。

《虞姬》

林黛玉(《红楼梦》)

肠断乌骓夜啸风，虞兮幽恨对重瞳。
黥彭甘受他年醢，饮剑何如楚帐中。

此诗的大意是：夜闻乌骓马的嘶鸣，叫人肝肠寸断。虞姬在幽恨中直直地对着眼中有两个瞳子的项羽大将军。项羽部将黥布和彭越居然甘心后来被剁为肉酱而投降了刘邦，何如虞姬那样自刎于楚帐中而芳华百代？

52. 西施

【生平考略】西施，原名施夷光，春秋战国时期出生于浙江诸暨苎萝村。时越国称臣于吴国，越王勾践卧薪尝胆，谋复国。在国难当头之际，西施忍辱负重，以身许国，与郑旦一起由越王勾践献给吴王夫差，成为吴王最宠爱的妃子，把吴王迷惑得众叛亲离，无心于国事，为勾践的东山再起起了掩护作用，表现了一个爱国女子的高尚思想情操。后吴国终被勾践所灭。传说吴被灭后，西施与范蠡泛舟五湖，不知所终，一直受到后人的怀念。

西施与王昭君、貂蝉、杨玉环并称为中国古代四大美女，其中西施居首，是美的化身和代名词。

施夷光世居诸暨苎萝山(亦名罗山)下苎萝村(今诸暨市城南浣纱村)。苎萝有东西二村,夷光居西村,故名西施。其父卖柴,母浣纱,西施亦常浣纱于溪,故又称浣纱女。西施天生丽质,禀赋绝伦,相传连皱眉抚胸的病态,亦为邻女所仿,故有"东施效颦"的典故。越王勾践三年(公元前494年),夫差在夫椒(今江苏省吴县西南)击败越国,越王勾践退守会稽山(今浙江省绍兴南),受吴军围攻,被迫向吴国求和,勾践入吴为质。释归后,勾践针对"吴王淫而好色"的弱点,与范蠡设计策,"得诸暨罗山卖薪女西施、郑旦",准备送给吴王,越王宠爱的一宫女认为:"真正的美人必须具备三个条件,一是美貌,二是善歌舞,三是体态。"西施只具备了第一个条件,还缺乏其他两个条件。于是,花了三年时间,教以歌舞和步履、礼仪等。

西施发愤苦练,在悠扬的乐曲中,翩跹起舞,婀娜迷人。进而训练礼节,一位浣纱女成为修养有素的宫女,一举手,一投足,均显出体态美,待人接物,十分得体。然后,又给她制作华丽适体的宫装,方进献吴王。吴王夫差大喜,在姑苏建造春宵宫,筑大池,池中设青龙舟,日与西施戏于水,又为西施建造了表演歌舞和欢宴的馆娃阁、灵馆等,西施擅长跳"响屐舞",夫差又专门为她筑"响屐廊",用数以百计的大缸,上铺木板,西施穿木屐起舞,裙系小铃,放置起来,铃声和大缸的回响声,"铮铮嗒嗒"交织在一起,使夫差如醉如痴,沉湎女色,不理朝政,终于走向亡国丧身的道路。

【西施故里考证】说到西施故里,一般人都会说是诸暨,但事实上,真正的西施故里是在萧山临浦镇。古代,沿浦阳江有"上诸暨"和"下诸暨"之分,西施出生在下诸暨,下诸暨即浦阳江下游之地。秦时置诸暨县包括这两部分,西汉时把下诸暨单独置县,称"余暨",三国吴时改称"永兴",唐天宝元年正式改名为"萧山",一直沿用至今。西施的故里虽在今萧山县境内,但它属诸暨县故地,所以人们习惯上称西施为诸暨人。历史上临浦行政区划确实多变,自古以来,临浦镇归萧山和诸暨两地共同管辖。尤其是镇上山阴街,自古就有"山阴不收,会稽不管"之说。再如唐代著名诗人贺知章,当时籍贯越州(绍兴)永兴人,永兴即萧山。萧山解放以前一直隶属于绍兴,后改属杭州,现就有许多书籍说贺知章是杭州人了。从事实上讲贺知章是萧山人,当然也是杭州人。但从文化这个角度上说他是绍兴人更加合适。因此关于西施故里的考辨也就可以解释。西施是诸暨人,也是临浦人,只是当时的临浦属诸暨管辖。

【西施文化】西施有"沉鱼"之貌,相传西施在溪边浣纱时,水中的鱼儿被她的美丽吸引,看得发呆,都忘了游泳,以至沉入水底。所以后世用"沉鱼"来形容女子的美貌。沉鱼落雁闭月羞花，沉鱼为先。国色天香四大美女，西施居首。西施幼承浣纱之业，故世称“浣纱女”。

西施由越入吴的路线上，南自诸暨，北讫苏州，所在均有西施遗迹。诸暨苎萝山麓、浣纱江畔尚存浣纱石、浣纱亭、西施滩、西施坊，西施殿等古迹。

西施殿 后人为纪念这位忍辱负重，以身许国的绝代佳人，就在苎萝山下修建了西施殿。唐开成年间(836—840)著名诗人李商隐写下“西子寻遗殿，昭君觅故村”的诗句；稍后，女诗人鱼玄机又有《西施庙》诗。这些是目前能见到的关于西施殿的最早文字。明代，西子祠曾具相当规模，此后屡兴屡废。现在的西施殿位于浙江诸暨，1990 年落成，景区占地 5000 平方米，由门楼、西施殿、古越台、郑旦亭、碑廊、红粉池、沉鱼池、先贤阁等景点构成。西施殿景区在重修过程中还从民间征集了 12000 余件从老式民居上拆下来的古建筑构件，其中包括梁、柱、门、窗、牛腿、擎枋、斗拱、雀替等等，这些木、石构件雕刻精美，工艺水平高超，大大增强了西施殿的历史文化内涵和观赏价值，使它更具有了浓厚的地方特色。

浣纱溪 相传当年西施入吴时，由范蠡陪同，舟从越国会稽出发，顺西小江而行，过苎萝山来到这里。此时已近黄昏，西施望着夕阳西下的家乡，想着自己背井离乡，前往吴国，将委身于吴王，便泪流不止。范蠡深知西施的心情，于是决定在此停泊一宿。当时正值夏末秋初，江南天气依然炎热，俗称“秋老虎”。西施为了洁身自爽，欲留清白于此，便在两水交汇的潭中沐浴。从此，这里的潭、桥、路都贯上了“浴美施”三个字。浣纱溪东的苎萝山，主峰海拔 127 米，系会稽山余脉，乃越地之正宗。苍翠挺拔，别具风姿。山上有红粉石，据说手在石上一抹，会抹下些许红粉来。在苎萝山下，浣纱溪西岸，有西施庙，此庙原先是西施宅，南宋才改为西子祠。乡人祀西施为四十八村之土谷神，一直俗呼“(先施)娘娘庙”。庙坐西朝东，面对苎萝山，建筑规模现仍清晰可辨，有殿五楹，余屋三楹，演台一座。庙前有苎萝亭，临溪。亭前有小桥，具江南水乡的建筑风格。浣纱溪畔还有范蠡庵、起埠庙。范蠡庵乡人称日思庵，以范蠡在此访得西施，有功于越，乡人思之，故名。起埠庙又称后江庙，相传越灭吴后，西施与范蠡归越隐居，在此弃舟上岸，故称起埠庙。苎萝村附近还有施家渡，相传是当年西施回越都的下船处。现有施姓在此聚族而居，殆为西施所居村的施姓后裔。

附:西施咏

——王维

艳色天下重,西施宁久微?朝为越溪女,暮作吴宫妃。贱日岂殊众,贵来方悟稀。邀人傅脂粉,不自着罗衣。君宠益娇态,君怜无是非。当时浣纱伴,莫得同车归。持谢邻家子,效颦安可希?

53. 貂蝉

【生平考略】貂蝉,东汉末年人,姓任,小字红昌,中国古代四大美女之一。一说出生在山西省并州郡九原县木耳村,一说生于陕西米脂县,后被司徒王允收为义女。王允利用董、吕好色,遂使貂蝉施“连环计”,终于促使吕布杀了董卓。

关于貂蝉的出身,有野史这样交待:其人本姓霍,无名,山西人,与名将关羽为同乡。自幼人才出众,聪敏过人,因而被选入汉宫,任管理宫中头饰、冠冕的女官,故称‘貂蝉’官。因遭十常侍之乱,避难出宫,为司徒王允收留并认为义女,方才成就了离间董卓、吕布父子的壮举。关于貂蝉的结局,有评话这样叙述:吕布死后,貂蝉被曹操带回许昌,作为侍女留在丞相府中。关羽屯土山约三事暂时降曹之后,曹操为了笼络关羽之心,特赐美女十人,貂蝉便是其中一位。当关羽听到貂蝉报出姓名之后,感其胆识,捋髯称了一声“好”之后,闭目不言挥手令去。貂蝉听后,明白关羽全其名节之意,回房后遂自尽而亡。

古籍上虽没有确切的记载,但文学作品中多有描述,其他方面的记载,貂蝉姓杜,原为吕布部将秦宜禄之妻,他们还有一个儿子名叫秦朗,字元明,三国演义上出现过。三国志上也有记录,说她为汉末三国魏国重要人物之一。因为吕布行为不正,爱抢别人的妻子,貂蝉被迫嫁与吕布,其子秦朗也跟随吕布,吕布覆灭后,秦朗追随曹操,后深受曹操喜爱,被曹操认作干儿子。罗贯中的《三国演义》对貂蝉作了进一步的描写和刻画,影响颇大,民间传说尤为动人,成为家喻户晓、妇孺皆知的“人中杰”、“女中英”。

小说人物据学者孟繁仁先生考证:貂蝉,任姓,小字红昌,出生在并州郡九原县木耳村,15 岁被选入宫中,执掌朝臣戴的貂蝉(汉代侍从官员的帽饰)冠,从此更名为貂蝉。汉末宫廷风云骤起,貂蝉出宫被司徒王允收为义女。不久董卓专权。王允利用董、吕好色,遂使貂蝉施"连环计",终于促使吕布杀了董卓,立下功勋。之后,貂蝉为吕布之妾。白门楼吕布殒命,曹操重演"连环计"于桃园兄弟,遂赐予关羽。貂蝉为不祸及桃园兄弟,"引颈祈斩,"被关羽保护逃出,当了尼姑。曹操得知后抓捕貂蝉,貂蝉毅然扑剑身亡。

尽管貂蝉的命运传说纷纭,但貂蝉在演义中是位舍身报国的可敬女子,她为了挽救天下黎民,为了推翻权臣董卓的荒淫统治,受王允所托,上演了可歌可泣的连环计(连环美人计),周旋于两个男人之间,成功地离间了董卓和吕布,最终吕布将董卓杀死,结束了董卓专权的黑暗时期。

【连环美人计】貂蝉是东汉末年司徒王允的歌女,国色天香,有倾国倾城之貌,见东汉王朝被奸臣董卓所操纵,于月下焚香祷告上天,愿为主人担忧。王允眼看董卓将篡夺东汉王朝,设下连环计。王允先把貂蝉暗地里许给吕布,再明把貂蝉献给董卓。吕布英雄年少,董卓老奸巨猾。为了拉拢吕布,董卓收吕布为义子。二人都是好色之徒。从此以后,貂蝉周旋于此二人之间,送吕布于秋波,报董卓于妩媚。把二人撩拨得神魂颠倒。

吕布自董卓收貂蝉入府为姬之后,心怀不满。一日,吕布乘董卓上朝时,入董卓府探貂蝉,并邀凤仪亭相会,貂蝉见吕布,假意哭诉被董卓霸占之苦,吕布愤怒。这时董卓回府撞见,怒而抢过吕布的方天画戟,直刺吕布,吕布飞身逃走,从此两人互相猜忌,王允便说服吕布,铲除了董卓。

貂蝉是这部以男性为人物主体的《三国》之中,出场的少数几位女子中最为光彩夺目的女性形象。可以这样说,正是由于貂蝉的出现,才有了王司徒巧施连环计的佳话,才有了吕奉先大闹凤仪亭的风波,才有了凶横无忌权倾一时的董卓宫门前的被戮,才有了儿女情长武功盖世吕布的门楼上的殒命。貂蝉形象存在的意义就在于,在这个清一色男人争霸的世界里,成功地显示出了一个绝色女子的胆量与智慧,正是这种非凡胆量的展示与高度智慧的运用,加速了汉末军阀战乱时代的结束,促成了一代雄才曹操、刘备、孙权等人的崛起,从而使已经风雨飘摇的汉室江山得以继续延续。

【貂蝉故里传闻】传说认为貂蝉故里在忻州市东南三公里的木芝村,位于从太原或忻州去禹王洞的途中。木芝村原盛产木耳,故名木耳村,后因村中槐树下发现一株千年灵芝,遂改名叫木芝村。村中传闻,早在貂蝉出生前三年,村里的桃杏就不开花了,至今桃杏树依然难以成活,是说貂蝉有羞花之貌的缘故。村中原有过街牌楼、前殿、后殿、王允街、貂蝉戏台和貂蝉墓。时过境迁,这些建筑都成了废墟,墓冢在浩劫中又夷为平地。遗址中常有古代砖、石构件、铜币、陶瓷残件出土，据说都与貂蝉有关。现在旅游景点叫貂蝉陵园，是近年乡民在墓地原址上复原筑砌的。陵园位于村之西南，占地面积4000余平方米，四周围是红底黄瓦波浪式龙形围墙，在麦海茫茫中，光艳夺目。门檐上悬“貂蝉陵园”横匾，两侧有“闭月羞花堪为中国骄傲；忍辱步险实令须眉仰止”金文机联。陵区北院内建拜月亭和凤仪亭，后部建青石墓台，台前有貂蝉像碑，在飘带动态下，貂蝉步履闲雅，婀娜多姿，犹有“闭月羞花”之貌。南院建仿古建筑20间，辟为“貂蝉彩塑馆”，反映貂蝉“不惜万金躯，何惧险象生”惊天动地的一生。乡民传说，桃园三兄弟得势后，便把貂蝉送回故里，老死后就埋在这里。又说貂蝉扑剑自戕，关羽得知后将遗体护送回故乡安葬。所以后殿有关羽像，殿前有表示貂蝉演戏的戏台，都是报答关羽拒杀和护送之恩。另在定襄县东南的中霍村是吕布故里，有“霍清泉”、“智擒赤兔马”、“歪脖子树”等民间传说，都与吕布有关。所以民谚有“忻州没好女，定襄没好男”，是说因为有貂蝉和吕布之故，从此，忻州再也生不出好看的女人，定襄也生不出帅气的男人了。

附：貂蝉赋·满雪莹

吕布小儿董老贼，知其二人情生瑕。
司徒略微施手段，貂蝉便许两人家。
美人为计凝眉愁，思前想后无心休。
一心思报王公恩，无意为国雪恨仇。
高贵典雅应为貂，歌声婉约当属蝉。
貂蝉之貌使月闭，不知王公情何堪？
董卓身边装娇媚，吕布面前双泪流。
挑拨离间堪称首，心之坚韧可比铢。
万绿丛中一点红，女中豪杰大丈夫。
鱼死网破凤仪亭，泣不成声言已蛸。
董卓试问下嫁否？貂蝉假意欲自刎。
一位美人真心待，哪知义子下手狠。
奉先为女不听劝，公台无奈不再言。
白门楼前似无谓，只怨不纳陈宫谏。
娇儿从此无依靠，依栏回首面似笑。
心神缜密无人爱，可怜佳人多俊俏。

偶遇战乱误入蜀，心惊胆颤躲无处。
一代武圣关云长，小女之心有归属。
莺歌思享关公眸，娇嗔欲夺云长目。
终到金玉姻缘时，不知自己将入墓。
刀影不慎落倩影，身首异处可悲叹。
无双美女此下场，只因当时影落单。
七夕佳节情人聚，不知貂蝉魂何居。
我怨苍天多无情，宁可随风伴蝉去！

54. 二乔

【生平考略】二乔，三国时安徽庐江郡人，乔玄之女。两人是三国时期一对姐妹花，以美貌和才情名动当时，大乔为孙策妻子，小乔为周瑜妻子。杜牧的《赤壁》和苏轼的《赤壁怀古》中都提到过她们：

遥想公瑾当年，小乔初嫁了，雄姿英发。

——苏东坡

折戟沉沙铁未销，自将磨洗认前朝；东风不与周郎便，铜雀春深锁二乔。

——杜牧

这是围绕三国时的英雄和美女所作的诗篇。这里说的英雄是孙策和周瑜，美女是大乔和小乔。二乔的姓本作“桥”，至于她俩的芳名，史书失载，只好以“大乔”、“小乔”来区别。二乔长得很美，有倾国之色，顾盼生姿，明艳照人，堪称绝代佳丽。

【联姻故事】当时天下大乱，曹操正“挟天子以令诸侯”，是实际的当权派。汉献帝在许昌自己都朝不保夕，早已顾及不到他的臣子们了。妻子去世后，乔玄本来不想继续为官，正好趁这个机会辞掉官职，离开了许昌。乔玄带着两个女儿回到了他的故乡皖城东郊。他的想法是隐居乡下，颐养天年，从此不问政事。乔家两个女儿原来大门不出，二门不迈，现在二位小姐惊人的美貌却在一路上有机会得以展现，看到二乔，人们都说看见仙女了。这话就悄悄传扬开来，甚至连远在洛阳的曹操和曹植父子都听说了江东二乔的美名。

孙策是当时远近闻名的“虎将”，被封为吴侯。周瑜也是当世英雄，且容貌俊秀,精于音律,至今还流传着“曲有误,周郎顾”的民谚。

东汉建安四年,孙策从袁术那里得到三千兵马,回江东恢复祖业,在周瑜的协助下,一举攻克皖城。而乔公和他的两位国色天香的女儿当时正住在皖城东郊。孙策慕名前来求亲,周瑜和他一道前来。

大乔、小乔都美若天仙,常常让人分不清,孙策和周瑜也一样。还是孙策开了口:“公瑾,你我自小一起长大,情同手足。我比你大几天,干脆这样,我娶大乔,你娶小乔。”周瑜欣然同意。乔公看到这两位将军少年了得,战功赫赫,也有意把自己的这对姊妹花嫁给二人。于是,便有了孙策纳大乔、周瑜娶小乔的韵事。孙策还得意非凡地调侃周瑜这位连襟,说:“乔公二女虽然光彩照人,不过,得到我们两个人做女婿,也算快慰了吧!”

孙策、周瑜得到二乔是在建安四年(公元 199 年)攻取皖城之后,当时,孙、周二人都是 25 岁。孙策、周瑜对能娶到二乔为妻感到非常满意。从二乔方面来说,一对姐妹花,同时嫁给两个天下英杰,一个是雄略过人、威震江东的“孙郎”,一个是风流倜傥、文武双全的“周郎”,按照传统看法,堪称郎才女貌,美满姻缘了。

然而,二乔是否真的很幸福呢?史书上没有说。不过,从有关资料分析,至少可以肯定,大乔的命是很苦的。她嫁给孙策之后,孙策忙于开基创业,东征西讨,席不暇暖,夫妻相聚之时甚少。仅仅过了一年,孙策就被前吴郡太守许贡的家客刺成重伤。孙策生命垂危,回到吴国,使人寻请华佗医治。不料华佗已往中原去了,只有徒弟在吴国。徒弟说:“箭头有药,毒已入骨,其疮难治。”可怜孙策没有死在激烈的战场上,却死在一个穷途末路的人手中,年仅 26 岁。

大乔和小乔闻讯一起赶来,孙策先望着妻子,再看看小姨子。有人说,孙策每当跟妻子在一起的时候,觉得他是爱大乔的,但每次看见了小乔,他又觉得自从第一眼见到小乔,他便一直在爱着小乔。这种感觉在他临死前分外强烈,到最后的一刻他还是没有弄清楚。他在临终前拉住小乔的手,对小乔说:“请妹妹转告周郎,尽心辅佐吾弟,休负我平日相知之雅。”

孙策死时,周瑜守御巴丘,得到快报,星夜赶回奔丧。吴太夫人领着二乔和孙权出来,当面将孙权托付给周瑜。周瑜望着大乔,回想孙策的知己之恩,十分同情她的悲伤与哀痛。

当时,大乔充其量 20 出头,青春守寡,身边只有襁褓中的儿子孙绍,真是何其凄惶!从此以后,她只有朝朝啼痕,夜夜孤衾,含辛茹苦,抚育遗孤。岁月悠悠,红颜暗消,一代佳人,竟不知何时凋零!

传闻曹操虎视江南,其实也为二乔。曹操发誓说:“一愿扫平四海,以成帝业；二愿得江东二乔，置之铜雀台，以乐晚年，虽死无憾！”于是都督周瑜主战，看似为了保住二乔。其实，这些政治家不一定是单单为了两个女人。

小乔的处境比姐姐好一些，她与周瑜琴瑟相谐，恩爱相处了 11 年。在这 11 年中，周瑜作为东吴的统兵大将，江夏击黄祖，赤壁破曹操，功勋赫赫，名扬天下。可惜年寿不永，在准备攻取益州时病死于巴丘。周瑜死的时候，小乔并不在他身边。周瑜的遗体运回来的时候，太阳即将落山。小乔素服举哀，她没有看见丈夫的脸，只看到了金棺在夕阳下闪烁，映出晚霞的光芒，却慢慢黯然失色。一代名将，才 36 岁，竟然就这样死去了。

当时，小乔不过 30 岁，乍失佳偶，其悲苦也可以想见。周瑜留下二子一女，是否皆为小乔所生，史无明文，但按照封建宗法制度，她终归是这二子一女的嫡母。由于周瑜的特殊功勋，孙权待其后人也特别优厚：其女嫁给孙权的太子孙登，若不是孙登死得早了一点（亡年 33 岁），当皇后是没有问题的；长子周循，取了当朝公主，拜骑都尉，颇有周瑜弘雅潇洒的遗风，可惜“早殇”；次子周胤，亦娶宗室之女，后封都乡侯，但因“酗淫自恣”，屡次得罪，废爵迁徙，不过最终仍被孙权赦免。

十、叱咤风云的巾帼英杰

55. 妇好

【生平考略】妇好，生卒年月不详。是商王武丁60多位妻子中的一位，生活于公元前12世纪前半叶武丁重整商王朝时期，是我国最早的女政治家和军事家，也是中国历史上第一位有据可查的女英雄。

在现存于世的甲骨文献中，“妇好”的名字频频出现，仅在安阳殷墟YH127甲骨穴中出土的一万余片甲骨中，她就出现过两百多次！而且武丁在这些占卜中向上天祈告的内容，包括妇好的各个生活侧面：征战、生育、疾病，甚至包括她去世后的状况如何。足见武丁对妇好用心之深。

妇好并不姓妇，她的父姓是一个亚形中画兕形的标志，当她嫁给武丁成为王妻之后，武丁给了她相当丰厚的封土和士民，在她的封地上，她得到了“好”的氏名，尊称为“妇好”，或者“后妇好”。

妇好的庙号为“辛”，商王朝的后人们尊称她为“母辛”、“妣辛”，“后母辛”。

武丁是商王朝的第二十三位国王，也是第二十位王盘庚的侄儿。盘庚继位时，商王朝已经出现了内乱外患并举的迹象，盘庚为了摆脱困境，将商王朝的都城迁往北蒙（即今河南安阳）。

盘庚完成迁殷的壮举之后若干年，商王朝的中兴之王武丁接过了王杖。武丁是个个性非常强、也非常富于情感和壮志的君主。妇好就是武丁的第一位王后。她嫁给武丁之前的身份，应该是商王国下属或周边部落的母系部族首领或公主，有着非同一般的出身和见识。

【主要功绩】商朝的武功以商高宗武丁时代最盛。武丁通过一连串战争将商朝的版图扩大了数倍，而为武丁带兵东征西讨的大将就是他的王后妇好。甲骨文记载，有一年夏天，北方边境发生战争，双方相持不下，妇好自告奋勇，要求率兵前往，武丁犹豫不决，占卜后才决定派妇好起兵，结果大胜。此后，武丁让她担任统帅，从此她东征西讨，打败了周围二十多个方国（独立的小国）。

妇好不但能带兵打仗，还是国家的主要祭司。商朝把祭祀和军事，视为国家的两件大事，所谓"国之大事，在祀与戎"。由于妇好有较高的文化修养，商王武丁经常令她主持祭祀，育读祭文，并被任命为卜官，刻写卜辞。在保存下来的甲骨文中，有些是出于妇好的手刻，她是名副其实的神职人员、最高祭司。她通过主持祭祀，参与朝中的政治活动，成为一位女政治家。

妇好还是一位军事家，她多次带兵出征，立下赫赫战功。妇好为武丁和商王朝立下的最伟大战功之一，就是率领一万三千人的大军，征讨西北的内蒙古、河套一带的敌军之战。这是一场自卫战，在妇好出战之前，商王朝困于西北边境的战乱骚扰已多年，始终不能胜利，而妇好一役毕全功，取得了最后也是最强大的胜利，并且得到了敌人的归附。这场战争对于殷商王朝乃至于整个中华历史，都具有伟大的划时代意义。

此外，妇好还多次受武丁派遣带兵打仗，北讨土方族，东南攻伐夷国，西南打败巴军，为商王朝拓展疆土立下汗马功劳。

【妇好的去世及影响】妇好33岁就死去了。虽然相对于那个时代，她的享年已经不短，但是相对于她享国长达五十九年的丈夫武丁，却太短暂了。

妇好的去世原因，从已经翻译过来的甲骨来看，有如下几种说法：

其一，在甲骨卜辞上，有这样的记载：妇好要分娩了，不好。三旬又一日，甲寅日分娩，一定不好。女孩。

妇好是因为难产而去世的吗？

其二，还有一块甲骨上的记载则是：出贞……王……于母辛……百宰……血。又忍不住让人揣测，妇好是因为战事而亡，至少也是战伤复发而逝，——那年头的战争，其实就是大规模的械斗，想要不负伤，恐怕不可能。所以武丁才为她复仇而战。

从历史记载可以发现，妇好去世多年之后，武丁仍然对她念念不忘。每当国家有战事，武丁都要亲率子孙大臣，为妇好举行大规模的祭礼，请她的在天之灵保佑自己能够旗开得胜。这也反映出妇好生前的名字，确足以威慑敌人。妇好死后，有独葬的巨大墓穴，而且享受独祭的隆礼，这在商朝也是少见的。

1976年在河南安阳殷墟发现的"妇好墓"，使这位湮灭三千多年的女政治家和军事家的事迹，重见天日，考古学家和历史学家，认为应该给予这位古代的杰出妇女以应有的历史地位。

【妇好墓】1976年由殷商考古专家郑振香、陈志达二位先生主持发掘的“妇好墓”，被列为当年全国十大考古成果的前列。“妇好墓”位于丙组基址西南，是1928年以来殷墟宫殿宗庙区最重要的考古发现之一，也是殷墟科学发掘以来发现的唯一保存完整的商代王室成员墓葬。该墓南北长5.6米，东西宽4米，深7.5米，墓上建有被甲骨卜辞称为“母辛宗”的享堂。

妇好享堂(母辛宗)

妇好享堂、母辛宗，即是妇好死后，国王武丁为祭祀妇好，在其墓圹上所修建的宗庙建筑。妇好庙号“辛”，其墓上的享堂，卜辞称“母辛宗”。这座建筑就是对母辛宗遗迹的科学复原。

妇好汉白玉雕像

尊立于妇好享堂前的汉白玉妇好雕像，是根据有关资料雕塑的。雕像中妇好目光炯炯，不怒而威，披坚执锐，威风凛凛，显示了华夏最早的巾帼女将的英姿和风采。她手持的这件龙纹大铜钺，是其生前曾使用过的武器，重8.5公斤。另一件虎纹铜钺重9公斤。妇好使用如此重的兵器，可见武艺超群，力大过人。

琳琅满目的随葬品

妇好墓虽然墓室不大，但保存完好，随葬品极为丰富，共出土不同质料的随葬品1928件，有青铜器、玉器，宝石器、象牙器、骨器、蚌器等，最能体现殷墟文化发展水平的是青铜器和玉器。青铜器共468件，墓内的铜器群不仅是精美的艺术品，而且是商王朝礼制的体现。墓内出土玉器多件，绝大部分完整或稍残缺，以新疆玉为主。新疆玉在殷墟的发现具有重要意义。

妇好墓发现的意义

妇好墓属殷墟早期，与武丁时代相合。其重要性在于该墓保存得好，年代与墓主身份清楚，是商王朝晚期的一座王后墓。20世纪30年代在侯家庄一带的王陵区内发掘的大墓均遭古今盗掘，因此对商代王室墓的全貌知之甚少。妇好墓的发掘在某种程度上弥补了这一缺憾。墓内所出的铜礼群和武器，以及大量玉石器等，大体上反映了武丁前后商王朝礼器群的类别和组合，是研究商代礼制的重要资料。大型青铜礼器、武器和大量的玉器、象牙器也显示了商王朝的兴旺和手工业的发展水平。商文化是经过长期的发展所形成的，从玉器可以看出在发展过程中吸收了新石器时代某些文化的先进因素，如红山文化的玉龙、“猪龙”，良渚文化的琮、璧等，并不断发展和创新，丰富了商文化的内涵，为祖国的文化增添了光彩。

56. 荀灌娘

【生平考略】荀灌娘，生于晋惠帝元康元年，从小不喜欢读书写字，更与针织女红无缘，却偏爱舞枪弄剑，打拳踢腿，小小的女孩儿家，比男孩子还要狂飙骠顽。她的父母无可奈何，索性顺其天性发展，并聘请名师授武艺。荀灌娘十岁以后已能骑马张弓，一根小银枪更是挥舞得出神入化，俨然就是个小女侠的模样。“荀灌娘单骑闯重围”在民间传为佳话。

【荀灌娘单骑闯重围】荀灌娘的父亲是被誉为“履孝居忠，无惭往烈”的荀崧，他世袭侯爵，曾任襄阳太守，继擢平南将军，坐镇宛城，都督江北诸军事，后封曲陵公。

荀崧由襄阳太守调升平南将军，是在晋愍帝建兴元年，当时驻节宛城，也就是今天的河南南阳。南阳是一片平原地区，荀灌娘整天驰骋在广漠的原野上，射飞鸟，猎狐兔，常常满载而归。城里城外只要一看到一骑骏马奔驰而过，大家就都知道这是荀灌娘。此时她论枪如游龙飞虎，论箭已能百步穿杨，父母爱如掌上明珠，满城军民更是交相赞誉。而此时的荀灌娘实际上只有13岁。

就在这年，春耕刚过，几万贼兵在匪首杜曾带领下由西域流窜到宛城。当时宛城守军仅有千人，又在青黄不接的时候，贮存的粮草十分有限，势难长期固守，情况非常危急。

匪首杜曾原本也是官宦子弟，为奸人构陷而全家遭难，杜曾含冤莫白，竟至铤而走险。初意是为父报仇雪恨，后来却因招募的匪徒成分复杂，渐成骑虎难下之势，骚扰州县，奸淫掳掠，所过之处，庐舍为虚。朝廷连番围剿。于是流窜宛城，想取得这个富庶的地区作为根据地，休养整备，再图大举。

荀崧自忖城中兵力薄弱，守御尚且不足，更不可能轻言出击，然而长此困守，待至矢尽粮绝又当如何呢？想来想去，唯一可行的办法，就是派遣一个智勇双全的人突围出城，驰往临近的襄阳求救。因为襄阳太守石览，是荀崧的旧部，这时他驻守襄阳，兵强粮足，雄视一方，只要能发兵前来，必可解救宛城之围。荀崧把自己的计划向文武官员宣示以后，大家虽然十分赞同，但却没有一人愿意担任突围求救的任务。

荀崧感叹不已。正在一筹莫展的时候，蓦然间荀灌娘由屏风后转出，朗声说道：“女儿愿往襄阳投书请援！”荀崧大惊，加以拒绝：“满庭文武都不敢担此重任，你一个小小女孩子，如何能够突出重围，又如何能够抵挡贼兵的追杀！”不料荀灌娘却答道："女儿虽然幼小，但却习得一身武艺，乘敌不备，出其不意，必可突围而出。与其坐以待毙，何不冒险一行。倘能如愿，不仅可以保全城池，也可拯救黎民百姓的生命财产；如果不幸为贼兵所阻，顶多也不过是一死而已，同是一死，何不死里求生，冒险一行呢！"

荀崧考虑良久又作了一番研究与安排，终于同意了女儿的请求，于是选派了壮士十余人，组织了一支闪电突击队，借着浓浓的夜色作掩护，一涌而出，向襄阳城飞奔而去。马快情急，穿垒而过，贼兵措手不及，眼睁睁地看着一队人马消失在黑暗的远方。

一路奔波，第三天的午后抵达襄阳。襄阳太守石览看到老上司的求救信，又听到荀灌娘的慷慨陈词，对一个13岁的女孩子甘冒矢石、突出千军万马包围的精神和胆识大为感动。当即发兵，而且还修书一封让人连夜飞驰送给荆州太守周仿，请他协同出兵解救宛城之围。大军赶到，如火如荼的战斗展开，荀灌娘挥舞银枪左冲右突，大获全胜。

一个13岁的小女子，竟能力排众议，突出重围，以其勇毅与纯诚，搬来大军救援；又以奋不顾身的胆识与豪气，连番击杀贼将，获得辉煌的胜利。宛城千千万万的军民赖以保全，整个国家也深受其利，荀灌娘能够名垂千古，实非偶然幸致。荀灌娘好像一颗耀眼的金星，又像是昙花一现般地做了一件轰轰烈烈的壮举，正史上没有提及她尔后的一切，稗官野史中也找不到一点儿蛛丝马迹，甚奇。

57. 花木兰

【生平考略】花木兰，河南虞城人，生于南北朝时期，突力子侵犯北魏边疆，地保持军帖命花弧应征入伍。花木兰想到父亲年老多病，决意女扮男装，以弟弟的名字，代父从军。从军十二年后，花木兰将自己女扮男装替父从军报效祖国的经过禀告贺元帅。元帅听后大为赞赏，称她为巾帼英雄。从此，花木兰留在家园，孝敬父母，她的英雄故事，万世流芳。

【主要事迹】隋恭帝义宁年间，突厥犯边，木兰女扮男装，代父从军，征战疆场一十二载，屡建功勋，无人发现她是女子，回朝后，封为尚书。唐代追封为"孝烈将军"，设祠纪念。

花木兰的事迹流传至今，主要应归功于《木兰辞》这一方民歌的绝唱，是这篇长篇叙事诗歌颂了花木兰女扮男装替父从军的传奇故事。

【历史影响】花木兰的故事是一支英雄的歌,悲壮的诗。《木兰辞》被列入中小学课本,被千千万万的青年学生所诵颂。多年来,木兰的事迹和形象被搬上舞台,《木兰从军》长演不衰。她的精神激励着成千上万的中华儿女在保卫国家的战斗中做出了惊天动地的壮举。人们为了纪念她,在虞城县内还建有木兰中学、木兰火车站、木兰宾馆、花木兰度假村、花木兰产业集团、花木兰民兵连。商丘市还组建有花木兰武术协会、花木兰盘鼓队、花木兰舞龙队。每年的四月初八,木兰的生日,人们前来祭祀,人山人海,庙会盛大。现在,巾帼英雄花木兰的名字不但在我国家喻户晓,而且由于美国迪斯尼公司耗巨资制作的卡通片《花木兰》的巨大影响,她的美名已传遍了全球。美国新闻媒体赋诗称赞:“古有神州花木兰,替父从军英名响;今有卡通‘洋木兰’,融中贯西四海扬”。

【故里考证】木兰故里说法不一,下面是四种说法:

一、木兰故里在虞城,有花木兰祠为证。在京九铁路线上,有个虞城木兰站,不远处即为花木兰祠,是隋朝木兰故居所在地。祠始建于唐代,占地面积72000平方米,自南而北依次有大门、大殿、献殿、后楼和各院落,共有百余间。大门过道内,塑有花木兰的高大战马;大殿内,塑有花木兰戎装出征像和两侧侍卫;后楼塑有花木兰少女像、全家合欢像;祠殿内外,有历代官吏、名人赞美花木兰的撰文、题诗、书画等碑刻十余通。如唐代杜牧诗:“弯弓征战作男儿,梦里曾经与画眉。几度思归还把酒,佛云堆上祝明妃。”可惜,原祠毁于1943年一场战火。近年重修,尚有清代祠碑保存完好。

二、木兰家在亳州,至今遗址尚存。《亳州志烈女志》载:木兰,魏姓,西汉谯城东魏村人(今亳州魏园村)。魏园村为淮北一普通村落,高约5米的木兰出征塑像,为故里平添无限光彩。村民指其村后即木兰故居,墓冢犹存。墓周苍松环护,翠竹成林,春来芍花飘香,蔚为壮观。《光绪亳州志》载:木兰祠在关外,相传祠左右即木兰之家。今祠已毁,遗址尚在。

三、木兰为黄陂人氏,木兰山下是其家。木兰山在黄陂城北30公里处,山高600余米,峰峦耸翠,风景秀丽,古迹甚多。传说当地有朱氏名木兰,女扮男装,代父从军,立功封为木兰将军。她不受朝禄,解甲归田,恢复红装,侍亲以终。历代在山上祭祀木兰,唐建木兰庙,明建木兰宫,后修木兰殿。现木兰殿在绝壁之上,朱柱青瓦,殿门额刻“忠孝勇节”四个大字。殿内端坐木兰鎏金塑像,男装女貌,英俊神武。两侧山墙,有“登山求嗣”、“河畔习武”、“代父出征”、“凯旋归时”等木兰故事的彩色壁画,栩栩如生。

四、木兰葬于延安,圣地有胜迹。木兰家住延安城南花山乡花塬头村,为花姓,北魏人。死后葬于村旁山上,称“花家陵”。皇帝还派人送葬,墓下有石阶,两旁分列石人、石马、石狮、石羊。1984 年,在延安万花山修复了木兰陵园。该园雕梁画栋,典雅壮观,依山建有墓冢,石碑上刻有舒同所书的“木兰诗”、“花将军墓”,以及白居易、杜牧等著名诗人歌颂花木兰的诗词。园内遍植木兰喜爱的牡丹花,塑有木兰戎装石像,跃马横剑,逼真再现了木兰当年的飒爽英姿。

史家关于木兰记载甚少,木兰究竟魂归何处,如云彩一般飘忽难定,以至传说众多。

【木兰祠】木兰祠始建于唐代,金代泰和年间(公元 1201 ~ 1208 年),敦武校尉归德府谷熟县营郭镇酒都监乌林答撒忽剌又重修大殿、献殿各三间,并创塑了花木兰像。至元代元统二年(公元 1334 年),睢阳府尹梁思温倡议,募捐二千五百贯,重修扩建。清嘉庆十一年(公元 1807 年),由该祠僧人坚让、坚科和其徒田何、田桢、田松等,又募资修祠立碑。由于历代重修,祠宇占地面积一万平方米,祠地四百余亩,住僧人十余人。

1943 年毁于战火。现幸存祠碑两通。一是元代《孝烈将军像辨正记》碑,立于该祠大门内东侧。碑为青石,通高 3.6 米,宽 1 米,碑首前后皆为深浮雕的二龙云里戏珠,布局对称,造型大方。篆字题名《孝烈将军祠像辨正记》,碑四边刻有图案,上边用夸张浪漫的手法,刻有二龙戏珠,龙头大而逼真,龙身简而细小,穿入流云,生动美妙。两边阴刻牡丹花纹,线条活泼流畅,古朴而不俗。碑文正书 31 行,满 68 字,其刻书精美,苍劲有力。龟座高 0.7 米,龟形伸头直尾,四肢半曲,似起似卧,栩栩如生。碑文下款:元朝元统二年,祖居归德汤德立石,侯有造撰文,曹州李克均、李英刻石。此碑经专家鉴定,确属元代石刻真品。1982 年,由省文局拨款,又重修碑楼,顶为轿形,尖顶四脊,合瓦挑角,17 层封檐,前后园门,古朴典雅,碑楼四周砌有围墙。另一通是清朝《孝烈将军辨误正名记》碑,立于该祠大门外西侧。通高 2.14 米,宽 0.78 米,方座,碑额刻有深浮雕盘龙,篆字题名,碑文正书,归德府商丘县庠生孟毓谦撰文,归德府商丘县邑大学生孟毓鹤书丹,芒山石工张握玉刻石。1993 年,虞城县举办了中国第一届木兰文化节。我国著名的历史学家聚集在商丘,一起分析了《木兰辞》内容和尚存的元碑记载,一致认为,花木兰的故乡在虞城,已确凿无疑。

附《木兰辞》

唧唧复唧唧,木兰当户织,不闻机杼声,惟闻女叹息。问女何所思,问女何所忆,女亦无所思,女亦无所忆。昨夜见军帖,可汗大点兵。军书十二卷,卷卷有爷名,阿爷无大儿,木兰无长兄,愿为市鞍马,从此替爷征。

东市买骏马，西市买鞍鞯，南市买辔头，北市买长鞭。朝辞爷娘去，暮至黄河边。不闻爷娘唤女声，但闻黄河流水鸣溅溅。旦辞黄河去，暮宿黑山头。不闻爷娘唤女声，但闻燕山胡骑鸣啾啾。

万里赴戎机，关山度若飞。朔气传金柝，寒光照铁衣。将军百战死，壮士十年归。

归来见天子，天子坐明堂。策勋十二转，赏赐百千强。可汗问所欲，木兰不用尚书郎。愿驰千里足，送儿还故乡。

爷娘闻女来，出郭相扶将。阿姊闻妹来，当户理红妆。小弟闻姊来，磨刀霍霍向猪羊。开我东阁门，坐我西阁床。脱我战时袍，着我旧时裳。当窗理云鬓，对镜贴花黄。出门看火伴，火伴皆惊惶。同行十二年，不知木兰是女郎！

雄兔脚扑朔，雌兔眼迷离。双兔傍地走，安能辨我是雄雌？

58. 冼夫人

【生平考略】冼夫人（512—602），原名冼珍，南北朝时期高凉郡（今广东阳江）南越族人，生活于梁、陈、隋三个朝代，是我国闻名的俚族女首领。她一生致力于维护祖国统一和民族团结，反对叛乱掠夺和贪暴，高瞻远瞩，有勇有谋，是一位卓越的女政治家和军事首领。她保持了岭南一百一十余年的和平稳定，促进民族的融合和地方经济发展，周恩来总理曾称她是“我国历史上巾帼英雄第一人”。

冼夫人是岭南地区冼氏的女儿，南朝梁武帝时，成为高凉郡太守冯宝的妻子。在南北朝时候，中原丧乱，兵祸连绵，而岭南地区始终未曾受到战火的波及。首先也许是因为岭南尚属化外之地，其次确实是有赖于冼夫人的筹谋划策，抚慰部众，德威广被，肆应得宜，于是当地老百姓都称她为“圣母”。到隋朝时，隋文帝便册封她为“宋康郡夫人”，后又册封她为“谯国夫人”，赐食汤沐邑一千五百户，死后更追封她为“诚敬夫人”。

【主要政绩】岭南冼氏原是拥有十几万户的部族首领，跨据广东恩平、阳江一带山区。冼夫人幼年时叫冼百合，自幼追随父兄逞勇斗狠，经历过几次部族之间的械斗，颇有男儿气概。稍长更得异人传授武艺及韬略，不但能够挽弓执刀与敌人拼斗，而且深识行军布阵之法，因此深得同族的器重和信赖，甚至海南儋耳诸部落民族也望风归附。

先是北燕苗裔冯业率众浮海南来，定居新会，历任牧守，三传至冯融，被梁武帝任命为罗州刺史，为了壮大自己的声势，也着实欣赏冼百合的才识，于是降尊纡贵地为儿子冯宝向尚系蛮族的冼氏求亲，冯宝新任高凉郡太守，生得一表人才，又是官宦世家，冼氏部族自然是欢天喜地地答应了这门亲事，冼百合于是在她 20 岁时(公元 535 年)成了太守夫人。

梁武帝太清二年八月，侯景在寿阳反叛，梁朝按照羊侃的计划应该是在采石矶坚拒叛军渡江，另以一支精锐的部队袭取寿阳，使侯景进既不能，退又失去了巢穴，乌合之众，自然瓦解。可惜朝廷不用他的计谋，却以与侯景有勾结的临贺王萧正德为平北将军，都督京师诸军事。他表面忙于备战，暗地里却以大船数十艘资敌，于是侯景顺利渡江，把梁武帝围在小小的台城。

这时广州都督萧勃征兵火速赴援，高州刺史李迁仕久蓄异志，伪称有病，迟迟不肯应命，并派人急召高凉太守冯宝。冼氏夫人考虑，刺史托病而拒都督之命，却积极整屯兵马，显然有谋叛之意。因而对丈夫说："今刺史突然召你前往，必然是逼你同反，君若前往，不啻是羊人虎口，不妨稍加等待，以观其变。"

没有几天，李迁仕果然反叛。派遣杜平虏率兵径往湖石，以便与侯景呼应。冼夫人自忖，杜平虏尽率精兵出城，留下李迁仕守着一座空城，自然无所作为，于是与丈夫计议，卑辞厚礼，徒步担物，明为轮将，暗乃突袭，一举攻下李迁仕的老巢。

这个计划具体由冼氏夫人执行，李迁仕远远地望见千余人众，背扛肩挑而来，果然中计，以为是轮送军需品的队伍，丝毫不加防范，立即命人拔栅开城。冼夫人率众涌入，迅即从箩筐背囊中拿出刀剑，像秋风扫落叶般一下子占领高州城，进而与长城侯陈霸先在湖石会师，击溃杜平虏的叛军。

接下去是新任始兴太守、长城侯陈霸先与王僧辩合力击溃侯景。湘东王萧绎在江陵即位，但不久被北朝中的西魏政权打得粉碎，陈霸先乘机代梁而为陈武帝。

数年之中长江流域烽火漫天，岭南地区多赖冼夫人扶辑，安然无事。此时冯宝已殁，陈霸先笃念昔日并肩作战的友谊，遣使拜冼夫人九岁的儿子冯仆为阳春郡太守。

不久，广州刺史欧阳纥起兵叛陈，天高皇帝远，陈霸先鞭长莫及。冼夫人就近联络百越首长，合力攻打欧阳纥而数平叛乱，冯仆因母亲平叛有功被陈霸先封为信都侯，加平越中郎将，转任石龙太守。冼夫人也被册封为"石龙太夫人"，权职待遇一律照比刺史。

陈霸先即位之初,实力未允,对北朝采取和平邦交。三年后陈文帝嗣位,兵力日强,接连攻下长沙、江郢、巴蜀等地,南朝江山逐渐恢复旧观,再传到宣帝,又乘北齐内乱遣兵收江北各地,可惜到他儿子陈波宝手中,也就是陈后主,终日沉湎酒色,怠于政事,于是被隋文帝杨坚所灭。

南北朝时对峙的局面虽然由隋文帝统一,但岭南地区尚未归附。为了维持地方安宁,共推石龙太夫人冼氏出来领导,仍用陈朝封赠的仪仗及兵卫甲盾。每每前呼后拥巡视各州,真个是威镇南疆,简直就是个小王国的女皇帝了。此时她已经是六十开外的人,儿子冯仆已死,孙儿冯魂与冯暄随侍左右,大家都称她为"圣母"。

隋帝派遣韦洗前往岭南宣抚,并携带陈后主的亲笔书信,以及冼夫人先前呈献给陈后主的"扶南犀杖"作为信物。冼夫人目睹犀杖,知道陈朝已经灭亡,于是率众归附隋朝,长孙冯魂被破格提升为仪国三司,冼夫人被册封为"宋康郡夫人"。

韦洗仍旧滞留岭南,岭南人王仲宣联络各部族首领围袭隋朝派来的钦差大人。冼夫人既然接受了隋朝的册封,自然有救助朝廷特使的责任,于是派孙儿冯暄率兵往援,结果进兵不利,被俘下狱。冼夫人再派幼孙冯盎驰援,而且自己亲自披挂上阵以为后应,很快就削平叛乱。从此南疆一片安谧,朝廷政令直达海隅,隋文帝对此大加赞赏,追赠冼夫人的先夫为广州总管,追封他为谯国公,冼夫人被封为"谯国夫人"。谯国夫人虽然不是什么官位,但却比照总管衙门,设置幕僚机构和属官,并颁予印信兵符,全权指挥岭南六州兵马,且界予一项特殊权利,遇有紧急事故,可以不先奏报朝廷而便宜行事。这是一项特殊的前所未有的荣耀,以一个六十多岁的老夫人而言,总管岭南六州军政大权,朝廷视之为南疆柱石及屏障,隋文帝赏赐有加,皇后也刻意笼络,信使不绝于途,岭南各州风调雨顺,家给人足,形成有史以来最为富庶及安定的局面。

隋文帝定都大兴,也就是长安,勤谨节俭,减轻赋税,与民休养生息,岭南地区遵照朝廷指示,成效尤为可观,隋文帝曾降敕书慰勉谯国夫人:"朕抚育众生,情均父母,欲使率土清净,兆庶安乐。夫人情在奉国,深识正理,直训导子孙,敦崇礼教,遵奉朝化,以副朕心。"殷殷之意,溢于言表。

隋朝开国以后,改广州为番州,除了倚重谯国夫人坐镇岭南地区以外,更由朝廷派赵钠为番州总管,综辖地方政务,由于赵钠贪污不法,动辄苛虐番民各部族,使得怨声四起,纷纷上书朝廷,指斥赵钠的种种不法情事,有的甚至叛离朝廷而自立。隋文帝下诏谯国夫人就近惩治赵钠,并招抚诸部族。

谯国夫人此时已经年届古稀,犹自抖擞精神乘骑骏马,盛张锦伞,亲捧皇帝诏书逮捕赵讷,然后审问、正法,并一一列举罪状及受贿财物,派遣专使奏报朝廷,又风尘仆仆地巡行各州各郡宣达圣旨,所以岭南各地复归平静。

谯国夫人明大体、识大义、安抚百姓、绥靖地方,岭南地安定繁荣达半个世纪。她虽然历事三朝,实因环境使然,她始终忠于她的部族,忠于她的职守,对一个女人而言,确实是难能可贵的。

【后代结局】入唐后,冼夫人之子冯盎率岭南诸郡归属,其后代均为高官。然而,树大招风,到了武则天掌权时,开始对这冯家开刀了。据《张燕公集赠广州大都督冯公神道碑》所述,冯公群衡死后,"子幼家难,丧礼盖阙"。这冯群衡的独生子不是别人,正是唐玄宗时期鼎鼎有名的太监高力士。武则天镇压冯家的过程中,冯群衡被杀,高力士被当做俘虏,受阉后送进皇宫充当太监,连姓也被改了。他的姐姐冯缓也被掳至京城,作了一名宫女,后来出家为尼。

【冼夫人庙】位于新坡镇。因为冼夫人曾带兵平定海南黎族动乱,后来又奏请朝廷建置崖州,使海南与中原恢复了直接联系。她积极为群众办实事,引进种植技术,发展生产,使当地群众过上太平日子。为纪念她维护国家统一、黎汉民族团结的功绩,后人在琼山市新坡镇修建了冼夫人庙。

1989年,冼夫人纪念馆在冼夫人庙旧址建成并对外开放。该纪念馆面积283平方米,造型大方,气势雄伟。屋顶为重檐式,铺盖金黄色琉璃瓦,金碧辉煌。馆的正门上分别镶嵌"巾帼英雄"、"岭南风流"、"千秋懿范"等大匾额,格外引人注目。大厅正殿上,有冼夫人的彩绘,尺寸与真人相仿,身穿袍套,神采奕奕。其前放置香案、八仙桌和落地香炉,两侧陈列古代八种兵器。每年有庙会军坡节活动在这里举行,热闹非凡。

【军坡节】每年农历二月初九至十九,琼山市新坡镇和全省不少地方,为纪念公元6世纪我国南方百越民族中杰出的女政治家和军事家冼夫人而举行的民间奉祀活动。各村组织秧歌队、舞狮队,模仿冼夫人当年出军治乱仪式,两军对垒,起舞欢歌。

59. 平阳公主

【生平考略】平阳公主,唐高祖李渊之第三女,太宗李世民之妹,太穆皇后所生。她是一个真正的巾帼英雄,才识胆略丝毫不逊色于她的兄弟们。但她的名字和年龄在记录其事迹的《旧唐书》和《新唐书》中没有记载。

【主要功绩】南北朝统一之后不久,中国又一次陷入了大分裂的状态。这次分裂的时间很短，隋文帝的外甥李渊只用了7年时间就击败群雄，再一次统一了天下。李渊能当上皇帝，固然与他个人的条件分不开，但更重要的，是他实在生了一群杰出的儿女。这群儿女中功绩最大的就是太子李建成、次子李世民和三女儿平阳公主。

李渊将自己的三女儿嫁给了武将柴绍为妻。这位柴绍在唐朝的凌烟阁二十四功臣中排名第十四，谋略出众，善于以少胜多，消灭薛举、刘武周、王世充、窦建德都有他一份功劳，消灭唐朝最后一个对手梁师都他还是主将。婚后，柴绍携妻定居长安城。

隋末民不聊生，天下大乱。隋大业十三年（公元617年）五月，李渊决定起兵，而当时李渊的胜出机会并没有多大。他的地盘在遥远的山西边境，远离首都长安和东都洛阳；手下兵力也不足，不过万把人，而且天天要面对突厥的进攻；最要命的是，他的家眷全都在长安，身边只有一个次子李世民跟着。他领兵离开自己的防地时，对外宣称是为了到江都去接应被困在那里的隋炀帝，可是他的行军方向却直指首都长安。这种"掩耳盗铃"当然瞒不过长安的隋朝官员。长安方面立即下令拘捕李渊的家人。逮捕名单中就包括了李渊的三女儿平阳公主和她的丈夫柴绍。

形势危急，平阳公主和丈夫快速商议，决定分头行动，柴绍直奔太原，而平阳公主则在后方进行各种安排。她很快动身回到鄠县（今陕西户县）的李氏庄园，女扮男装，自称李公子，将当地的产业变卖，赈济灾民，很快招收了一支几百人的队伍。不久李渊起兵的消息就传来了，平阳公主听到这个消息，决心要为父亲招募更多的士卒。

她到处联络反隋的义军。这个年纪轻轻的女子，以其超人的胆略和才识，在三个多月的时间里，就招纳了四五支在江湖上已有相当规模的起义军。其中最大的一支就是胡商何潘仁，当时他手下有几万人。平阳公主派家僮马三宝前去游说何潘仁归降，不知道马三宝使了什么手段，势力远远超过平阳公主的何潘仁居然甘愿做平阳公主的手下。平阳公主收编了何潘仁的军队后，又连续收编了李仲文、向善志、丘师利等义军，势力大增。在此期间，朝廷不断派兵攻打平阳公主。平阳公主率领的义军不但打败了每一次进攻，而且势如破竹，连续攻占了户县、周至、武功、始平等地。

平阳公主收编的这帮义军都是杀人不眨眼的强盗，如果没有几分真本事，就是男人也镇不住他们，何况其兵源还来自原本不相统属的系统。能够在短时间内将收编的乌合之众变为一支百战百胜的劲旅，取得如此大的战绩，足见平阳公主的组织能力和指挥能力实在是出类拔萃。

这支由女人做主帅的义军,军纪非常的严明,平阳公主令出必行,整支军队都对她肃然起敬。在那乱兵蜂起的年月里,这支军队得到了广泛的拥护。老百姓将平阳公主称为“李娘子”,将她的军队称为“娘子军”。

娘子军威名远扬,很多人都千里投奔而来。不久,平阳公主的娘子军就超过七万人了。平阳公主在军事上的直觉与见地,堪称天才,隋将屈突通就曾经在她手下连吃几场大败仗。公元617年9月,李渊主力渡过黄河进入关中,这时他很高兴地看到他的三女儿已经为他在关中打下了一大片地盘。他派柴绍去迎接平阳公主。接下来,平阳公主挑选了一万多精兵与李世民会师渭河北岸,共同攻打长安。柴绍属于李世民的部下,与平阳公主平级。夫妻二人各领一军,各自有各自的幕府。11月他们兵打一处,很快就攻克了长安。

平阳公主在关中行动的意义对建立李唐王朝来说,是怎样评价都不过分的。唐王朝建立后,李渊将自己这位才略出众的爱女封为“平阳公主”。攻克长安之后,平阳公主继续领兵作战为大唐打江山。因为李渊当时虽然拿下了长安,但是他只是大致控制了半个关中,他的四周都是敌人。稳定长安后,李渊立刻掉头对付据有陇西之地的薛举和凉州(今甘肃武威)的李轨,李渊命李世民征讨。李世民用了大约两年的时间来扫荡这些势力。奠定李唐天下的一仗是灭王世充,这一役唐军围城打援,把前来援救王世充的窦建德一起干掉了。这几仗柴绍都曾参与。如果说平阳公主这时在长安享清福是不符合她的性格的。作为杰出的将领,她当然是要参加这些决定大唐命运的决战的。有人说,李世民转战西北扫荡隋朝残余势力时,主要就是依靠平阳公主和娘子军的参战,才能连克强敌。窦建德覆灭后,余部推刘黑闼为首领,于武德四年(公元621年)七月在漳南(今河北故城)起兵反唐,他们北联突厥,不到半年尽复窦建德旧地。平阳公主这时的主要任务就是防守李家的大本营山西,她驻守的地方就是娘子关。娘子关位于今山西省平定县东北的绵山上,为出入山西的咽喉,原名苇泽关,因平阳公主率数万“娘子军”驻守于此才更名娘子关。山西是中原和关中地区的屏障,无山西则中原和关中不稳,平阳公主率军驻守娘子关,目的就是为了防止敌人从这里进入山西。

【死因推测】长安之战后,平阳公主的事迹就不再见于史籍。直到6年之后的武德六年(公元623年)二月初,史书上才突如其来地记了一笔她的死讯。而之所以会记上这一笔,还主要是由于她的葬礼与众不同,平阳公主是以军礼下葬的。

结合她死时以军礼下葬,大胆推测一下,应该是战死或负了重伤回到长安后疮发而死的。后人推测她是与刘黑闼作战时身亡的。公元622年11月,李渊派李建成统兵讨伐刘黑闼,开始双方互有胜负,直到12月25日才将其彻底击溃。平阳公主驻守的娘子关就在前线,当然会率部参战,所以死在此一役的可能性是很大的。如果死于此时,则其尸体运回长安差不多要半个月。由于是公主,下葬的准备工作也差不多半个月,这样时间上也吻合。

60. 陈硕贞

【生平考略】陈硕贞,史书上又写作陈硕真,睦州青溪人。关于她的出身和年龄,由于史料缺乏,已无法知道。她是一位巾帼女杰。在公元653年,亦即唐高宗李治(唐太宗之子)继位的第4年,陈硕贞在睦州青溪县(今浙江淳安境内)发动了一次农民起义,自称皇帝,建立政权,震动了一方。

【陈硕贞起义】唐高宗继位时,唐朝建立才40余年,其政治、经济等诸多方面都处于上升阶段,尤其是刚刚经历了历史上有名的"贞观之治",政治形势十分看好。尽管如此,在局部地区内,社会矛盾和阶级对立仍很尖锐,人民对唐朝的统治心怀不满,希望能有一个更理想的王朝出现。就是在这样的背景下,陈硕贞举行了青溪起义。

青溪位于今天浙江西北部,与安徽相邻,这里山高谷深,河汊交错,物产十分丰富,尤其是漆、茶等经济作物生长旺盛。正因如此,统治者对其也格外关注,搜求无度,索取百端,使得这一地区的百姓负担十分沉重。

据推测,陈硕贞发动起义时是很年轻的,因为史书上称她为"睦州女子"而不是"睦州女人",古人的用词是很严谨的。尽管年轻,但陈硕贞发动起义是经过认真谋划的。

一日,陈硕贞向邻居们说:自己将要成仙而去,离开这里,为此特向乡亲们道别。不久,陈硕贞果然在乡里消失了。对此,邻居有的信以为真,有的半信半疑,还有些心怀叵测的人根本不信,他们向官府告密说:陈硕贞成仙升天是假,图谋不轨是真。官府派人四处搜寻,后来竟真的将陈硕贞抓获,当地官员审讯后,以妖言惑众图谋不轨之类的罪名将案情上呈。没料到,上司却以查无实据为由,将陈硕贞开释。

本来,陈硕贞想以成仙为名离开一段时间,一则让人觉得她真的成仙去,二则利用这段时间学习本领、思考起义计划,待时机成熟,再利用仙人的身份回乡组织起义。不料半途里出现这场变故,幸而及时化解。这使陈硕贞明白了官府已在注意自己的行动,于是归乡后她决定马上举行起义。

陈硕贞有一位亲戚叫章叔胤,他积极支持陈硕贞的起义计划,并为之进行了大量的组织工作。章叔胤对外宣传说,陈硕贞已从天上返回青溪,现在她法力无边,变化莫测,可以召神将役鬼吏。这说法一传十,十传百,愈传愈玄,方圆百里的百姓无不对陈硕贞顶礼膜拜,陈硕贞的每一句话都是神语仙音,足可令信徒赴汤蹈火而不辞。起义的准备工作基本完成。

用宗教迷信组织群众,是中国古代农民起义的一大特色,也是有效的方法之一,从秦末陈胜吴广的狐鸣鱼书,到汉末张角的太平道以及东晋孙恩、卢循的五斗米道莫不如此。宗教迷信所以能在短时间内聚集起大批群众,主要源自生活于社会底层的人们的根深蒂固的迷信心态,所以宗教迷信屡屡被运用且屡屡有效也就毫不奇怪了。

陈硕贞所奉行的是道教。这一点古人未曾明言,但章叔胤称陈硕贞自天回还,而且能召神役鬼,以及陈硕贞当初自称成仙而去等等,这些都是运用的道教语言。另外,当时人把陈硕贞当成卢循、张鲁(汉末五斗米道的首领)一类的人物,可见陈硕贞奉行的是道教。道教是中国土生土长的宗教,在群众中很有影响,而浙江是道教广泛传教的地区之一。

公元653年十月,陈硕贞正式宣布起义,与官府进行对抗。她仿照唐朝官制建立了政权,任命章叔胤为仆射,总管各项事宜,而她自己则称为"文佳皇帝"。在中国历史上,参加农民起义的妇女不计其数,但做领袖的妇女却寥若晨星,而做领袖且又称皇帝的妇女,则只有陈硕贞一人,从这一点上讲,她比许多男性农民领袖更具魄力。

陈硕贞发动起义后,得到当地人民的广泛拥护,青溪人蒋宝率众响应,在很短的时间里,义军就发展到数万人。统治者十分不安,急于将其剿灭,他们的第一反应,就是对起义地区实行封锁,限制其发展,控制人口流入义军,连僧侣也不放过,一律受到盘查。

为了打开局面发展力量,陈硕贞指挥义军攻克了睦州许多属县,如桐庐、于潜(今浙江昌化东南)等地。然后,陈硕贞挥兵进入今天的安徽境内,攻打歙州(今安徽歙县)。由于唐军的顽强抵抗,义军攻势受挫,撤出战斗,陈硕贞进入安徽的意图没能实现。

从歙州撤出后,陈硕贞调整了战略,由集中兵力进攻改为分路出击,采用运动战与袭击战结合的方式,打击敌人扩大势力范围。在此方针下,陈硕贞命将领童文宝统兵4千,偷袭婺州(今浙江金华)。童文宝率兵进入婺州后,被官兵发觉,见偷袭不成,他变更战术,强行推进。

这时,担任婺州刺史的是崔义玄,此人在隋末群雄并起时也是个不甘寂寞的活跃人物,他先投奔李密,未受重用,又改投李渊。唐朝建立后,积官至婺州刺史。崔义玄在城中闻报警报,立即集合文官武将,准备发兵抵抗,官员们却慑于义军的声威,纷纷说:“陈硕真有神灵护卫,敢与其兵对抗者,无不杀身灭门,还是回避为上”。绝大多数人不愿前去。这时,一个叫崔玄籍的司空参军却说:“顺天心合民意的起兵,有时尚且不能成功,陈硕贞不过是个有点法术的女人,一定坚持不了很久”。崔义玄闻听此言,大喜过望,立即命崔玄籍为先锋官,他自己统率大兵跟进。义军受到崔义玄队伍的阻截。陈硕贞闻知童文宝在婺州受阻,带领主力来到婺州参战,参战的义军达数万人。义军虽然在人数上占优势,但起义才1个来月,战士未经训练,战斗力有限,过去能克州陷府,凭的是声威和拼劲,如今声威和拼劲虽在,但面对训练有素,敢于顽抗的官兵却有些力不从心,尤其是这种你争我夺的对抗战又是义军所未经历过的。

婺州境内的相持,给双方的统帅和士兵都造成很大压力,彼此都在寻求击败对方的办法。

陈硕贞为了改变客地作战、敌情不熟等不利条件,不断派出间谍,刺探敌情。有一次仅被唐兵擒住的间谍就达数十人,这个数字可能被夸大过,但以常理推之,数万人的义军使用的间谍肯定不止此数。

崔义玄为尽快打败义军,主要采取两项措施:一是派人去邻近州府搬取援兵,二是稳定军心。一天夜里,崔义玄对手下人说,刚才看见有一颗星附入敌营。他断言,自己一定胜利,对方一定灭亡。这不过是崔义玄为鼓舞军心编造的故事而已,但这故事在古代却能打动人心,当时的人相信地上一人,天上一星,人亡星落的说法,所以崔义玄才煞费苦心地如此说。

公元653年11月底,扬州长史房仁裕接到崔义玄的求援后,马上发兵进至婺州,与崔义玄联兵向义军发起进攻。陈硕贞如何指挥义军抵抗的情况,由于史料缺如,难以尽知,但从战斗结局看,战斗应当是相当激烈的。参战的数万义军,最后除1万多被俘外,其余大部战死,数万人以命相抵,场面无疑惊心动魄、可歌可泣。

“文佳皇帝”陈硕贞及仆射章叔胤在战斗中被俘,最后英勇就义。

陈硕贞的事业在婺州就终结了,但她却在故乡青溪留下了“天子基”、“万年楼”等遗迹,这些遗迹在北宋末年曾使方腊受到启示。陈硕贞这位勇敢的女子,为中国妇女增添了光彩,也为中国农民革命写下了耀眼的一章。

61. 樊梨花

【生平考略】樊梨花(生卒年不详),唐太宗贞观年间人,父樊洪为西凉国(西突厥)寒江关守将,后投唐。樊梨花与薛丁山结为夫妇,二人智勇双全,登坛挂帅。在薛家满门抄斩后,她率子薛刚杀进长安,除奸报仇。是传说中唐代著名的女将军。

【樊梨花的文学形象】樊梨花形象最早出现在清代,乾隆年间如莲居士作《说唐三传》,又名《异说后唐三集薛丁山征西樊梨花全传》,后人亦称《征西全传》。书中叙述樊梨花与薛丁山马上订亲及薛丁山三休、三请樊梨花的故事,给读者留下深刻的印象,故而在民间有很大影响。戏曲中一些剧目即取材于此,如《马上缘》、《三休樊梨花》(或《三请樊梨花》)。

明清小说中有这样一个现象,许多历史小说、英雄传奇采自民间口头传说,经文人创作加工为案头读物,随即又为广大的市井说唱艺人借鉴为话本,进行再加工、再创作,口传心授,世代流传。后来也有人整理为"说书体小说",以纯散文形式出版。在由民间传说、小说到说唱,再到"说书体小说"的过程中,故事情节得到提炼,人物形象愈加丰满。

《征西全传》中的樊梨花,性格尚嫌模糊,缺乏生活依据。因作者采用神魔小说笔法,有些情节荒诞离奇,如移山填海、上天入地、神箭飞刀、摄魂铃、捆仙绳等,在人物塑造上成就不高。然而在后来民间说唱中,樊梨花形象得到不断的丰富和发展,说书人采用现实主义的创作方法,从现实中寻找人物思想性格形成及发展变化的轨迹,把人物塑造得有血有肉,栩栩如生。在众多有关樊梨花故事的说书体小说中,西河大鼓名家郝艳霞所作《薛丁山征西》对樊梨花形象塑造的再度加工创作,就最具代表性。

樊梨花的形象是超常的,美丽的,深刻的,她所体现的正是中国妇女伟大的独立于世的精神。

【樊梨花的结局】在传统评书中,樊梨花的结局有以下几种说法:

其一,其子薛刚在花灯会上踢死太子,惊死皇帝(唐高宗)。薛刚逃走,结果薛家被武则天满门抄斩。早期话本中樊梨花被自己的师傅黎山老母救出,然后和自己的儿子一起造反。由于这个话本中怪力乱神的东西太多,后来有些修改的话本,在除去神魔小说情节的同时,也就顺势安排樊梨花在越狱时为保护儿子脱险力杀四门,最后托起千斤闸,让薛刚逃出,自己胸腹中了数箭,被千斤闸活活压死。

其二，樊梨花协助薛刚反唐（武则天）的统治成功，高宗的两个儿子（李显、李旦）都做过皇帝，樊梨花、薛刚等人拥立哥哥庐陵王李显，结果武三思和韦后勾搭成奸，席卷庐陵王。然后假传圣旨让薛家满门入宫，大开功臣宴，用转壶装了毒酒骗樊梨花饮下。樊梨花中毒后肝肠寸断，七窍流血而死。

其三，薛刚反唐（武则天）的统治成功，武则天逃出长安，搬来三川六国藩兵反攻，摆下天煞九魔阵。樊梨花带兵迎敌，连破一十八阵。最后体力不支，旧伤发作，口吐鲜血，活活累死。

其四，武则天逃出长安，樊梨花带兵追击，碰上埋伏，被敌人乱箭射死。

其五，樊梨花协助薛雷扫北，单挑北国女将贺莲英，力气不及被贺莲英的狼牙棒击中天灵盖，脑浆崩裂，死于马下，首级被敌人割去号令三军。

62. 佘太君

【生平考略】佘太君（934—1010），名佘赛花，封号太君，她性机敏、善骑射，是一个文武双全的女将，其不屈不挠的民族正气，汇集成一代忠烈英勇传奇的故事。

【历史资料】佘太君和其他传说中的杨门女将不同，历史上确有其人。曾祖父曾任后唐麟州（今陕西神木县北十里）刺史，隶属李克用；祖父折从远，公元930年后唐明宗授他为府州（今陕西府谷县）刺史；父折德扆，后汉隐帝特任府州团练使。据清代兵部尚书毕沅《吴中金石记折克行碑》中记载：折恭武公克行神道碑，在府谷县孤山堡南，叙折太君事，世以此碑为折太君碑。考折太君，杨业妻折德扆女也，墓在保德州南折窝村。折太君即是历史上的佘太君。佘姓是后来说书人以讹传讹，用了同音字所致。

佘太君生长在一个爱国名将的家庭里，少年时便与普通的大家闺秀不同。她研习兵法，颇通将略，以戍边御侵、保卫疆域、守护中原民众为己任，协助父兄练兵把关，已具备巾帼英雄的气度。折杨两家结亲后，佘太君随夫杨业侍北汉，居住在太原北汉"杨府"。夫君边关打仗，她在杨府内组织男女仆人丫环习武，仆人的武技和忠勇之气个个都不亚于边关的士兵。

杨业归宋后，举家迁至开封府。杨业七年抗辽，威震雁门，但因受奸臣潘美的陷害，于公元986年不幸殉国。佘太君上书陈述杨业战死的缘由，使潘美受到官降三极，王侁和刘文裕被削职为民的处分。杨业殉国后，他的八个儿子大都先后为国捐躯。那个时代以家族组成的军事力量,男将战死疆场,能够统领杨家兵的人绝非他族战将。佘太君作为一名历史人物,虽史书记载很少,但她是家喻户晓,妇孺皆知的“杨门女将”中的核心人物。

【各种小说、评书】虽然早在宋元时期就有杨家将故事的话本,最早系统叙述杨家将故事的是明清时代的小说《杨家将演义》、《杨家府演义》、《杨家将传》等。后来的众多说书人又在此基础上进行了再创作,从而形成了现在的杨家将故事体系。新中国成立前,这些评书都是口口相传,其中受原始小说影响,怪力乱神的情节很多。后经过抢救、整理、改编,基本去除了宣扬封建迷信和愚忠愚孝的情节,佘太君的形象逐步丰富,成为老当益壮的爱国女将典型。

【各种民间传说】

佘太君改姓:杨家将一门英烈,佘太君的丈夫和几个儿子、女儿杨八姐都为国战死沙场。她为了儿孙们出征不再夭折,将自己认为不太吉利的“折”姓毅然改为与折同音的“佘”,意在子孙福禄有余,由她一人撑着一片天,一人承受外来之灾,从此历史上的折太君便成了佘太君了。至今,佘太君墓所在地山西保德县折窝村和陕西白鹿县佘家坡头村的佘姓后裔对此都津津乐道。

比武招亲:提及杨门女将佘太君,必然联系到杨家将杨业以及两位英雄的联姻,这得从他们的家世说起。五代十国混战时期,一些军阀为了达到巩固自己权位的目的,投靠契丹。后唐河东节度使石敬瑭以燕云十六州割让给契丹为条件夺取了后唐政权,致使契丹骑兵长驱南下,给中原地区先进的经济文化造成极大破坏,中原人民的生命财产受到严重威胁。人民群众不甘受契丹压迫,纷纷起来进行反抗斗争,保卫家乡,收复国土。

杨业的父亲杨信时任后汉麟州(今陕西神木)刺史,杨业幼年随父亲由火山县(今河曲)到了麟州。麟州从五代以来就是西北地区的一个险要的地方,常有重兵驻守,地方风俗以骑射为风,加上杨门的家传,杨业练就一身好武艺,不仅善骑射,而且对杨家的三十六路梨花枪枪法尤其精湛。

佘太君的父亲叫佘德扆,五代云中(今山西大同)人。世出官宦之家,后汉任府州团练使,世居府州地区,历抵外侵,为将门豪族,世称“佘家军”。佘太君受家庭的熏陶,文韬武略,深明大义。喜欢骑马射箭,舞剑抡刀,她使的一手绝活叫“走线铜锤”,在关键时候如流星绕飞防不胜防。后晋天福二年即公元973年,杨佘两家结为军事联盟。在共同抗辽、保卫家乡的斗争中,结下了深厚的友谊。两家的老家都是北路人,同为十家令公之一,门当户对,因此佘德扆将女儿自幼许给杨业为妻。

佘太君和杨业青梅竹马,从小一起长大,共同的战事经历和志向是他们坚实的感情基础。一年秋天,契丹派兵五万侵犯府州。时佘德扆病卧在床,佘太君向父亲请战后,一方面借辽军使者下战书相威胁之际,将计就计,拖延交战时间;一方面急派人前往火山王杨信那里求援,辽兵在佘杨两支抗辽雄军的夹攻下大败。这次战斗大获全胜,佘太君受到父亲佘德扆和杨家父子的赞扬。战毕,杨业与佘太君更是互为尊重,爱慕中两人相约以武相会,跨双骑,持刀枪,在府州城南的野外打将起来,你来我往,枪来刀去,都想胜对方,但又怕伤害了对方。战了无数个回合,杨业想,我身为男子总不能让妻子把我打败,于是卖个破绽,佯装败逃,佘太君紧追不舍,当追至七星庙前,杨业瞅准时机,使出了杨家的看家本领"回马枪",一枪挑定佘太君的战袍将妻子挑下马背。佘太君落马也不示弱,抛出了走线铜锤,将杨业缠住拉下马来,两人双双落马,互相担心对方是否受伤,杨业要撩起佘太君的战袍查看,佘太君直羞得跑入七星庙内,杨业进入七星庙后与佘太君成了亲。现在每当人们涉足陕西府谷县城南的七星庙内,便会听到走线铜锤定亲七星庙、两位抗辽英雄喜结良缘的佳话。

十二寡妇各守一城的传说:多年来在准格尔地区一直流传着一个十二寡妇在十二连城曾经各守一城的传说。这传说中所说的十二寡妇,就是人们所熟知的《杨家将》里征西的十二寡妇。

《杨家将》里说,宋仁宗时,西夏大军进犯,忠勇的杨宗保率兵迎敌,结果中箭身亡,其子杨文广也被困于绝地。噩耗传来,已经100岁高龄的佘太君毅然上朝请缨,率领杨门女将出征,一举击败西夏大军,班师回朝。传说中,佘太君率领十二寡妇征西时在十二连城与西夏军队交锋。当时,杨家十二寡妇率兵各守一城,与西夏军队展开血战。由于杨门女将个个武艺高强,又占据了"进可攻、退可守"的十二连城,所以最终打败了西夏大军。

大佘太的传说:如今的内蒙古大佘太原来是一个兵家必争之地的古战场。宋朝时,佘王城就设在这里。传说宋朝名将杨业攻打佘王城时与佘王的女儿佘赛花(即佘太君)在战场上交锋不分胜负。真是不打不相识,他俩在战场上渐渐产生了感情,并私定了终生。由于这层关系,佘王就投靠了大宋。后来,佘王城被辽国萧太后攻破。多年后,佘太君领兵出征,先锋穆桂英大破天门阵,宋军夺回此地,佘太君在此重新筑城。为了纪念佘太君,后人管佘王城叫做佘太城。

佘太君为什么能活百岁:佘赛花十七岁的时候,辽国入侵,佘赛花奉命出征,连胜一十八阵,吓得辽军渡过黄河北逃。佘赛花率军追到黄河边上与敌军隔河对峙。这时候萧太后命早就暗藏在宋军中的奸细、监军王钦若(原名贺驴儿)尽快除掉佘赛花。王钦若假传圣旨,骗佘赛花说皇帝赐下御酒为其庆功。佘赛花没有防备,被骗进王钦若的营帐,饮下了毒酒。毒性发作,佘赛花方才明白王是奸细,拔剑要杀王钦若。不料中毒后功力全失反被王钦若一刀刺入小腹,将肚子剖开,肠流满地而死。

王钦若将佘赛花的首级割下送去辽营报功,又把佘赛花的无头尸体用芦席卷了,偷偷运出宋营,扔进黄河毁尸灭迹。

佘赛花的无头尸体顺流而下漂到开封进入汴河,然后逆水而上,漂到了皇宫,被打捞起来。正好辽国将佘赛花的人头送回来示威。皇帝命包公调查。包公命仵作检查佘赛花的尸体,发现事隔多日,尸体却没有腐烂的迹象,内脏发黑,是先中了剧毒,才被人剖腹杀害。

包公日断阳,夜断阴。当天晚上。包公到地府理事找到佘赛花的英灵。佘赛花告诉他自己的冤屈,于是包公为佘赛花向阎王借阳寿九百九十九日让佘赛花回阳间复仇,杀退辽兵,回到阳间。包公把佘赛花的肠子和内脏放回腹腔缝合起来,又把人头重新缝到躯干上。佘赛花就还魂了,跟好人一样,连伤疤都没有。包公把王钦若抓来过堂。王钦若开始死不承认杀害了佘赛花,直到佘赛花出现在面前,他才吓得屁滚尿流,认罪伏法了。

除掉了王钦若这个奸细,佘赛花率领宋军渡过黄河,大败辽军,又和辽军大战两年,直打到辽国京城,逼得辽国写下降书顺表,这才鞭敲金镫响,齐唱凯歌还。

这时候,佘赛花借来的九百九十九日阳寿已经快用完了。佘赛花凯旋归来,不要天子的赏赐,回家装扮整齐等死。不料时辰过了,自己还是好好的。这时包公来访,告诉她原委。原来佘赛花命中要生七郎八虎,可是阳寿不够,包公又觉得非佘赛花不能保大宋江山,所以修改生死簿的时候,包公偷偷在日字上多加了两笔,变成了“月”字,九百九十九日变成了九百九十九月。

所以佘赛花这才和杨业成亲,生下七个儿子、两个女儿,为保大宋立下了汗马功劳。可是后来杨门被皇帝猜忌,佘赛花愤而率族人归隐老家麟州。杨家将归隐,宋朝逐渐抵挡不住外敌。最后皇帝亲自到麟州求援,请佘赛花出山抗击西夏。这时佘赛花已经是百岁高龄,但还是挂帅西征,把西夏杀得大败。打败了西夏,佘赛花回顾这百年以来,她一直是白发人送黑发人,丈夫、几个儿子、女儿八姐、九妹,儿媳大刀王怀女、孙子宗保、孙媳妇穆桂英、重孙子文广、重孙女杨金花都在抗击外敌的斗争中为国捐躯了。

凯旋途中,怪事发生,佘赛花的相貌越变越年轻,到最后,除了一头银发,相貌身材已经和少女一样了。随着相貌变年轻,佘赛花不停地催促部队往回赶。最后等不得行动缓慢的大部队,只带了几个贴身女兵快马加鞭,赶往麟州老家。这天走到太平川,她胯下的战马突然一声悲鸣,跪了下来。身边的女兵只见佘赛花瞬时间浑身浴血，肚子一下裂开了，粉红色冒着热气的肠子流了一地。接着身子一歪，从马上倒栽下来，身首分离，人头骨碌碌得滚进了路边的草丛。原来佘赛花借来的九百九十九月的阳寿也已经用尽了，佘赛花的尸体回到了被王钦若杀害时的状态。

正在这时，一只金翅大鹏鸟一口叼起佘赛花的首级向东飞去。女兵们追赶不及，只好含泪把佘赛花的无头尸体洗涤干净，缝合起来，包扎好伤口，用白布紧紧裹起来入殓，就地安葬了。

女兵们回到麟州老家，只见当地哭声一片。原来几天前一只大鹏鸟叼着佘赛花的首级在麟州盘旋了整整一天，最后落入杨家祠堂，将佘赛花的首级轻轻放在神案上，大鹏鸟然后突然消失了。原来佘赛花自知阳寿将尽，拼命想赶回麟州老家看最后一眼。不料人算不过天算，半路上就一命呜呼了。英灵升入天堂，佛祖见其心愿未了，就派座下金翅大鹏鸟将她的人头带回麟州，让她在空中把家乡看个够。

乡亲们将佘赛花的首级洗净防腐后祭奠七七四十九日，然后安葬在折窝村外的大槐树下。所以现在有两个佘太君墓，一个在太平川，另一个在折窝村。

63. 穆桂英

【生平考略】穆桂英，北宋人，山西太原保德州人，古代鲜卑贵族后裔，穆柯寨木羽之女，嫁入杨家，与杨家将一起征战卫国，屡建战功，为杨门女将中的杰出人物，是中国古典文学巾帼英雄的典型形象。

【作为文学形象的穆桂英】明熊大木小说《北宋志传》和纪振伦小说《杨家将通俗演义》中的人物。原为穆柯寨木羽之女，武艺超群、机智勇敢，传说有神女传授神箭飞刀之术。因阵前与杨宗保交战，生擒宗保并招之成亲，归于杨家将之列，为杨门女将中的杰出人物。与杨家将一起征战卫国，屡建战功。佘太君（佘赛花）百岁挂帅，率十二寡妇西征，她五十岁尤挂先锋印，深入险境，力战番将，大获全胜。是中国古典文学巾帼英雄的典型形象。

【作为“杨门女将”的穆桂英】她是杨宗保的妻子，也就是杨业的孙媳妇。虽然历史上无证据证明穆桂英战场上的功劳，民间却流传了许多故事。

穆桂英与佘赛花有许多共同点，她们都不是中土人。佘赛花是佘族人，穆桂英是穆家村来的；她们都在战场上认识了丈夫。佘赛花是因为打败了杨业，杨宗保也是穆桂英的手下败将；她们俩人的武功也都比自己丈夫的高。穆桂英比佘赛花高出一筹的是战术，许多她的故事都关系到她的战略；佘赛花的战争故事却是寥寥无几。杨家将都是豪杰，都会为国家付出一切代价，特别是杨门女将，可说是中国历史上得到最多敬意的女性。

【穆桂英的主要功绩】

抗辽——大破天门阵，痛歼辽国萧太后亲率的侵宋辽军主力，此后辽军再也不敢南侵，辽宋边境再无大战事。

征西——穆桂英率12寡妇征西，大获全胜，西夏议和臣服。

平南——广西侬智高叛乱，穆桂英及夫杨宗保挂帅出征，平定南方的叛乱。

穆桂英战功卓著，被宋廷封为浑天侯。

【穆桂英及杨门女将的结局】最早系统叙述杨门女将故事的是明代小说《杨家府演义》，全称《新编全像杨家府世代忠勇演义志传》。小说中没有说到过穆桂英是几岁死的。《杨家府演义》中，十二寡妇里没有穆桂英。十二寡妇是杨宣娘、满堂春（杨满堂）、邹夫人、孟四嫂、董夫人、周氏女、杨秋菊、耿氏女、马夫人、白夫人、刘八姐、殷九娘。穆桂英在十二寡妇征西前就已经战死了，只是没有细节。不过现在看到的这个版本残缺不全。例如一方面说杨文广羽化而死，另一方面又在后面几回说杨文广飞回来重新领兵。中间衔接不上的地方很多。穆桂英之死可能就在这一缺失的段落中。

《杨家府演义》中，杨家将的最终结局是杨怀玉杀死了一心诬害杨门忠良的丞相张茂全家。见几代皇帝因为听信奸臣的谗言，杨家在太宗、真宗、仁宗时期均差点被朝廷抄斩，因此也心灰意冷了；又怕此次杨怀玉杀人，杨家会被朝廷抄斩，于是便连夜举家躲入太行山，自耕自食，从此杨家将不再出仕。

最系统的杨家将传说是各类评书。但这类评书在解放后都经过了整理，去除了所谓的“封、资、修、迷信”成分，所以情节有很大的改动。现在的所谓《穆桂英挂帅》、《百岁挂帅》等杨门女将曲目都是解放后新编的，原本并无这些传说。所谓穆桂英五十上阵，佘太君百岁出征等都是现代作品。

在大多数叙述杨门女将的民间故事中都没有提到杨门女将的结局，除了有些故事中曾提到大刀王怀玉是在平定侬智高叛乱时被敌人用车轮战，筋疲力尽之后不慎掉入陷马坑，被敌人乱刀砍死。杨门女将中的杨八姐则是在一次平定湖北当地土著叛乱的战斗中阵亡。比较系统的有关杨门女将的结局故事出自甘肃武威地区：

大破天门阵之后，穆桂英等十二名杨门女将奉命出征西夏，在虎狼峡（今古浪峡）遭到西夏的阻击。英勇的穆桂英眼看从峡正面夺关难以突破，便举目向峡西山峰望去，只见头顶上紫雾祥云缭绕，古松翠柏依崖托云，那险峻的石峰直插云空，在层峦屏嶂之中，向东横空伸出一个悬崖，便想攀上它去以便观察敌情，可是上崖无路，大队人马难以登攀。穆桂英只好带了两名女将，寻到一条微径山道，紧紧扒着峭壁的光背，弯弯曲曲，从山脚伸到山顶。她们便沿山径爬去，不知爬了多少时辰，也不知摔了多少跤，爬呀爬呀，攀呀攀呀，终于爬到那座突兀的悬崖。登高远望，视野顿开。

穆桂英向峡口瞭望，只见峡口处密密麻麻到处都是西夏的兵马。穆桂英正看得出神，突然一阵密集的冷箭射来，穆桂英等三名女将当场中箭身亡。原来西夏见此崖地势险要，早就在崖西埋伏了一支西夏兵，见穆桂英攀上来观察地形，就下了毒手。

留守在崖下的其他几名女将见穆桂英中了埋伏，便赶紧一起上来救援。但是悬崖实在太陡峭，只有九名杨门功夫最好的女将爬了上去。西夏伏兵见只有几个人上来就一齐杀出，要抓活的。杨门女将们挥剑跟西夏兵将展开一场厮杀，由于寡不敌众，女将们最后全部牺牲在崖顶。

穆桂英死后，她和其他几位女将的首级被西夏人割去号令，无头尸体则抛到滴泪崖下。后来杨家从另一路进攻的女将杨满堂率领援兵赶来，将穆桂英等人的无头尸体收殓安葬，这就是杨家将坟。佘太君闻讯赶来祭奠，追悼亡灵，悲恸而哭，声震山岳，感动了鹰嘴山崖，山神流泪不止，泪滴化作山崖石子沿崖滚下。后来，此崖就被人们叫做“滴泪崖”。现在当地还有滴泪崖、杨家将坟等古迹。

【关于穆桂英的主要演义、评书和剧目】穆桂英是中国巾帼英雄第一人，杨门女将也是在中国历史上和民间得到最多敬意的女性。关于她们的演义、评书和剧目不下数百种。主要有：

穆桂英全传、杨家将演义、穆桂英下山、穆桂英招亲、杨宗保招亲、穆桂英大破天门阵、穆桂英征西、十二寡妇征西、穆桂英挂帅（梅兰芳先生的传世经典剧目）等。

64. 梁红玉

【生平考略】梁红玉（1102—1135）原籍池州，淮安北辰坊人，祖父与父亲都是武将出身，因家贫战乱流离润州为妓。遭人虐待，为韩世忠所救。梁红玉感其恩义，以身相许。韩世忠认为梁红玉并非一般的风尘女子，而是有着过人之处，但他当时只是一名小军官，不敢答应，后来韩世忠升为将军后，才正式迎娶梁红玉为妻。梁红玉与韩世忠共同抗金,被封为安国夫人,是宋代著名抗金女英雄。她击鼓退金兵的故事至今仍为人们所传诵。

【主要事迹】宋徽宗宣和二年,睦州居民方腊,啸聚山民起义,迅速发展到几十万人,连陷州郡,官军屡次征讨失败,梁红玉的祖父和父亲都因在平定方腊之乱中贻误战机,战败获罪被杀。梁家由此中落,梁红玉也沦落为京口营妓,即由各州县官府管理的官妓,但由于她精通翰墨,又生有神力,能挽强弓,每发必中,对平常少年子弟便多白眼相看,毫无娼家气息。

方腊之乱,祸延六州五十二县,戕害百姓二百多万。他败亡后,所掠妇人自他的巢穴中逃出,全身赤裸,自缢于林中的,相望百多里。朝廷以童贯、谭稹统率大军镇压,方腊最后被一位小校所捉,这个小校就是韩世忠。韩世忠是陕西延安人,虎背熊腰,一身是胆,为人耿介,尤喜济人急难,是一个正直而勇敢的英雄人物。

童贯平定方腊后,班师回朝,行到京口,召营妓侑酒,梁红玉与诸妓入侍,就在席上认识了韩世忠。韩世忠在众多将领大吹大擂的欢呼畅饮中,独自显得闷闷不乐,引起了梁红玉的注意;梁红玉那飒爽英姿,不落俗媚的神气也引起了韩世忠的注意。两人各通殷勤,互生怜惜,于是英雄美人成眷属。他们相亲相爱,转战各地。后来梁红玉有了身孕,便留在京城,想不到竟被苗傅和刘正彦扣押。但韩世忠善于用兵,作战勇敢,威名素著,苗傅等人对他颇为忌惮,对梁红玉母子颇为客气。

事变发生之后,宋高宗的行动已是毫无自由,宰相朱胜非与隆裕太后密商,派梁红玉出城,驰往秀州,催促韩世忠火速进兵杭州勤王,并由太后封梁红玉为安国夫人,封韩世忠为御营平寇左将军。这里商量妥当,朱胜非就对苗傅说:"韩世忠听到事变后,不立即前来,说明他正在犹豫,举棋不定,如果你能派他的妻子前往迎接,劝韩世忠投奔你,那么你力量大增,别的人就用不着惧怕了。"苗傅听后大喜,认为是一条好计,立即派梁红玉出城,梁红玉回家抱了儿子,跨上马背,疾驰而去,一昼夜赶到秀州。韩世忠在了解了一切情况后,当即会同刘浚、刘俊,带兵平定了苗傅等人的叛乱。宋高宗喜出望外,亲自到宫门口迎接他们夫妇,立即授韩世忠武胜军节度使,不久又拜为江浙制置使。

一波未平,一波又起。这年初冬季节,金人再度南侵,分兵两路,一路由黄州渡江,一路由采石矶渡江。由黄州渡江的直赴江西南昌,由采石矶过来的,下建康而直指南宋都城临安。宋高宗急走越州,也就是今天的浙江绍兴,接着又听从宰相吕颐浩的计策,乘海船浮海避开金军的锋芒。宋高宗驻温州的江心寺,听任金兵大肆抢掠。于是金兵连破江南州郡,如入无人之境,这次率军南侵的金军主帅是金兀术。

此时韩世忠仍留屯秀州，他的部队分别守在江阴以下的长江沿线。建炎四年春节刚过，探子报告韩世忠，金军已从杭州饱掠北归。韩世忠听到消息后，仍在秀州张灯结彩，集会宴乐，若无其事。入夜以后，秀州城里灯火通明，而韩世忠的部队已紧急出动，沿运河水陆两岸齐头并进，抢先占领京口一带的金山、焦山，专截金兀术的归路。果然不出所料，金兀术的军队乘勇而来，他见江上布置了战船，旌旗飞扬、鼓角齐鸣、军伍严肃、士气勇壮，与别的将帅大不相同，知道是个劲敌。远远望见对方坐船上面，竖着大纛，绣着个斗大的"韩"字，不免打个寒噤，对部下说："原来是韩世忠！"当天金兀术就给韩世忠下了战书，约定第二天开战。

晚上，韩世忠苦思行兵布阵之法，梁红玉从船后走出来对韩世忠说："军队我少敌多，倘若与他奋力战斗是难以取胜的。明天交战不如把我军分为前后两队，四面截杀敌人。中军由我暂时管领，专事守备，并发号令，倘若金军杀来，只用枪炮矢石射住他，不让他前进。中军无懈可击，金兀术必定带他的部队向左右冲突，准备脱身。这时你就带前后两队军马，只看中军的旗号行事，我坐在船楼上面，击鼓挥旗，我的旗往东，即往东杀去，我的旗往西，即向西杀去。如果能一举歼灭金兀术，那就是特大的胜利。"韩世忠连称妙计。第二天早晨，梁红玉早已结束停当，戴着雉尾八宝嵌金珠金凤冠，穿一领锁子黄金甲，围着盘龙白玉带，端坐在中军的楼船上面。一天战斗打下来打得金军心胆俱寒，逼着金兀术的军队退到黄天荡内，黄天荡看去开阔，却是一条死港，进去后却没有出路。金兀术别无办法，出重赏征求出路计划，有贪利的当地人便指点他挖开日久淤塞已废弃的老鹳河故道，金兀术指挥军队一夜开出一条三十多里的水道，接通秦淮河，准拟再扑建康。想不到刚出老鹳河，在牛头山遇到岳家军，又像被赶的鸭子一样退入黄天荡，原指望韩世忠守不住了，等金兀术来到荡口，只见韩世忠的战船一字排列在荡口，几番冲杀，岿然不动。当时韩世忠、梁红玉以为大功告成，夫妇两人在船上开怀畅饮，韩世忠饮到高兴的时候，拔出剑来，放声高歌：万里长江，淘不尽壮怀秋色，漫说秦宫汉帐，瑶台银阙，长剑倚天氛雾外，宝光挂日烟尘侧！向星辰拍袖整乾坤，消息歇。龙虎啸，风云泣，千古恨，凭谁说。对山河耿耿，泪沾襟血。汴水夜吹羌管笛，鸾舆步老辽阳幄。把唾壶击碎，问蟾蜍，圆何缺？

就在金兀术绝望的时候，汉族中的奸细又向金兀术献了一计，叫金兀术用土盖住自己的船板，趁无风韩世忠的大海船无法移动的时候，用火箭射韩世忠船上的风蓬，引起大火，攻破韩世忠的防御，金兀术就此冲出韩世忠的包围圈。

但韩世忠用梁红玉的计谋,以少于敌军十倍的兵力包围敌军达四十八天之久,也足以名震华夏,名震夷狄。黄天荡一战使金军丧胆,再也不敢随便过长江南侵。

后来韩世忠和岳飞、刘俊一起三路大军北伐,梁红玉专门训练出一支女兵队伍,屡立奇功,岳飞在郾城大败金兀术的铁浮图、拐子马,与诸将庆功,准拟"直捣黄龙府"!但宋高宗听信秦桧的谗言,下令前线撤退,更以"莫须有"的罪名杀害岳飞。韩世忠听说秦桧竟以"莫须有"三字杀岳飞于风波亭,当面责问秦桧:"莫须有三字,怎么能服天下人心?"不久韩世忠也被罢去兵权,韩世忠乘机上表请求解职,从此杜门不出,梁红玉殷勤备至地服侍他,韩世忠后来被封为成安郡王。韩世忠愤然辞官,与梁红玉归隐杭州西湖。公元 1151 年,韩世忠病逝。不到两年,梁红玉也悒郁而逝。夫妇合葬于苏堤灵岩山下。

65. 唐赛儿

【生平考略】唐赛儿,蒲台(今山东滨县南)人,县民林三妻,明初山东农民起义军女领袖。永乐十八年(公元 1420 年),她领导的农民起义,虽然延续时间不长,但影响颇大,就连明成祖朱棣也被震惊。但是起义失败,唐赛儿下落不明,为了寻觅这位女英雄的最后归宿,多少年来,历代史学家,穷经皓首,仍无定论。

【起义经过】据《明史》及清代有关野史杂钞记载,唐赛儿于公元 1420 年 2 月 21 日在家乡率众数千人,"以红白旗为号",揭竿而起,历经三个多月,最终因敌我悬殊,和许多参加起义的农民军领袖一样,舍身取义,壮烈牺牲。

具体经过是这样的:唐赛儿于公元 1420 年 2 月 21 日在家乡高举义旗,赢得了四方群众如董彦皋、刘信、刘俊、丁谷刚、宾鸿、徐光等农民起义军领袖的支援。这些农民起义军领袖,率农民数万人响应唐赛儿的起义,并投入其麾下。这样声势浩大的农民起义一爆发,立即遭到了青州左卫指挥高凤的残酷镇压。高凤亲率精兵数千与起义军展开了殊死的斗争。但起义军在唐赛儿的领导下,英勇善战,屡挫高凤凶焰,并趁机利用熟识地形的有利条件,把高凤所率官兵打得溃不成军,并斩杀了高凤。

官兵惨败,高凤被杀,唐赛儿取得了胜利,使得山东诸州的大小官吏以及地主绅士慌作一团。消息传到北京城中,朱棣甚为震惊。为了迅速扑灭唐赛儿所率农民起义军的烈火,朱棣亲自下谕,命安远侯柳升为总兵官,都指挥佥事刘忠为副总兵官，急带护卫北京的“京营”，星夜赶程，奔赴山东，继续进行镇压。行前，朱棣亲自面授机宜，再三叮嘱柳升：“前高风轻进致败，不可不戒。”

就在明朝统治集团企图全力镇压唐赛儿农民起义军时，山东境内又连续爆发了多起农民起义。如宾鸿率领农民起义军于 4 月 17 日进攻安丘；19 日董彦皋的义军部队也以“红白旗为号”，于莒州（今山东莒县）正式起义，并攻克即墨县城；寿光、诸城、胶州等县的农民起义军也纷纷出击，屡败官军。

见此燎原之势，朱棣不得不再下谕旨，命令柳升分兵应付。山东境内蜂拥而起的农民起义军打乱了明朝统治集团全力镇压唐赛儿的部署，使得他们顾此失彼，疲于奔命，柳升兵力的分散，使唐赛儿的农民起义军得到了进一步的壮大和发展。

4 月 25 日，穷凶极恶的柳升为了尽快消灭唐赛儿的农民起义军，以装备精良的“京营”5000 人包围了唐赛儿农民起义军的中心驻地卸石棚寨，又派指挥吴亮前往诱降。柳升想用软硬两手来对付唐赛儿。

机警过人的唐赛儿立即识破柳升的阴谋诡计，义军愈加团结，进行顽强的抵抗，一举杀死了敌军副总兵官都指挥刘忠。为了诱惑柳升，唐赛儿还派遣了一些起义军战士到敌营前假装投降，并“告密”说，“寨内缺水，起义军将由东门突围寻水”。柳升信以为真，马上集中兵力阻截东门。见敌中计，唐赛儿率领部队趁机从敌军兵力薄弱、防备松懈之处撤退。

第二天天亮，柳升发现中计，气急败坏，挥军尾追，唐赛儿却早已领着寨内义军战士安全转移了。柳升怒，“斩杀百姓无数”。

这时，营州、即墨的农民起义军部队与围攻安丘的农民起义军合为一股，计众万余人，向安丘发动猛攻。眼看城池已破，原来在山东半岛防倭的明朝军队奉朱棣之旨，从蓬莱方向赶到安邱包围了农民起义军。在腹背受敌的情况下，农民起义军遂告惨败，大部分战士壮烈牺牲。

【下落之谜】有人认为，唐赛儿并没有在战斗中牺牲，而是在当地百姓的掩护下，逃出敌军重围，“隐逸后”复出，继续进行秘密活动，与明王朝对抗。主要依据：

其一，当地百姓对明王朝的痛恨和对唐赛儿的爱戴。

唐赛儿发动这次农民起义，主要原因是明成祖朱棣迁都，不顾人民群众的生计，征发大量农民赴北京修城造殿，强派大量民工从各地运送材料。为了供养京城内大批官吏和军队，兴师动众，滥征民工把南方大米运往北京。朱棣屡征农民开凿疏浚运河，总计十多年间，迁都耗费了大量民工和财力，使广大人民群众遭受了沉重的劳役灾难。特别是山东农民，处在运河开凿地区，劳役最重。

山东仅一次就征发“丁夫十六万五千”。“中原无辜赤子，困于转输，民不聊生”。社会生产力遭到了严重破坏，人民生活在水深火热之中。

所以，唐赛儿以当时该地民间宗教“白莲教”来团结人民，聚众起义，得到人民群众的广泛支持，人们尊称她为“佛母”。基于此，她脱险后，很有可能被当地百姓所掩护，逃脱了明王朝追捕的魔爪。

其二，明朝政府长期没有放弃追捕唐赛儿。

唐赛儿起义失败后，朱棣因“唐赛儿久不获，虑削发为尼或处混女道士中，遂命法司，凡北京、山东境内尼及道站，逮之京诘之”。(《明史纪事本末》“平山东盗”)

同年七月二日又命段明为山东左参政，继续搜索唐赛儿。段明为了完成这一任务，不仅把山东、北京的尼姑全部捕捉，逐一搜查，甚至还逮拿了除这两地之外的数万出家妇女，仍无所获。

随后，一无所获的朱棣将追捕的范围扩大到了全国。封建专制统治，一向以强大严密而著称，但是在那些信仰着依靠民间宗教精神改变命运的民众面前，却虚弱无用到了这样的地步，一切官府、巡检司、关隘、军队乃至特务机构，都无济于事。

唐赛儿究竟是战死疆场还是削发为尼，或为人民群众所保护，她的下落，直到今天依然是一个谜。

66. 秦良玉

【**生平考略**】秦良玉(？—1648)字贞素，土家族，四川忠州(今忠县)人。父亲秦葵饱读诗书，见多识广，算得上是一方名士，育有三男一女，良玉居于第三，上有哥哥邦屏，邦翰，下有弟弟民屏。秦良玉是家中唯一的女孩，从小生得如花似玉，聪慧伶俐，深受父母宠爱。父亲不仅依汉族大家的风范，教秦良玉诗书字画，也不忘苗家传统，从小训练她舞枪弄棒、骑马射箭。秦良玉与兄弟们一起长大，不但诗书造诣上倍出于兄弟，就是论起武功，也绝不会输给他们，父亲常夸她是一个奇女子。

秦良玉在丈夫死后，继任其职，她曾派出族人救援沈阳抗击后金，更曾亲率3000精兵北上，镇守山海关。清军入关南下，她坚持抗清，被南明隆武帝加封太子太保、忠贞侯。成为中国历史上唯一正史登录的巾帼英雄。

【**主要战绩**】明神宗万历二十年，刚满二十岁的秦良玉嫁给了石柱宣抚使马千乘为妻。石柱也属忠州，离秦良玉的娘家不远，是一个苗族人为主的郡县，朝廷设置宣抚使统辖这些归顺了大明的苗人。马千乘并不是苗人，他祖籍是陕西抚风，因祖上建立了战功，被封为石柱宣抚使，官职世代沿袭，最后传到了马千乘身上。因石柱地处偏远，民风剽悍，时有叛乱兴起，所以宣抚使最重要的责任就是训练兵马，维护安定。秦良玉嫁到马家，可谓是英雄找到了用武之地，她一身文韬武略派上了用场，几年时间就帮着丈夫训练了一支骁勇善战的"白杆兵"。

所谓"白杆兵"，就是以持白杆长矛为主的部队，这种白杆长矛是秦良玉根据当地的地势特点而创制的武器，它用结实的白木做成长杆，上配带刃的钩，下配坚硬的铁环，作战时，钩可砍可拉，环则可作锤击武器，必要时，数十杆长矛钩环相接，便可作为越山攀墙的工具，悬崖峭壁瞬间可攀，非常适宜于山地作战。马千乘就靠着这支数千人马的白杆兵，威镇周遭四方，使石柱一带长年太平无事。婚后，夫唱妇随，生活十分甜蜜，不久秦良玉生下一子，取名祥麟。

万历二十六年，播州宣抚使杨应龙勾结当地九个生苗部落举旗反叛，他们四处攻击，烧杀抢掠，残暴至极。播州在现在贵州省遵义一带，地势险峻，山高水险，叛军依仗着天然屏障，猖獗一时。朝廷派遣李化龙总督四川、贵州、湖广各路地方军，合力进剿叛匪，马千乘与秦良玉率领三千白杆兵也在其中。由于白杆兵特殊的装备和长期严格的山地训练，因此在播州的战争中十分得心应手，经常给予叛军出其不意的打击，不论怎样山峻岭高，白杆军都能出奇而至，宛如神兵从天而降，令叛军闻风丧胆。

最后，叛军调集所有兵力，固守在播州城里，城外则设下五道关卡，分别是邓坎、桑木、乌江、河渡和娄山关，每道关卡上都有精兵防守，杨应龙想以此作为自己的护身符。攻打邓坎，是由秦良玉带领五百白杆兵为主力。邓坎守将杨朝栋见对方兵力单薄，便准备一举吞灭，于是把手下五千精兵全部拉到阵地上，排下密密麻麻的阵式。秦良玉面对十倍于己的敌军毫不畏惧，骑一匹桃花马，握一杆长矛，威风凛凛地杀入敌阵，只见她左挑右砍，东突西冲，所过之处敌军兵士纷纷殒命，如秋风扫落叶一般。敌军潮水般涌向她把她层层包住，不料她越战越勇，长矛抡得像飞舞轮，所向披靡。陷入敌阵中的秦良玉方寸不乱，一边砍杀周围的敌兵，一边慢慢向敌将杨朝栋靠拢，将到近前时，她一顿猛杀之后，忽地纵马腾跃，还没待四周的人看清，她已把杨朝栋抓在了自己的马背上，右手挥舞着长矛，左手牢牢制住了敌将。众敌兵见头领被擒，顿时乱了阵脚，秦良玉的白杆兵乘胜追杀，没一顿饭的工夫，敌兵就死的死，伤的伤，逃的逃，五千人马溃散无遗。

攻下邓坎后,剿匪大军接着又顺利地拿下了桑木、乌江、河渡三关,直达播州外围的娄山关。娄山关是播州城外的一道天然屏障,山势高峻险要,仅一条小路通过关口,可谓“一夫当关,万夫莫开”之地。攻打娄山关的主要任务又落到了白杆兵头上,限于道路狭窄,无法通过大批兵马,秦良玉便帮丈夫定下了一个巧取的方案。这天凌晨,秦良玉与丈夫马千乘双骑并驰,沿正路攻向关口,只见两杆长矛上下翻飞,挡关的敌兵一一倒下,而后上的援兵也无法一拥而上。而当秦良玉夫妇两人并肩血战,敌兵越聚越多时,几千白杆军突然从关口两侧包围过来,敌兵防不胜防,落荒而逃。原来,趁秦良玉夫妇正面进攻,牵引了敌军注意力的时机,其他白杆兵将士从关卡两侧的悬崖处,凭着白杆长矛首尾相连,攀越上关,给了敌军出乎意料的打击。攻下娄山关后,叛军失去了护身符,剿匪大军一鼓作气,攻克了叛军据点播州城,杨应龙全家自焚而死,叛乱彻底平息下来。

论功行赏时,石柱白杆兵战功卓著,被列为川南路第一有功之军,秦良玉初次参加大战,立下汗马功劳,除受到重奖外,“女将军”的英名远播四方。

班师凯旋的路上,由于天气炎热,马千乘染上了暑疫;回到石柱后,又因接待不恭,得罪了内监邱乘云,被邱乘云设罪投入狱中。在狱中,得不到治疗调养,马千乘病重而死。

马千乘死后,朝廷觉得他并无大罪,所以仍保留了他家石柱宣抚史的世袭职位。而这时马家的继承人马祥麟年龄尚幼,朝廷鉴于秦良玉作战有功,文武兼长,所以授命她继任了丈夫的官职。

秦良玉是个坚强的女人,她强忍住失夫的悲痛,毅然接过丈夫遗留下来的千斤重担,继续训练白杆兵,管理石柱民众,尽心尽力,保住了石柱的安谧昌平。

二十年时光匆匆流过,转眼到了明神宗万历末年,满人崛起于东北的白山黑水之间。以努尔哈赤为帝,公然向大明边境挑衅。明神宗调集八万大军征边应敌,却不料出师不利,八万大军几乎全军覆没。辽东情势危急,朝廷重调全国兵马赴援,秦良玉此时已经46岁了,仍然亲自率领3000白杆兵,连同自己的哥哥、弟弟、儿子,兼程北上卫边。

万历四十八年,秦良玉的白杆兵已与满清军队打了几场硬仗,挫伤了清兵的一些锐气。这时,明神宗驾崩,明光宗继位,光宗在位仅一个月就崩逝,又由明嘉宗登上了皇帝宝座。

前后几个月时间,换了几个皇帝,明朝廷一时无人主事,清兵乘虚而进,攻占了沈阳,势头更加猖獗。秦良玉的大哥邦屏和弟弟民屏,为了挽回大明的损失,强渡浑河与清兵激战,无奈因寡不敌众,邦屏战死疆场,民屏身陷重围。秦良玉闻讯后,亲自率领百名白杆兵,渡河杀入重围,拼死救出了弟弟,抢回了哥哥的尸体。其后,因秦良玉智勇双全,朝廷任命她为把守山海关的主将。山海关是东北通向内地的必经之路,清军屡次派重兵前来叩关挑战,秦良玉不为所激,只命部下加固防守,终使清兵无法得逞。一次,秦良玉的儿子马祥麟带兵巡关时,被敌军的流矢射中一目,他忍痛拔出箭簇,援弓搭箭向远处的敌人射去,连发三箭,射死三个敌人,清将大为震惧,从此不敢轻易再来山海关挑衅了。

兄亡子伤,秦良玉悲怒交集,于是上书皇帝,陈述了自家军队作战及伤亡情况,熹宗深为感动,下诏赐予秦良玉二品官服,并封为诰命夫人,任命其子马祥麟为指挥吏,追封秦邦屏为都督佥事,授民屏都司金事之职,还重赏了白杆兵众将士。

后来,清兵暂时放弃了骚扰边境的举措,于是秦良玉率部返回石柱。返回之时,正赶上永宁宣抚使猓猡族的奢崇明起兵叛乱,奢崇明的党羽樊龙占据了重庆,听说秦良玉带兵回到了石柱,马上派人携金银厚礼去与她联络,想请她共同举兵。秦良玉大怒道;“我受朝廷厚恩,正思报效国家,岂能与叛贼为伍!”当即斩了贼使,火速发兵,溯江西上赶到重庆,出其不意地打败了樊龙的部队,攻下重庆。紧接着,她又率兵直赴成都,赶走了围攻成都的奢崇明部众,先后拿下红崖墩、观音寺、青山墩等几个大寨,彻底击毁了叛军势力。朝廷闻报后,授秦良玉为都督佥事,拜为石柱总兵官,以嘉奖她的血战功绩。

当解除了成都之围,秦良玉率领白杆兵骑马进城时,成都的市民纷纷涌上街头,扶老携幼,争睹女将军的风采。这时秦良玉已是五十开外,几十年的戎马生涯,不但没催她衰老,反而把她磨炼得愈加英姿飒爽。只见她端骑桃花马上,面颊红润饱满,两眼炯炯有神,身姿挺拔,气宇轩昂,一派大将风范,却又不失成熟女性的醇美。成都市民简直把她视为神明,纷纷在她走过的路上焚香跪拜。

巡抚朱燮元设盛宴为秦良玉及部众庆功,秦良玉豪爽海量,与当地高层官员同坐一桌,开怀畅饮。酒酣耳热之时,一位邻座的巡抚署官员,也许是被秦良玉酒酣面红的神态迷住了,竟忘乎所以地从桌下伸过一只手来,拉住她的衣角抚弄不放。秦良玉很觉烦心,悄悄抽出佩刀,猛地割下被牵的衣角。在座的人大惊失色,秦良玉却丝毫不动声色,依旧举起酒杯,谈笑风生,倒是那位失态的官员羞愧地离开了席位。

几年之后,贵州水西一带,有一个叫安邦彦的匪首,自立为罗甸王,招兵买马,占据了贵阳以西的千里之地。朝廷又诏命秦良玉率白杆军入黔平乱,秦良玉义无反顾,很快就平定了叛乱,杀死了安邦彦,但也赔上了弟弟秦民屏的性命。

天启七年，明熹宗驾崩，明思宗继承大统。清兵趁朝廷改帝之机，由蒙古人做向导，从龙井关越过长城，直奔向通州，京师形势十分急迫。明朝廷再次诏令天下诸军镇边勤王，当然忘不了调遣上次抗清有功的女将军秦良玉。秦良玉接旨后，带领她的白杆兵，日夜兼程赶往京师，并拿出自己的全部家产作为军饷，以补朝廷因连年应战而造成的军需不足。

秦良玉的部队与清兵在京师外围相遇，还没来得及安营扎寨，就开始了全面进攻。年已五十五岁的秦良玉，手舞白杆长矛，好似瑞雪飞舞、梨花纷飘，锋刃所过之处，清兵不是头落地就是手脚分家。所有白杆兵将士，无不以一当十，威猛如虎，打得清兵落荒而逃。很快，秦良玉接连收复了涿州、永平，解救了京城之围。

明思宗听到捷报后，派特使携带大批酒肉前来犒军，并在平台召见了富有传奇色彩的女将军秦良玉。见过女将军后，明思宗感慨万千，写下了四首诗，夸赞她的功绩，并御笔亲誊，赐给了秦良玉：

学就四川作阵图，鸳鸯袖里握兵符；
由来巾帼甘心受，何必将军是丈夫。

蜀锦征袍自剪成，桃花马上请长缨；
世间多少奇男子，谁肯沙上万里行。

露宿风餐誓不辞，忍将鲜血代胭脂；
凯歌马上清平曲，不是昭君出塞时。

凭将箕帚扫匈奴，一片欢声动地呼；
试看他年麟阁上，丹青先画美人图。

皇帝亲题的四首赞美诗，给予了秦良玉极高的评价，这实在是一件难得的殊荣，秦良玉叩谢圣恩后，班师回石柱。

又过了十来年，起义军张献忠进入四川一带，年过花甲的秦良玉再次披挂上阵，风采不减当年。她率领白杆兵，连战连捷，解除太平之围，扼叛将罗汝才于巫山，斩叛帅东山虎于谭家坪，使张献忠的军队在川地吃了不少苦头。然而，由于川地屡经兵灾，府库空乏，粮饷短缺，损失的兵力无法补充；而起义军部队势力强大，如潮水般涌进川蜀，整个战局上，官兵无法取胜。秦良玉万般无奈，只有退保石柱一地。

这时京城已被李自成所率领的义军攻破,明思宗自缢于煤山,大明皇朝在风雨飘摇中终于彻底倒塌,李自成入主京城,张献忠则想牢牢控制住川蜀,以作为自己的据点。

张献忠东征西战,几乎囊括了全蜀,却唯对石柱弹丸之地无可奈何。已68岁高龄的秦良玉,带着她手下历经百战的白杆兵,不畏强暴,誓死抗拒,一直到张献忠败亡,起义军终没能踏入石柱半步。

清顺治五年端阳节过后,75岁的秦良玉,在一次检阅过白杆兵后,刚刚迈下桃花马,身子突然一歪,溘然离开了人世,结束了她戎马倥偬、驰骋疆场的豪迈生涯。

据说,至今石柱县还保留着秦良玉的故居和她用过的武器,当地百姓提起她的事仍然如数家珍,无不为家乡出了这样一位"鸳鸯袖里握兵符"的女将军而自豪。

67. 吕四娘

【生平考略】吕四娘(清朝雍正年间人),浙江嘉兴人,明末大儒吕留良的孙女。吕家受文字狱牵连后,吕四娘隐姓埋名、苦学武功,成为清初的一代奇人。相传公元1735年她潜入圆明园,刺死了雍正皇帝。

【传奇人生】据史书记载,公元1735年8月20日,雍正还在处理政务,晚上得病,次日凌晨死亡。由于死亡非常突然,于是在官场,在民间,便产生了种种猜想和传说。民间流传最广的就是吕四娘报仇削取了雍正首级。

康熙皇帝驾崩后,四皇子允帧入主大统,改元雍正。此时,满清皇朝的基业已十分稳固,"反清复明"的浪潮在统治者的高压之下已转入低谷,狡黠多疑的雍正皇帝仍不放心,一旦发现反对朝廷的蛛丝马迹,就大杀出手,毫不留情。

浙江嘉兴有个著名的儒士吕留良,他本是明末秀才,入清后不再致力于功名仕途,一心闭门读书,修身养性,学问上堪称大家。他对清廷的专制暴虐心存不满,每能巧妙地诉诸笔端。其著作广为流传,颇能倾动士林,却又让清廷抓不到辫子,清廷对他无可奈何。吕留良有七个儿子,对儿子们的人生选择他只诱导而不干涉,长子名葆中,热衷于读书取仕,康熙四十五年以一甲二名榜眼考取进士。然而不久吕葆中即因"一念和尚案"受到牵连,锒铛入狱,终至忧郁而死。

吕葆中客死京城后,妻子林氏万念俱灰,带着刚出世不久的女儿吕四娘投靠到公公吕留良门下。只过了三年安稳日子,吕留良又因病去世,林氏母女再度失去依靠，索性遁入空门，辗转寄身于西湖山一座僻静的尼庵中。尼庵中的日子平静如水，晨昏诵经，白天劳作，过得十分艰辛，林氏已没有其他念头，只盼着女儿四娘一日日成长起来。

转眼十年时间过去了。天有不测风云，家臣吕德前来报信，家中遭到灭顶之灾。并且讲了事情的经过：湘中士子曾静游学来到嘉兴，在南湖雨楼中与当地人士谈诗论文，吕留良的门生严鸿逵、沈在宽等人也在其中。他们与曾静相谈得甚为投缘，便把整理出来的先师语录拿给他看。曾静原来也读过一些吕留良的传世之作，对他佩服不已，如今又见到这些秘本珍言，不由得击节赞叹，心中隐藏已久的“反清复明”大志被激发得沸腾起来。可惜自己是一介书生，手无寸铁，无以成事，想来想去，想到了手握重兵的川陕总督岳钟琪，此人是岳飞的后代，倘若能晓以大义，料定必会恍然醒悟，举兵反戈，复明大业指日可待。

曾静洋洋洒洒地写了一封劝导信，派弟子张熙送往西安，满心以为岳钟琪必为其所动，却不料他根本不吃这一套，不但没有接受曾静的建议，反倒扣压了张熙，严刑拷问，逼他说出了事情的来龙去脉。一封加急文书从西安传到京都，雍正皇帝大为震怒，火速命令湖南巡抚追捕曾静，并诏令浙江巡抚查抄嘉兴吕家。当地官吏从吕家搜出大批书籍，其中不乏逆上乱言，于是皇帝降下大罪，将吕府一门老小以及所有门生故旧，总计一百余人，全部处死或充军，连已故多年的吕留良也不放过，掘墓开棺，鞭笞其尸骨以示严惩。

这飞来横祸让母女俩心惊肉跳，不得不仓皇出逃，重新开始颠沛流离的逃命生涯。正在她们走投无路之时，不知不觉来到黄山脚下，吕留良的生前好友黄犊先生隐居于此，于是一路打听，翻山越岭总算找到了黄犊的“野云草堂”。

黄犊本是浙江仙居人，与吕留良有过八拜之交，他曾在清初做过朝廷武将，立下不少汗马功劳，雍正皇帝继位以后，疑心重重，大杀功臣，黄犊及时抽身，托病辞官，隐居到云雾苍茫的黄山深处。见吕留良的后人不期而至，他大为惊讶，待听说了吕门的不幸，他不禁老泪纵横，当然也热心地留下了吕家主仆三人，并表示会竭尽全力保护他们。

林氏母女总算是有了个栖身之处，在深山中过着“不知今夕何夕”的日子。吕四娘已是豆蔻少女，生得眉清目秀，明艳动人，只可惜深山寂寞，无处展示风采，每日闲着便随母亲学习些诗书字画和针线女红，更多的时间则是一个人游荡在奇峻诱人的山野中，与古松奇石为伴。

一天清晨，吕四娘早早起了床，在晓雾迷朦的山野中闲荡，无意中发现远处的石崖上有个人影飞跃翻腾，身手敏捷，宛如飞鸟野猿。吕四娘大生好奇之心，悄悄过去一看，那人竟是“野云草堂”年逾花甲的主人黄犊老先生，只见他先是打拳踢腿，接着又舞剑弄枪，一招一式，虎虎生风，直看得吕四娘眼花缭乱，心中暗暗称奇。看着看着，吕四娘暗生奇想，决定跟着黄老先生学好武艺，将来好为吕家报灭门之仇！自己是个女孩子家，明的提出学武，恐怕黄老先生不会答应，既然已找到了他的练武之地，干脆偷偷地跟着学吧！

主意打定，吕四娘便每天天不亮就起身，蹑手蹑脚地摸到石崖不远的一个隐蔽处，偷看黄老先生练武，一举一动，暗暗记在心中，然后找一个僻静的地方，仿照黄老先生的动作，比手划脚，先练了一段时间拳脚，后来又折一段松枝作剑，演习剑术，拿来碎石当镖，练习暗器，时间一长，竟也练得有些模样了。

有一天黄老先生有事外出，吕四娘趁机溜到石崖上，从一个小草棚里搬出兵器，真刀实剑地演练起来。她一点一劈，舞动得正酣时，不知黄老先生已来到近前，见她一招一式，居然也有点像模像样了，黄老先生大为惊诧，便隐在一块大石块后面察看。练完剑，吕四娘又随地拾起几枚石子，猛地向百步之外的一棵树掷出一颗，“飕”地一声，一只松鼠应声落地，黄老先生不由得失声叫好。吕四娘这才察觉旁边有人，忙循声寻来，见是黄老先生，脸“刷”地一下羞红了。追问之下，她原原本本道出了自己学武的目的和经过，黄老先生不但没责怪她，还对她小小年纪有此志气大大称赞一番，并正式收下她做徒弟。

吕四娘勤学苦练，又有极高的悟性，仅花了一年时间，就尽得黄老先生的真传。为了进一步提高武艺，黄老先生又介绍她到台山寻访悟因法师拜师学艺。

十五岁的吕四娘在母亲担忧的泪水中，背上简单的行装，只身告别了“野云草堂”，一路跋涉，向天台山进发。在天台山的慧日庵里，吕四娘找到了世外神尼悟因法师。这悟因法师俗姓朱，本是明朝的宗室之女，满清人入主中原后，她的家族遭到毁灭，幼小的她侥幸逃生，被一游方老尼收留，带到天台山削发为尼。在天台山上悟因练就了一身绝世武功，本想为“反清复明”打下基础，可眼看着清皇朝已日益稳固，自己一直缺少施展才华的时机，心意越来越冷。

就在这时，胸怀深仇大恨的吕四娘投到门下，悟因法师顿觉眼前闪出一道希望之光，她很爽快地收下了这个灵秀的小姑娘，决心把自己的武艺和志向全部注入她的身上。悟因法师先在庵内辟一静室，让吕四娘在里面日夜打坐，摒除一切杂念，直练到心如止水物我两忘，体内真气与天地之气合而为一，源源不断。接着，又将毕生揣摩出的绝技“摄神运气法”尽数传授给她。“摄神运气法”乃是以自己的意念为武器，随意运气，心至气至，使出看似轻柔的一招，威力却是无比，十丈以外的树叶都能被功力震得纷纷坠落。

两年时间在苦练之中过去了，吕四娘已长成亭亭玉立的妙龄姑娘，一身绝技更是了得，不但能飞行树梢绝壁，而且能心到功至，转瞬间闪出令人防不胜防的数十劲招。悟因法师认为她的功夫已到了炉火纯青的地步,可以下山完成夙愿了,于是将一把珍藏多年的宝剑交给她,并叮嘱说:“绝技在身,除报仇雪恨外,也要扶弱济贫,锄除不平!”

说到复仇之事,悟因法师还说了句八字偈语:“瓜熟蒂落,中秋之候。”吕四娘牢记在心,拜别师傅,下山去了。江湖上出现了一个妙龄女侠,戡邪扶正,声威四震,这就是吕四娘。她为了磨炼自己,携剑闯荡南北,参加了焦山英雄大会,破除了乌江驿江湖妖术娘,扫荡了泰山罗汉殿大小淫僧。忽闻在黄山的母亲病逝,她赶回去料理了后事,含泪叩谢了黄老先生,毅然束装北上京都。来到北京转了一大圈,皇宫禁卫森严,一时无从下手,吕四娘在城外的妙音庵住下,等待着行刺的机会。这时已是雍正十三年,经过一番血雨腥风的镇压,雍正皇帝满以为可以高枕无忧了,却又从南方传来贵州苗民作乱的奏报,乱军已接连攻下几座城池,当地官吏飞传奏折到朝廷请援。这天早朝,雍正与群臣商议对策,说来议去,居然满朝文武都拿不出个像样的办法来,皇帝心中不免忧烦不已,退朝后驾幸圆明园,想到清静的环境中散散心。

这天是八月十四,正是秋高气爽的季节,园内百草枯萎,黄叶翻飞,见此秋景,年已 58 岁的雍正皇帝不由地产生一种迟暮凋零之感。在长春馆用过午膳,坐上由四个小太监抬的软轿,在园中遛弯消遣,经过古香斋时,忽然听一阵柔和哀怨的笛声,声声沁入人心。“皇家园林,锦衣玉食,享不尽的荣华富贵,为何还有人如此幽怨?”雍正自言自语道,不由得产生了一探究竟的念头。循声寻去,绕过楼馆,遥见池塘对面的假山旁,一个年轻宫女正持笛吹得入神。雍正屏退抬轿的太监,悄悄走过去,在吹笛宫女背后停住,轻轻咳了一声。宫女回头一看,竟是皇上驾到,一时心中无备,吓得竹笛脱手,连忙跪下见驾。雍正帝看着小宫女没出声,那宫女还以为皇上动了怒,直吓得眼泪像断了线的珍珠,滚落在粉妆玉琢的面颊上。雍正见状不禁大动怜香惜玉之心,柔声命她不必惊慌,并问她的姓名籍隶。小宫女半天才回过神来,莺声怯怯地回答皇上,原来她是新近入宫的秀女,名叫惠仙,被派在古香斋执役,雍正安慰她一番后就走了。

这天夜里,雍正留宿在园中的春仙馆内,皓月当空,夜风清爽,他却在锦榻上辗转反侧,难以成眠。忽然间,想起了日间见过的那个吹笛秀女,怯生生,娇滴滴,别有一番韵味,她不是叫惠仙吗?召来做春仙馆中的女主人不正合适吗!于是,雍正起身写下手诏一纸,命小太监前往古香斋宣召。再说那边等着机会报仇的吕四娘,她白天待在妙音庵中休养调气,夜阑人静后潜入城内,到皇宫周围打探情况。虽然皇宫戒备森严,可她总能找到空隙,先后几次飞越宫墙,潜入禁宫内侦察;然而雍正皇帝寝宫附近夜夜有高手执勤,没能找到合适的机会下手，她不敢贸然行事，以免打草惊蛇。八月十四这天夜里，月色皎洁如银，一般的武林人士夜出行动都讲究一个“晦出月不出”，月黑风高便于隐匿行迹，而月明之夜就没有那么方便。但是吕四娘仗着艺高胆大，月圆之夜照常外出，一是因为她心急难耐，二也是因为临行前悟因法师曾嘱以“中秋之候”的话语，中秋节在即，也许时机已经到了。

月升中天时，吕四娘神不知鬼不觉地跃入禁宫，趴在正大光明殿上的瓦棱间朝下察看，但见殿内灯火昏暗，巡逻值夜的人也不像往常一样众多，似乎十分松懈。她心知情况有异，竖起耳朵细听，从太监无意交谈中得知，今夜皇帝宿在圆明园了。吕四娘心想这倒恰是个好机会，圆明园中戒备一定不像宫内这般严密，她连忙出了皇宫，施展绝尘飞行之技，一袋烟工夫就赶到了圆明园。纵上园墙朝内望去，只见园内树木森森，池塘泛着冷冷的波光，远处的一所楼馆内灯火辉煌，人影来往如穿梭，不用说皇帝是住在那里了。她悄悄接近那所楼馆，外面有大内高手密密地围守了几圈，根本难以溜进去。正当她躲在树影中暗自焦急时，忽然看见一个小太监匆匆忙忙地走了出来，她灵机一动，冥冥之中觉得这一定是好线索，便不动声色地一路跟踪着他。小太监七弯八拐来到古香斋，高声传道：“圣旨到，惠仙秀女接旨！”蕙仙这时已经睡下，听说来了圣旨，连忙翻身爬起来接旨。得知是皇帝召自己前往春仙馆侍寝，惠仙惊喜交集，连忙重新梳洗，然后赤身裹上小太监带来的一袭红斗篷，由小太监扛着向春仙馆跑去。光着身子入寝宫，这是清廷宫女为皇帝伴寝的规矩。吕四娘躲在一丛桂花树中，待小太监急步跑近，她斜刺里伸出一脚，把小太监猛地绊倒，斗篷里的惠仙也被摔在一旁，还没等小太监明白是怎么回事，吕四娘借着树影的遮掩，飞手出招，点住了惠仙的穴道，使她出不得声也动弹不得，又飞快地扯下斗篷往自己身上一裹，装着哼哼唧唧地站起身来。小太监这才爬了起来，嘴里嘟囔着，又把披斗篷的人往肩上一扛，他万万没料到，这一瞬间，斗篷里已演了一出调包计，还一面走一面央求背上的“惠仙秀女”千万不可在万岁爷面前提起被摔一事哩！

小太监径直将“惠仙”送到了雍正皇帝的罗帐中就转身出去了。这时雍正早已等得心焦，在枕上呢呼：“爱卿，快来吧！”吕四娘把斗篷一掀，霍地站起身来，一脚踏在雍正皇帝的胸膛上，同时从腰间拔出宝剑抵住了他的咽喉，低声喝道：“我乃吕留良之孙吕四娘，今夜特来取你人头，以祭我全家老小在天之灵！”雍正皇帝可真是所料不及。眼下受制于人，本有的一身武功也无法施展，吓得身子像筛糠一样抖个不停。不待他出声，吕四娘已高举起宝剑，带着满腔仇恨，一剑砍下了雍正皇帝的头颅，一切只在瞬息之间就完成了。等到第二天一早，值班的太监发现皇上的脑袋已不翼而飞，圆明园中顿时乱成一团，可这时吕四娘早已回到了妙音庵中。悟因法师和吕德已不期赶到妙音庵,与吕四娘一道摆下香案灵牌,用雍正皇帝血淋淋的人头,祭奠了吕氏一门冤魂。

68. 王聪儿

【**生平考略**】王聪儿(1777—1798),湖北襄阳(现襄樊市)人,江湖艺人出身。参加白莲教的起义后,她曾任义军总指挥,是有勇有谋的女英雄。

【**主要事迹**】清朝乾隆年间,官僚地主大量侵占农民的土地。农民无法谋生,只得流落江湖,卖艺糊口。王聪儿幼年丧父,跟着母亲学习杂技,跑马走绳,舞刀使棒,样样都行。母女俩凭着一身技艺走南闯北,过着颠沛流离的生活。

一天,母女俩来到襄阳,在一场事故中得到一位名叫齐林的帮助而加入白莲教。齐林为襄阳白莲教的首领。王聪儿入教后,经常利用卖艺的身份在江湖上宣传白莲教的教义。由于他们俩志同道合,感情也越来越深,不久后便结为夫妻。结婚后,齐林与王聪儿便一同领导白莲教徒筹划反对清朝的武装起义。

参加白莲教的人一天比一天多,齐林与王聪儿见起义条件已经成熟,就决定在襄阳起义。不料起义的风声走漏了,齐林和另外一百多教徒被捕,他们都被杀害了。齐林死后,王聪儿被大家推选为首领,暗中继续筹备新的武装起义。

公元1796年,王聪儿得知消息,说其他地方的白莲教都已发动了武装起义。大伙一致推选她为“总教主”。于是,她便带领义军杀了贪官污吏,并打开粮仓,把粮食分给了穷苦的老百姓。这时王聪儿的军队已发展至四五万人之多了。

后来,她带领义军从湖北到四川,和四川的义军会师,组成了一只拥有十四五万的起义大军。为了方便指挥,起义军以黄、青、蓝、白四色为号,分成八路大军,王聪儿被推选为八军的总统帅。一个年轻女子可成为这样大规模起义的首领,说明了王聪儿有多么的能干!

公元1798年,王聪儿率领义军一路打到西安。消息一传到朝廷,嘉庆皇帝急忙派大军镇压,清军调来大批援军围攻他们。由于兵力相差太大,又没有别的义军支援,王聪儿的队伍渐渐支持不住,只好向后撤退。他们退到阎王扁的山上,已被包围上来的清兵团团围住。王聪儿与她的部下都不愿当俘虏,所以他们都跳下了悬崖。王聪儿牺牲的时候才22岁。

69. 冯婉贞

【生平考略】冯婉贞(清咸丰年间人),北京谢庄人,祖籍山东。公元1860年英法侵略军占领北京以后,四处掳掠,19岁的冯婉贞与父亲冯三保一起,带领民团打败英法军队,保护了谢庄百姓的生命和财产安全。

【主要事迹】冯婉贞的主要事迹在徐珂辑《清稗类钞》中"冯婉贞胜英人于谢庄"中有详细的记载:

清朝咸丰十年,英、法联军从海上入侵中国,京城北京骚乱起来。在离圆明园十里的地方,有一个村子叫谢庄,全村都是猎户。其中有一个叫冯三保的,山东籍人,精通武术,他的女儿婉贞,十九岁,从小喜爱武术,没有不精通的。这一年谢庄创办村民自卫组织"团练",因为冯三保勇敢而又会多种武艺,大家推选他当头领。村民们在险要的地方筑起石墙、土堡垒等防御工事,树立起旗帜,上面写有"谢庄团练冯"几个大字。

一天中午,侦察消息的人报告说敌人的骑兵开来了。不久,就看见一个白种人的头子率领着大约一百名印度士兵,那头子是英国的军官,他们正骑着马向前跑来。冯三保提醒团丁装好火药、上好子弹,但不要乱放枪,他说:"这是强敌啊,瞄不准就不要轻易发射,白白浪费子弹,这对我们取胜没有好处,大家一定要当心这一点!"

这时敌人已逼近石寨,枪声大作。寨子里的人蜷曲着身子趴在那里,一动不动。不久,敌人离得更近了。冯三保见这阵势有机可乘,急忙挥动旗帜,说:"开火!""开火"是军中规定放枪的号令,于是所有的枪支一齐发射,敌人像落叶似的纷纷跌下马来。等敌人的枪再次射击时,寨子里的人又像鸭子一样趴在地上了。这是借寨墙来做掩护的。攻打了一阵,敌人退却了,冯三保非常高兴,唯独婉贞忧愁地说:"小股敌人走了,大股敌人要来的。如果他们拿大炮来攻打,我们全村不就化为粉末了吗?"冯三保吃惊地问道:"那怎么办呢?"冯婉贞说:"西洋人的长处是使用枪炮等火器,短处是不会武术。枪炮对远距离攻击有利,而武术对近身作战有利。我们村方圆十里都是平原,跟敌人较量枪炮,那怎么能取胜呢?不如用我们的长处,去攻击敌人的短处,持着刀,拿着盾,像猿猴那样敏捷地进攻,象鸷鸟那样勇猛地搏击,或许能避免这场灾祸吧?"冯三保说:"把我们全村人都算上,精通武术的不过一百来人,让这样少的人投身到强大的敌群中搏斗,这跟把一只羊孤身投到狼群里有什么不同呢?小女孩子不要多嘴。"冯婉贞微微地叹息说:"我们村庄眼看就要完了!我一定要尽全力来拯救我们的村庄。"于是她把谢庄精通武术的少年召集起来,激励他们说:"与其坐着等死,怎比得上奋起抗敌拯救我们的谢庄呢?各位如果没有这种意思也就算了,如果有这种意思的话,就听我的指挥好了。"顿时,群情振奋。

于是冯婉贞率领着一伙青年人整装出发,他们都穿着黑衣黑裤,手持雪亮的钢刀,行动敏捷得象猿猴一样。离村四里的地方有一大片树林,树荫浓密,遮蔽天日,他们就埋伏在那里。没有多久,敌人果然抬着大炮来了,大约有五六百人。婉贞拔刀跃起,率领大家袭击敌人。敌人没有意料到,非常惊慌混乱,忙用枪上的刺刀来迎战,可是轻便敏捷勇猛凶狠到底比不上以冯婉贞为首的中国少年。冯婉贞挥舞钢刀奋力砍杀,跟她对打的没有一个不倒地的,敌人纷纷败退。冯婉贞大声喊道:"各位!敌人想远远地甩开我们,要用枪炮消灭我们,赶快追赶,不要坐失良机!"于是众少年尽全力拦截逃敌,双方混杂在一起,杂错交战,敌人的枪炮火器始终不能发射。太阳落山时,被打死打伤的敌军不下一百多个。残敌只好扔下大炮,仓皇逃命。谢庄于是得到了保全。

70. 洪宣娇

【生平考略】洪宣娇,洪秀全(太平天国天王)的妹妹。她在公元1805年嫁给了萧朝贵,也就是后来的西王。清朝许多女英雄中最有名气的一个便是洪宣娇,她是太平天国的一个武官。太平天国在公元1864年结束,据说天京城破之日,洪宣娇乔装成民妇,随着逃难的人群到了上海,而后又辗转随同洋传教士远渡美国,在美国旧金山一带开业行医,至今那里还流传着许多关于洪宣娇的传说。

【主要事迹】鸦片战争之后,清朝廷的腐败无能日益显示出来,不断地被迫割地、赔款、开放通商口岸,压在广大人民头上的负担越来越重,九州大地怨声载道。终于,在鸦片战争结束后的第八年,洪秀全为首的太平军在广西金田起事,目标在于推翻腐朽的清朝廷。在顺应民心的情况下,太平军的势力迅速扩展,咸丰元年攻占永安后建立太平天国;咸丰三年攻取了南京,正式奠定了基业；直到同治六年，由于太平天国高层领导人内部争斗厮杀，削弱了自己的力量，才导致城破国亡。太平军由数百人的教会组织发展到声势浩大的太平天国，前后持续了十五年，足迹踏遍大半个中国，不能不说是一个奇迹。创造这个奇迹除了靠足智多谋的天王洪秀全及手下一批得力的干将外，洪秀全同父异母的妹妹洪宣娇在其中也起到了举足轻重的作用。这个娇媚女子的一举一动，和太平天国命运的沉浮，有着密切的关系。

洪秀全的父亲洪国游共娶了三个太太，生下三子一女，洪秀全和洪宣娇分别是二姨太和三姨太所生。洪国游死后，家道中落，儿女们为谋生各分东西，洪秀全屡试不第后参加了上帝会，后来被推为教主；洪宣娇则加盟了一个流浪艺人的团伙，四处卖艺为生。

在艺人班子里，洪宣娇学得了一身好功夫，模样也出落得艳丽动人，白里泛红的面颊上嵌着两颗含娇藏媚的大眼睛，纤腰丰臀，练起功夫来飒飒生风，媚眼扫过之处，令人目眩神迷，十几岁年龄就成了班子里的红角儿。

一次卖艺来到武宣卢陆洞，当地的殷实农家之子萧朝贵被洪宣娇的神韵迷住了，天天腻在场子里为她捧场，混熟了后，提出为她赎身并娶她；洪宣娇对东奔西颠、逢人卖笑的卖艺生活也已厌倦，所以答应了萧朝贵的请求，以五十两纹银赎了身，住进萧家安定下来。其实，洪宣娇与萧朝贵只是住在一起而已，并没有经过明媒正娶，洪宣娇倒也不计较这些。

不久后，在广西桂平、武宣一带传教的洪秀全，看准了民心浮动的世态，便利用自己教主的身份，建立了上帝会，一时间归附者甚众。上帝会除开堂传教之外，更主要的工作是练兵筹饷，为伺机举事作准备。

消息传开后，洪宣娇听说哥哥在鹏化山聚众传教，地点离她住的萧家很近，她顿时兴奋莫名，鼓动萧朝贵一同投入她哥哥的麾下。萧朝贵家中的生活还算富裕稳定，不太想去过那种动荡的生活，可架不住洪宣娇硬缠软磨，只好瞒着家人，与洪宣娇一同投奔了上帝会。

参加了上帝会的组织后，洪秀全见妹妹为人伶俐，善于交际，便派她外出打探消息。洪宣娇确实没让她哥哥失望，她凭着自己出色的姿容，常以浪荡女人的身份出入酒馆茶楼，与一些地方官员拉上关系，从而获取了不少有价值的消息。

上帝会不同于其他占山为王的匪寇，他们倡言保护当地百姓的安全，为此成立了“保良攻匪会”。上帝会的这一举措自然与当地的帮会人物发生了冲击，双方怒目以待，到了一触即发的形势。当地帮会领袖是黄玉昆，手下颇有一批人马，上帝会正值萌芽阶段，若真的与他们发生火拼，还很难有取胜的把握，于是洪秀全决定采取软化拉拢的手段，争取化干戈为玉帛，这重任又无可推卸地落到了洪宣娇头上。一连数日，打扮得花枝招展的洪宣娇，在黄玉昆家门前摆开场子，舞刀弄枪，终于引起了黄玉昆的注意，他见这小姑娘不但拳脚功夫像模像样，人也长得娇俏可爱，于是让手下的人把洪宣娇请进府中，名义上是切磋武艺。这一请正中洪宣娇的下怀，她毫不推辞地接受了邀请，在黄家的小客厅里，陪着黄玉昆喝酒谈天，嬉笑逗乐，整整缠绵了一夜，这期间洪宣娇不动声色地向他宣扬了一大通上帝会的前途和好处，还真让他动了心。不久后，黄玉昆就带着他的全数人马和财产加入了上帝会，大大增强了上帝会的势力。为了筹措活动经费，洪秀全把主意打到了桂平金田村大财阀韦家的头上。韦家老太爷是个十分正统刻板的老夫子，要说服他是几乎不可能的；而他家少爷韦昌辉，是个血气方刚，好打抱不平的监生，只要动之以情，晓之以理，从他身上找到突破口还是可行的，这工作又得由长于此事的洪宣娇来完成。

韦昌辉是个读书人，若使用当初拉拢黄玉昆的那一套江湖手腕是行不通的，洪宣娇精思妙想，订下一个细密的方案。几天后，一间情调幽雅的小酒馆在韦家附近开张了，里面卖的是上等佳酿，再配上精致的点心，东西是好，价钱也高得惊人，一般的人不敢问津，剩下的只能是韦家这样的豪户之人才会光顾了。果不其然，韦昌辉很快就被这里幽雅的气氛吸引住了，成了酒馆的常客，漂亮而多情的老板娘又对他百般示好，更使他流连忘返。韦家老太爷听说儿子沉溺酒色的消息后，不免对他大加责备，韦昌辉满肚子委屈，只好向酒馆老板娘洪宣娇诉说，洪宣娇一边柔言相慰，一边怂恿他索性离家出走，投到上帝会门下。七说八说，还真让韦昌辉心思一横，跟着她上了鹏化山。韦家老太爷闻讯后，气得半死，不顾年高体弱，亲自到山上来找儿子，到山上却被洪秀全软硬兼施给说动了心，不但没拉回儿子，倒还捐出了一大批钱物，资助上帝会。后来，经韦昌辉的穿针引线，文武双全的桂平举人石达开也自愿投到洪秀全麾下，使上帝会的核心领导人员更加充实了。

到了道光三十年，上帝会的教徒已发展到数万人，洪秀全认为时机已经成熟，于是号召各地教徒变卖家产，购置武器，并将人员全部编排为作战队伍，在金田村揭竿而起，树立起太平军的旗号。第二年，太平军攻占了永安，在那里踞守了半年，建立起太平天国，洪秀全自称天王，封杨秀清为东王、萧朝贵为西王、冯云山为南王、韦昌辉为北王、石达开为翼王，所封各王都受天王节制。

于是由洪秀全做主，洪宣娇嫁给萧朝贵。起事之初，准许大家携带家眷随营而行，为了便于管理和行动，在洪宣娇的建议下，全部女眷被集中起来，建立了“女营”，由洪宣娇任统领。不幸的是，西王萧朝贵在围攻长沙时死于战火，新婚不久的洪宣娇转眼成了寡妇。

到南京定都后，战争暂时停歇，于是将“女营”改为“女馆”，由东王杨秀清兼任总管，洪宣娇则任稽查。此时洪宣娇一人独主西王府，虽是锦衣玉食，但不免孤寂难耐。整日里无所事事，她便找来洋教士跟着学习西医，凭着她的聪明伶俐，很快便学成了一手高明的医术，以行医诊病消磨时间，竟成了名噪一时的女医生。

十一、挺身救父的勇敢女子

71. 缇萦

【生平考略】缇萦，西汉时人，住在山东，她是淳于意五个女儿当中最小的一个。淳于意从前当过官，后来弃官行医，救死扶伤，深受民间尊敬。后被一大商人诬告，当地的官吏判他“肉刑”。缇萦毅然挺身救父，她的毅力和勇气，不但使父亲含冤得直，免受肉刑，而且也使汉文帝深受感动，并因此废除了这种残酷的肉刑。

【故事经过】公元前167年，临淄地方有个小姑娘名叫淳于缇萦。她的父亲淳于意，本来是个读书人，因为喜欢医学，经常给人看病，出了名。后来他做了太仓令，但不愿意跟做官的来往，也不会拍上司的马屁。没有多久，辞了职，当起医生来了。

有一次，有个大商人的妻子生了病，请淳于意医治。那病人吃了药，病没见好转，过几天死了。大商人仗势向官府告了淳于意一状，说他是看错了病。当地的官吏判他“肉刑”（当时的肉刑有脸上刺字，割去鼻子，砍去左足或右足等），要把他押解到长安去受刑。

淳于意有五个女儿，可没有儿子。他被押解到长安去的时候，望着女儿们叹气，说：“唉，可惜我没有男孩，遇到急难，一个有用的也没有。”

几个女儿都低着头伤心得直哭，只有最小的女儿缇萦又是悲伤，又是气愤。她想：“为什么女儿偏没有用呢？”她提出要陪父亲一起上长安去，家里人再三劝阻她也没有用。缇萦到了长安，托人写了一封奏章，到宫门口递给守门的人。汉文帝接到奏章，知道上书的是个小姑娘，倒很重视。那奏章上写着：“我叫缇萦，是太仓令淳于意的小女儿。我父亲做官的时候，齐地的人都说他是个清官。

这回他犯了罪,被判处肉刑。我不但为父亲难过,也为所有受肉刑的人伤心。一个人砍去脚就成了残废;割去了鼻子,不能再按上去,以后就是想改过自新,也没有办法了。我情愿给官府没收为奴婢,替父亲赎罪,好让他有个改过自新的机会。"

汉文帝看了信,十分同情这个小姑娘,又觉得她说的有道理,就召集大臣们,对大臣说:"犯了罪该受罚,这是没有话说的。可是受了罚,也该让他重新做人才是。现在惩办一个犯人,在他脸上刺字或者毁坏他的肢体,这样的刑罚怎么能劝人为善呢。你们商量一个代替肉刑的办法吧!"大臣们一商议,拟定一个办法,把肉刑改用打板子。原来判砍去脚的,改为打五百板子;原来判割鼻子的改为打三百板子。汉文帝就正式下令废除肉刑。这样,缇萦就救了她的父亲。

十二、孝贤文静的倾城美女

72. 甄洛

【生平考略】甄洛，中山无极(今河北定元)人，上蔡令甄逸的女儿，生于汉灵帝光和五年十二月，卒于魏黄初二年六月，死时四十岁。她原来是袁绍次子袁熙的妻子，后袁绍为曹操所灭，便被曹丕娶为夫人，人称甄夫人或甄后，《三国志·魏书·后妃传》中有她的传记。懂诗文，貌艳丽，是三国时代的著名美女。

甄洛三岁死去父亲，家中有三位哥哥和四位姐姐，她是排行最小的五妹，九岁时就能读书写字，她哥哥笑她将来要当“女博士”。后来，袁绍听说她有才貌，遂让她与次子袁熙结婚，婚后袁熙北上幽州，留她在邺都(今河南省临漳县)侍奉家母。

淝水之战后，曹操早就听闻甄洛的美丽，并在战后派重兵包围府邸。但曹丕却喝退士兵，进入带走甄洛，并护其安全。战后，向曹操请求迎娶，曹操见后，不好与其子争妻，便顺水推舟送给曹丕。

当时，曹植也表态想娶甄洛，未果。

甄洛是位贤淑的女人，从不和曹丕争执，并对其妻妾以礼相待。婚后甄洛生下了儿子曹睿和女儿东乡公主，曹操和夫人卞氏更加喜欢甄氏了。但魏国立后，甄洛以其子为继承者，遭到妒忌，被郭夫人陷害而死。

到了公元226年(黄初七年)，魏文帝死，曹睿即位为魏明帝，才为他的生母平冤昭雪，追“文昭皇后”。

【《洛神赋》与《洛神赋图》】说到甄氏，人们自然联想起曹植的著名作品《洛神赋》来。《洛神赋》写于甄氏死后的第二年，是建安时代抒情小赋代表作之一。相传当初曹丕和曹植两兄弟之间曾起过激烈争执，而甄氏就是曹植《洛神赋》中的女主人公。这个传说来自《文选》的一段注文,其中说道:甄氏死后,有一天,曹丕把她生前用过的一个玉缕金带枕出示给曹植看,曹植睹物思人,大为感伤,不觉泪下。曹丕留曹植宴饮,故意把这个玉缕枕送给弟弟,曹植怅然而返。没过多时,甄氏的灵魂来到洛水之上与曹植相会,说:我本托心君王,其心不遂。此枕是我在家时从嫁,前与五官中郎将(曹丕),今与君王。并派人献珠曹植,曹植也将玉佩回赠她。对于这次洛水相会,曹植悲喜交加,因作《感甄赋》。后来曹睿又见了,改为《洛神赋》。

顾恺之读曹植所写《洛神赋》之后大为感动,遂凝神一挥而成《洛神赋图》。此卷一出,无人再敢绘此图,故成为千百年来中国历史上最有影响力的名著和最为世人所传颂的名画。把甄妃与洛神相提并论,实际上也是一种对甄妃的怀念和寄托。

附:甄洛诗

甄洛能诗,有乐府《塘中行》诗传于世,载于《玉台新咏》。诗云:

"蒲生我池中,其叶何离离。
傍能行仁义,莫若妾自知。
众口铄黄金,使君生别离。
念君去我时,独愁常苦悲。
想见君颜色,感结伤心脾。
念君常苦悲,夜夜不能寐。
莫以豪贤故,弃捐素所爱?
莫以鱼肉贱,弃捐葱与薤?
莫以麻枲贱,弃捐菅与蒯?
出亦复何苦,入亦复何愁。
边地多悲风,树木何翛翛!
从君致独乐,延年寿千秋。"

据传,此诗是甄氏临终时所作(一作魏武帝曹操辞)。诗中抒发了一位含冤女子的心声,是一首很感人的五言诗。

十三、改写历史的绝色女子

73. 杨玉环

【生平考略】杨玉环与西施、王昭君、貂蝉并称为中国古代四大美女。

杨玉环(719—756),唐代宫廷音乐家、歌舞家,其音乐才华在历代后妃中鲜见。原籍蒲州永乐(今山西永济)人。开元七年(公元719年)6月1日生于蜀郡(今四川成都),出身宦门世家,曾祖父杨汪是隋朝的上柱国、吏部尚书,唐初被李世民所杀,父杨玄琰,是蜀州司户,叔父杨玄珪曾任河南府土曹。杨玉环的童年是在四川度过的,10岁左右,父亲去世,她寄养在洛阳的三叔杨玄珪家。

杨玉环天生丽质,性格婉顺,精通音律,擅歌舞,并善弹琵琶。

开元二十二年七月,唐玄宗的女儿咸宜公主在洛阳举行婚礼,杨玉环也应邀参加。咸阳公主之胞弟寿王李瑁对杨玉环一见钟情,唐玄宗在武惠妃的要求下当年就下诏册立她为寿王妃。婚后,夫妇生活甜美异常。

开元二十五年十二月初七,唐玄宗宠爱的武惠妃病逝,玄宗因此郁郁寡欢。在心腹宦官高力士的引荐下,唐玄宗把目光投向了与武惠妃相似的儿媳杨玉环。

开元二十八年十月,与李瑁成亲五载的杨玉环离开寿王府,来到骊山,此时她才22岁,玄宗则56岁。玄宗先令她出家为女道士,为自己的母亲窦太后荐福,并赐道号“太真”。

天宝四年,唐玄宗把韦昭训的女儿册立为寿王妃后,遂册立杨玉环为贵妃,玄宗自废掉王皇后就再未立后,因此杨贵妃就相当于皇后。

杨贵妃有三位姐姐,皆国色,也应召入宫,封为韩国夫人、秦国夫人、虢国夫人,每月各赠脂粉费十万钱。

杨玉环自入宫以后，遵循封建的宫廷体制，不过问朝廷政治，不插手权力之争，以自己的妩媚温顺及过人的音乐才华受到玄宗的百般宠爱。尽管曾因妒而触怒玄宗，以致两次被送出宫，甚至杨玉环在宫中与安禄山有染，最终玄宗还是难以割舍她。直至安史之乱，唐玄宗仅带杨贵妃西逃，在马嵬坡兵谏时，杨贵妃被逼赐死，年方38岁。

【杨贵妃墓】今陕西兴平县有杨贵妃墓，占地3000平方米，墓侧有李商隐、白居易、林则徐等历代诗碑。临潼骊山北麓有华清池，传为杨贵妃“春寒赐浴华清池，温泉水滑洗凝脂”的遗迹，其中尤以“贵妃池”更为著名，传为杨贵妃专用的浴池，故又称“妃子汤”，池侧有“凉发亭”，传为贵妃浴罢凉发梳头之处。这些名胜古迹因为与古代著名美人杨贵妃有密切关系，吸引了不少中外游客，成为著名的旅游胜地。

【相关故事诗词】玄宗亲谱《霓裳羽衣曲》，召见杨贵妃时，令乐工奏此新乐，赐杨氏以金钗钿合，并亲自插在杨氏鬓发上。玄宗对后宫人说：“朕得杨贵妃，如得至宝也。”（《古今宫闱秘记》卷三）复制新曲《得宝子》，足见宠幸之隆。时宫中未立新皇后，宫人皆呼杨氏为“娘子”，实居后位。郑处诲讲了一个故事，说在杨玉环晋为贵妃之后，岭南贡上一只白鹦鹉，能模仿人语，玄宗和杨贵妃十分喜欢，称它为“雪花女”，宫中左右则称它为“雪花娘”。玄宗令词臣教以诗篇，数遍之后，这只白鹦鹉就能吟诵出来，逗人喜爱。玄宗每与杨贵妃下棋，如果局面对玄宗不利，侍从的宦官怕玄宗输了棋，就叫声“雪花娘”，这只鹦鹉便飞入棋盘，张翼拍翅，“以乱其行列，或啄嫔御及诸王手，使不能争道。”（《明皇杂录》）后来这只可爱的“雪花娘”被老鹰啄死，玄宗与杨贵妃十分伤心，将它葬于御苑中，称为“鹦鹉冢”。元朝诗人杨维桢《无题效商隐体诗》云：“金埒近收青海骏，锦笼初放雪衣娘。”（《铁崖集》）就是咏及玄宗与杨贵妃的宠物白鹦鹉的。玄宗对宠物白鹦鹉尚且如此珍惜，其对杨贵妃的恩宠更不待言了。

由于杨贵妃得到重宠，她的兄弟均赠高官，甚至远房兄弟杨钊，原为市井无赖，因善计筹，玄宗与杨氏诸姐妹赌博，令杨钊计算赌账，赐名国忠，身兼支部郎中等十余职，操纵朝政。玄宗游幸华清池，以杨氏五家为扈从，每家一队，穿一色衣，五家合队，五彩缤纷。沿途掉落首饰遍地，闪闪生光，其奢侈无以复加。杨家一族，娶了两位公主，两位郡主，玄宗还亲为杨氏御撰和御书家庙碑。

有一次，杨贵妃恃宠骄纵，得罪了玄宗，被玄宗谴归娘家。可是，贵妃出宫后，玄宗饮食不进，高力士只得又把她召回来。公元750年，贵妃偷了二十五郎邠的紫玉笛，独吹自娱。事发，以忤旨又被送出宫外。贵妃出宫后，剪下一绺青丝，托中使张韬光带给玄宗，玄宗大骇，又令高力士把她召回。张祜《分王小管》

诗云:“金舆还幸无人见,偷把分王小管吹。”(《中晚唐诗叩弹集》卷五)就是咏此事的。杨贵妃知道玄宗没有她,便寝食不安,更为骄纵,杨家“出入禁门不问,京师长吏为之侧目”。时人有“生女勿悲酸,生男勿喜欢”(《杨太真外传》)之谣。李肇说:“杨贵妃生于蜀,好食荔枝。南海所生,尤胜蜀者,故每岁飞驰以进。”(《唐国史补》卷上)杜牧《过华清宫》诗云:

长安回望绣城堆,山顶千门次第开。一骑红尘妃子笑,无人知是荔枝来。

——《中晚唐诗叩弹集》卷六

就是咏岭南贡荔之事,后世岭南荔枝有“妃子笑”者,据说得名于此。

天宝中年,范阳节度使安禄山立过边功,深得玄宗宠信,令杨氏姐妹与禄山结为兄妹,杨贵妃则认禄山为干儿子。禄山以入宫谒见干娘为名,竟明目张胆地调戏起杨贵妃来。杨贵妃在长安庆祝最后一次生日,是公元755年六月一日于华清宫,玄宗令梨园置乐,于长生殿奏新曲,未有曲名,适广东南海进荔枝到,遂以《荔枝香》为曲名。同年十一月,安禄山反,玄宗仓皇入川,次年途经马嵬驿(今陕西省兴平县西),军队哗变,逼玄宗诛杨国忠,赐杨贵妃自尽,时年38岁。白居易的《长恨歌》,就是叙玄宗与贵妃的悲剧故事。

杨贵妃能诗,《全唐诗》收有其《赠张云容舞》一首云:“罗袖动香香不已,红蕖袅袅秋烟里。轻云岭上乍摇风,嫩柳池边初拂水。”这是以女人写女人的舞姿,比之秋烟芙蓉,若隐若现;复比之岭上风云,飘忽无定,更比之柳丝拂水,婀娜轻柔,衬以罗袖动香,可谓出神入化。

在诗词中反映杨贵妃的故事是很多的,杜牧《过华清宫绝句》云:新丰绿树起黄埃,数骑渔阳探使回。霓裳一曲千峰上,舞破中原始下来。(《中晚唐诗叩弹集》卷六)就是咏贵妃故事。至于李白《清平调词》三首,其中“云想衣裳花想容,春风拂槛露华浓”名句(《李太白全集》卷五)更成为千古绝唱。贵妃死后,玄宗入蜀,“行至扶风道,……又至斜谷口,属霖雨涉旬,于栈道雨中闻铃声,隔山相应。上既悼念贵妃,因采其声为《雨霖铃曲》。”(《杨太真外传》)这就是后来宋词《雨霖铃》词牌的由来。

在戏剧中演杨贵妃的故事更多,元朝白朴撰有《唐明皇秋夜梧桐雨》杂剧,明朝有屠隆隆《彩毫记》传奇、吴世美《惊鸿记》传奇、无名氏《磨尘鉴》传奇,清朝有洪升《长生殿》传奇,京剧有《百花亭》、《贵妃醉酒》、《太真外传》、《马嵬坡》等,其他地方剧种也有许多演杨贵妃的故事,真是不胜枚举。尤以梅兰芳主演的京剧《贵妃醉酒》以其独创性及卓越演技唱腔,饮誉海内外。小说则有《杨太真外传》、陈鸿《长恨歌传》、《隋唐演义》等。

74. 李师师

【生平考略】李师师(北宋末年),本姓王,河南汴梁人,四岁时亡父,因而落入娼籍李家,成为北宋末年汴梁最著名的歌妓。与当时的大词人周邦彦、晁冲之等多有诗文唱和,一度被宋徽宗召入宫中,封为瀛国夫人(有人说是封为李明妃)。北宋亡后失踪。

【主要经历】李师师原本是汴京城内经营染房的王寅的女儿,三岁时父亲把她寄名佛寺,老僧为她摩顶,她突然大哭。老僧人认为她很像佛门弟子,因为大家管佛门弟子叫"师",所以她就被叫做李师师。过了一年,父亲因罪死在狱中。她又被邻居抚养长大,渐渐出落得花容月貌,皮肤白皙,经营妓院为业的李媪将她收养,教她琴棋书画、歌舞侍人。一时间李师师成为汴京名妓,是文人雅士、公子王孙竞相争夺的对象,最后连宋徽宗也闻其名而想一亲芳泽。高俅、杨戬自然怂恿宋徽宗,并信誓旦旦地保证不会走漏消息。

一见到李师师,宋徽宗就觉得这些年简直是白活了。李师师不卑不亢、温婉灵秀的气质使宋徽宗如在梦中。李师师与高俅早就相识,见位高权重的高大人竟然对这位陌生的客人毕恭毕敬,心下疑惑,但可以确定这也是得罪不起的达官显贵,于是殷勤侍奉。

第二天天还没亮,宋徽宗急忙穿好衣服,与高俅、杨戬赶回去上朝。从此宋徽宗对后宫佳丽视若无睹,隔三差五就以体察民情为由,出宫来李师师这里寻欢作乐,有时还叫着大学士王黼同去。李师师渐渐也知道了他的真实身份,万岁爷驾临,怎敢不百般奉承!如今的李师师可非往日可比,身份虽然仍是名妓,却也"名花有主",有权势的王公贵族也只能望"师"兴叹。

可是偏有武功员外郎贾奕以前与李师师交情深厚,一日偶遇李师师,便去她家中留宿,酒后不免醋意大发,写了一首讽刺宋徽宗的词:闲步小楼前,见个佳人貌似仙;暗想圣情珲似梦,追欢执手,兰房恣意,一夜说盟言。满掬沉檀喷瑞烟,报道早朝归去晚回銮,留下鲛绡当宿钱。宋徽宗听说后大怒,差点杀了他,最后还是贬到琼州做了个参军。

其实在所有的客人中,李师师最中意的是大才子周邦彦。有一次宋徽宗生病,周邦彦趁着这个空儿前来看望李师师。二人正在叙阔之际,忽报圣驾前来,周邦彦躲避不及,藏在床下。宋徽宗送给李师师一个新鲜的橙子,聊了一会儿就要回宫,李师师假意挽留道:"现已三更,马滑霜浓,龙体要紧。"而宋徽宗正因为身体没全好,才不敢留宿,急急走了。

周邦彦酸溜溜地填了一首词:并刀如水,吴盐胜雪,纤指破新橙。锦帏初温,兽香不断,相对坐调筝。低声问:向谁行宿?城上已三更,马滑霜浓,不如休去,直是少人行。岂知宋徽宗痊愈后来李师师这里宴饮,李师师一时忘情把这首词唱了出来。宋徽宗问是谁做的,李师师随口说出是周邦彦,话一出口就后悔莫及。宋徽宗立刻明白那天周邦彦也一定在屋内。脸色骤变,过了几天找借口把周邦彦贬出汴京。

李师师为其送行,并将他谱的一首《兰陵王》唱给宋徽宗听:柳荫直,烟里丝丝弄碧。隋堤上,曾见几番,拂水飘绵送行色。登临望故国,谁识,京华倦客?长亭路,年去岁来,应折柔条过千尺,闲寻旧踪迹,又酒趁哀弦,灯照离席。梨花榆火催寒食,愁一剪风快,半篙波暖,回头迢递便数驿,望人在天北。凄恻,恨堆积,渐别浦萦回,津堠岑寂,斜阳冉冉春无极。念月榭携手,露桥闻笛。沈思前事,似梦里,泪暗滴。宋徽宗也觉得太过严厉了,就又把周邦彦招了回来,封他为大晟乐正,命定正雅乐。

公元1125年,宋徽宗禅位给太子赵桓,太子尊徽宗为道君太上皇帝,住在太乙宫内,专奉道教。不久,金兵大举入侵,宋军节节败退,徽宗与钦宗终于在靖康之难成了俘虏。金军本想连李师师一起俘虏,但没有成功。宋朝南渡后,李师师的下落不明,有人说她捐出家产抗金,自己遁入空门。有人说她被金军掠走,吞金自杀。也有人说她随便嫁了个商人,后来在钱塘江淹死了。

75. 陈圆圆

【生平考略】陈圆圆(1623—1695),常州武进(今属江苏)人,原姓邢,名沅,字圆圆,又字畹芳,幼从养母陈氏,故改姓陈。她原为苏州歌妓,“秦淮八艳”之一。后辗转流落于吴三桂、李自成等当时的风云人物身边,晚年在昆明出家做了道士。

陈圆圆是明末清初传奇式人物。作为吴三桂的爱妾,被李自成(或说刘宗敏)掠走之后,吴三桂“冲冠一怒为红颜”,率山海关守军投靠清军,引清兵入关,帮助了清王朝的建立,中国的历史由此改变。陈圆圆成为改朝换代的关键人物。

【“冲冠一怒为红颜”的典故】崇祯末年,李自成的农民起义军威震朝廷,崇祯帝日夜不安。外戚嘉定伯周奎欲给帝寻求绝色美女,以舒解皇帝的忧虑之心,遂遣田妃的哥哥田畹下江南觅艳。田畹寻得陈圆圆后,被其姿色醉迷,遂私下占为已有。

不久李自成的队伍逼近京师,崇祯帝急召吴三桂镇山海关。田畹对农民起义军整日忧心惶惶,便设盛筵为吴三桂饯行,圆圆率歌队进厅堂表演。吴三桂见圆圆后,神驰心荡,高兴得搂着圆圆陪酒。酒过三巡警报突起,田畹恐慌地上前对吴曰:“寇至,将若何?”吴三桂说:“能以圆圆见赠,吾首先保护君家无恙。”未等田畹回答,吴三桂即带圆圆拜辞。

吴三桂在其督理御营的父亲劝说下,将圆圆留在京城府中,以防同行招惹是非让皇帝知道。

李自成打进北京后,吴三桂的父亲投降了起义军,陈圆圆被李之部下所掠。当吴三桂答应投降李自成时,闻圆圆已被李之部将所占,冲冠大怒,高叫“大丈夫不能自保其室何生为?”遂投降了清军与农民军开战。这就是吴梅村在《圆圆曲》中所曰:“恸哭六军俱缟素,冲冠一怒为红颜。”

李自成战败后,将吴之父及家中38口全部杀死,然后弃京出走。吴三桂抱着杀父夺妻之仇,昼夜追杀农民军到山西。此时吴的部将在京城搜寻到陈圆圆,飞骑传送,自引吴三桂带着陈圆圆由秦入蜀,然后独占云南。

顺治中,吴氏晋爵云南王,欲将圆圆立为正妃,圆圆托故辞退,吴三桂别娶。不想所娶正妃悍妒,对吴的爱姬多加陷害冤杀,圆圆遂独居别院。圆圆失宠后对吴渐渐离心,吴曾阴谋杀她,圆圆得悉后,遂乞削发为尼,从此在五华山华国寺长斋绣佛。

后来吴三桂在云南宣布独立,康熙帝出兵云南,公元1681年冬昆明城破。吴三桂死后,陈圆圆亦自沉于寺外莲花池,死后葬于池侧。直至清末,寺中还藏有陈圆圆小影二帧,池畔留有石刻诗。

附:圆圆曲(清·吴伟业)

鼎湖当日弃人间,破敌收京下玉关。
恸哭六军俱缟素,冲冠一怒为红颜。
红颜流落非吾恋,逆贼天亡自荒宴。
电扫黄巾定黑山,哭罢君亲再相见。
相见初经田窦家,侯门歌舞出如花。
许将戚里箜篌伎,等取将军油壁车。
家本姑苏浣花里,圆圆小字娇罗绮。

梦向夫差苑里游，宫娥拥入君王起。
前身合是采莲人，门前一片横塘水。
横塘双桨去如飞，何处豪家强载归？
此际岂知非薄命，此时只有泪沾衣。
熏天意气连宫掖，明眸皓齿无人惜。
夺归永巷闭良家，教就新声倾座客。
座客飞觞红日暮，一曲哀弦向谁诉？
白皙通侯最少年，拣取花枝屡回顾。
早携娇鸟出樊笼，待得银河几时渡？
恨杀军书抵死催，苦留后约将人误。
相约恩深相见难，一朝蚁贼满长安。
可怜思妇楼头柳，认作天边粉絮看。
遍索绿珠围内第，强呼绛树出雕栏。
若非壮士全师胜，争得娥眉匹马还？
蛾眉马上传呼进，云鬟不整惊魂定。
蜡炬迎来在战场，啼妆满面残红印。
专征箫鼓向秦川，金牛道上车千乘。
斜谷云深起画楼，散关月落开妆镜。
传来消息满江乡，乌桕红经十度霜。
教曲伎师怜尚在，浣纱女伴忆同行。
旧巢共是衔泥燕，飞上枝头变凤凰。
长向尊前悲老大，有人夫婿擅侯王。
当时只受声名累，贵戚名豪竞延致。
一斛珠连万斛愁，关山漂泊腰肢细。
错怨狂风飏落花，无边春色来天地。
尝闻倾国与倾城，翻使周郎受重名。
妻子岂应关大计？英雄无奈是多情。
全家白骨成灰土，一代红妆照汗青。
君不见馆娃初起鸳鸯宿，越女如花看不足。
香径尘生鸟自啼，屧廊人去苔空绿。
换羽移宫万里愁，珠歌翠舞古梁州。
为君别唱吴宫曲，汉水东南日夜流。

十四、心如蛇蝎的红颜祸水

76. 妲己

【生平考略】中国商朝最后一位君主商纣王的宠妃。商末人,是有苏氏(今河南省武陟东)诸侯之女,美若天仙、能歌善舞,在商纣王征伐苏部落时被好酒贪色的纣王掳入宫中,尊为贵妃,极尽荒淫之能事。传说在妲己的蛊惑下,商纣王修建鹿台,设置酒池肉林,施暴政于民,终于被周推翻,改变了中国历史的进程。后被周武王所杀。

【主要劣迹】纣王迷于妲己的美色,对她言听计从。妲己喜欢歌舞,纣王令乐师师涓创作靡靡的音乐,下流的舞蹈,在宫中朝夕欢歌。妲己伴着“靡靡之音”起舞,妖艳迷人。于是纣王荒理朝政,日夜宴游。纣王还在卫州(今河南省淇县)设“酒池”,悬肉于树为“肉林”,每宴饮者多至三千人,令男女裸体追逐其间,不堪入目。九侯(封地在今河北省临漳)有一位女儿长得十分美丽,应召入宫,因看不惯妲己的淫荡被杀,九侯也遭“醢刑”,剁成肉酱分给诸侯。妲己喜观“炮烙之刑”,将铜柱涂油,燃以火炭,令犯人行其上,跌落火红的炭中,脚板被烧伤,不时发出惨叫声。妲己听到犯人的惨叫,就像听到刺激感官的音乐一样发笑。妲己怂恿纣王杀自己的叔父、一个叫比干的忠臣,还残忍地剖腹挖心,以印证传说中的“圣人之心有七窍”的说法。

纣王的无道,激起人民的反抗。周武王乘机发动诸侯伐纣,纣王逃到鹿台自焚,妲己也自缢而死。商朝灭亡。

【神话与演义】《封神榜》与《封神演义》中对妲己都有形象的描绘,其中不乏夸张与想象。

在神话小说《封神榜》中妲己被写成了是受了女娲娘娘的派遣来迷惑商纣

王,使商纣王江山断送的狐狸精,相当于西施这种女间谍,可惜最后寸功未表,反被割掉了一颗如花似玉的大好头颅。

妲己这个女人是随着《封神榜》的流传而为人所熟知的。《封神榜》上说她艳如桃花,妖媚动人,美丽多姿,是千年狐狸精幻化成人,蛊惑纣王纵情女色,荒淫误国,不务正事,使商朝灭亡。当周人灭商后,在杀妲己时,连刽子手都被其美色迷住,不忍下手,愿替其死。

妲己在小说《封神演义》中亦被描述为一个美艳无比的女子,不过她本性善良仁慈,后在入宫途中被九尾狐狸精害死,并被其附身,方有后期一连串令人发指的恶行。她怂恿纣王残害忠良,滥杀无辜,曾在情挑周文王之子伯邑考未遂后下令将他剁成肉酱,做成包子让周文王吃下。喜爱听人痛苦的惨叫声,为此纣王滥用酷刑,创出炮烙、锤击、蛇咬等可怖酷刑。大臣比干在纣王面前谏曰:“不修先生之典法,而用妇言,祸至无日。”她随即怂恿纣王,将比干剖心而死。还曾设计让大将黄飞虎的妻子贾氏被纣王逼奸,使其羞愤自尽而亡。后来武兵来讨,纣王于鹿台自焚而死,妲己亦被以祸国妖女之罪处死。

77. 褒姒

【生平考略】西周末年陕西汉中人,西周幽王的宠妃,生卒年不详。

褒姒原是一名弃婴,被一对做小买卖的夫妻收养,在褒国(今陕西省汉中西北)长大。公元前779年(周幽王三年),周幽王征伐有褒国,褒人献出美女褒姒乞降,幽王爱如掌上明珠,立为妃,宠冠周王宫。翌年,褒姒生子伯服,幽王对她更加宠爱,为了赢得褒姒的欢心,竟废去王后申氏和太子宜臼,册立褒姒为王后,立伯服为太子,还上演了“烽火戏诸侯”的闹剧,种下了西周灭亡的苦果。

【“烽火戏诸侯”的典故】褒姒平时很少露出笑容,偶露笑容,更加艳丽迷人。周幽王发出重赏,谁能诱发褒姒一笑,赏以千金。虢国石父献出“烽火戏诸侯”的奇计。周幽王同褒后并驾游骊山,燃起烽火,擂鼓报警,诸侯一队队兵马闻警来救,至时发现平安无事,又退兵回去。褒姒看见一队队兵马,像走马灯一样来来往往,不觉启唇而笑,幽王大喜,终因此失信于诸侯。公元前771年,犬戎兵至,幽王再燃烽火,诸侯不再出兵救援,幽王被杀,褒姒被掳(一说被杀)。

【文人评价】司马迁说:“褒姒不好笑,幽王欲其笑,万方故不知。”(《史记·周本纪》)意思是说,褒姒不喜笑,周幽王为了她一人的笑,天下百姓再也笑不起来了。西周遂亡。

屈原的《楚辞》《天问》里有这样关于"周幽王烽火戏诸侯"的诗句:"穆王巧梅,夫何周流?环理天下,夫何索求?妖夫曳炫,何号于市?周幽谁诛?焉得夫褒姒?"

78. 陈阿娇

【生平考略】陈氏,小名阿娇,世人称之为陈阿娇或陈娇。堂邑侯陈午之女,母亲是汉景帝的姐姐馆陶公主刘嫖。公元前141年汉武帝继位后即被策立为皇后,公元前134年以巫蛊被废,从此幽居于长门宫,以"金屋藏娇"的成语留名于后世。

【主要劣迹】刘彻因为娶了阿娇,通过姑妈兼岳母刘嫖的活动,才得立为太子,并做了皇帝,遂册立阿娇为皇后。

陈皇后自恃其母有恩于武帝,骄横擅宠,激起武帝的反感,与陈阿娇青梅竹马的汉武帝越来越疏远、冷落陈氏,另寻新欢。陈皇后多年没有生育,为了求得生个儿子,仅医药费用就花了九千万钱,仍毫无效果,她又比汉武帝大了好几岁,夫妻生活很难和谐。一天,武帝去灞水岸祭神,在回京的路上,他去了姐姐平阳公主的家里。在公主家里,见到了有倾城之貌的歌伎卫子夫,武帝为之倾倒。皇姐见状,将卫子夫送给了武帝。武帝十分宠爱卫子夫,使陈皇后妒火中烧,几次对她下毒手,却没将之弄死,反而被卫子夫察觉,卫子夫奏告武帝,武帝龙颜大怒,但想起馆陶长公主对自己的恩情,便压下怒火,没有处置陈皇后,只是再也不去她那里了。

武帝更加宠爱卫子夫,很快卫子夫怀孕了,陈皇后大吵大闹,多次企图害死卫子夫,并请来巫婆,在宫中施巫术,这是武帝无法容忍的,武帝愤而废去陈氏的后位,立卫子夫为皇后,把阿娇迁到长门宫居住,从此阿娇被打入冷宫。几年后,陈阿娇在悲愤中离开了人世,埋在她祖父汉文帝的霸陵附近。

【"金屋藏娇"的典故】《汉武故事》:"帝以乙酉年七月七日生于猗兰殿。年四岁,立为胶东王。数岁,长公主嫖抱置膝上,问曰:'儿欲得妇不?'胶东王曰:'欲得妇。'长主指左右长御百余人,皆云不用。末指其女问曰:'阿娇好不?'于是乃笑对曰:'好!若得阿娇作妇,当作金屋贮之也。'"

她母亲刘嫖原想把她许给当时的太子刘荣,也就是汉景帝宠妃栗姬的儿子。奈何栗姬竟然拒绝了。馆陶公主于是转向王美人(王娡)母子。一次,她抱着刘彻说:"彻儿长大了要讨媳妇,这些宫女你要哪一个?"刘彻便答:"如果能娶到阿娇,愿盖金屋以贮之。"这就是金屋藏娇的典故。

【"千金买赋"的故事】陈阿娇听说司马相如写赋很感人,花了一千金求他写了《长门赋》,这就是所谓"千金买赋"的故事。赋的首段说"夫何一佳人兮,步逍遥以自虞,魂逾佚而不反兮,形枯槁而独居。言我朝往而暮来兮,饮食乐而忘人。心慊移而不省故兮,交得意而相亲。"大意是说:"为什么一位佳人,逍遥忧虑,魂魄失散,形容枯槁而独居呢?你曾许下朝去夕来,竟有了饮食之乐而把我抛在脑后,一点也不顾念故人,而找上了称心如意的新人。"赋末曰:"妾人窃自悲兮,究年岁而不敢忘。"表示自己虽遭冷遇,暗自悲叹,即使长年累月如此,仍然不敢忘君。《长门赋》表现了封建宫廷妇女在失宠时的苦闷抑郁的情绪,是很感人的。陈阿娇也曾令宫女背熟,希望汉武帝听后能回心转意,但终归于事无补。

79. 骊姬

【生平考略】春秋时期山西人,生不详,死于公元前 650 年。本是骊戎首领的女儿,公元前 672 年,被晋献公虏入晋国成为献公的妃子。她使计离间了献公与申生、重耳、夷吾父子兄弟之间的感情,并设计杀死了太子申生,制造了"骊姬倾晋"。

【主要劣迹】骊姬有姿色,工心计。公元前 663 年(晋献公十五年),晋国打败骊戎,骊戎求和,以国君的两个女儿赂亲。长女骊姬,生了个儿子,名叫奚齐,次女少姬,生子名卓子。骊姬以美色取得了晋献公的专宠,奸狡诡诈,献媚取怜,逐步博得晋献公的信任,参与朝政,晋献公竟废去夫人齐姜,立骊姬为夫人,封少姬为次妃。骊姬还想进一步废去太子申生,立奚齐为太子。晋献公有个宠爱的戏子叫小施,和骊姬有私情,骊姬问小施说:"我要立奚齐为太子,就是担心申生、重耳、夷吾诸公子反对怎么办呢?"小施说:"把他们早点安排好,让他们知道自己的地位已经到顶点了,这样就会轻慢国君的心;如此,则不难对付。"并建议先从太子申生下手。

骊姬又买通晋大夫梁五和嬖五,叫他们对晋献公说:"曲沃(今山西省闻喜县东北)这个地方,是晋国祖庙所在,最好派太子申生去镇守,蒲城(今山西省吕梁县)和南北屈(今山西省石楼县东南),是边防要塞,最好派公子重耳、夷吾分别防守,"献公中计,只留下奚齐与卓子二人在身边,以伺机废立,史称"二五害晋"。

小施教骊姬半夜三更在献公面前哭诉说："我听说，申生很会收买人心，恐怕要对您行凶，夺取王位。"献公说："哪会爱他的百姓，却不爱他自己的父亲呢？"骊姬知道献公仍然信任太子，于是再次密谋。有一天太子申生从曲沃送来一块祭肉给晋献公，骊姬暗中在祭肉里放上鸩毒，然后加罪于太子，以此迫死太子。又诬重耳、夷吾也参加申生的阴谋，把两位公子也逼到狄国和梁国去了。骊姬见时机已经成熟，就逼献公立奚齐为太子。

公元前652年（晋献公二十六年），献公死，奚齐继立，被晋大夫里克等杀死，立公子夷吾为晋惠公。公元前650年，骊姬诬害太子罪迹暴露，被杀死。

【"骊姬夜哭"的典故】说的是骊姬想谋害太子申生，让自己的儿子做国君，用"莫须有"的罪名挑拨太子和晋献公的关系，使太子彻底失宠。大概的故事如下：

有一天，骊姬劝晋献公诏回太子。太子回来以后先见过了晋献公，再去见骊姬。骊姬请太子吃饭，交谈得相当愉快。第二天，太子入宫谢恩，骊姬又请他吃饭。那天晚上，骊姬边哭边向晋献公说："我想让太子回心于朝廷，所以诏他回来以礼相待。想不到太子竟然对我更加无理。"晋献公说："他做了什么？"骊姬回答："我留太子吃午饭，喝酒半醉的时候，他调戏我说：'我父亲现在已经老了，你该怎么办呢？'他赏钱来拉我的手，我拒绝了他，他才罢手。您要是不相信，我可以和太子一起去皇家动物园交游，您从台上看我们，您一定看得到。"晋献公说："好。"

到了第二天，骊姬叫太子和她一起交游。骊姬先在头发上涂了蜂蜜，蜜蜂蝴蝶翩翩飞舞，都聚集在她的头发旁边。骊姬说："太子您可不可以帮我赶走它们呢？"太子从她的身后用袖子赶走蜜蜂蝴蝶。晋献公看见了，以为调戏的事情是真的。心中非常生气，马上就想把太子给杀了。

骊姬跪下来恳求说："我叫太子回来，他却被杀，是我害了他。而且皇宫里的这些事，外人不知道，就忍忍吧。"晋献公就把太子赶回曲沃去了，但是却下令手下暗中收集太子犯的罪行，伺机废掉他。

80. 昭信

【生平考略】汉景帝之孙广川王刘去的姬妾。是否美貌不得而知，因为生性残忍毒辣而得名。

【主要劣迹】据史料记载，刘去最先宠爱王昭平、王地余二姬，答应将他们立为王后。可荒淫无度的他后来又喜欢上了另一名女子昭信。王昭平、王地余二姬嫉妒之余便私下合谋,想要加害昭信。事情败露后,刘去便对昭平用刑逼供,鞭笞之下昭平不服,换以铁针针之,昭平勉强招供;于是刘去召集诸位宠姬,令其以剑刺杀地余,令昭信刺杀昭平。

后来昭信又诬告刘去的另一爱姬陶望卿,刘去听信谗言,带着昭信和诸位姬妾到了望卿住处,扒光她的衣服,轮流打她,让所有的姬妾拿着烧得通红的铁块一起烙她。望卿逃跑,投井而死。昭信让人把她捞出来,用木椽戳她的阴部,割去她的鼻子和嘴唇,割断她的舌头……跟刘去一起肢解了她,放在大锅中,拿来桃灰毒药一起烹煮,并叫来所有姬妾到场观看。其残忍令人发指("裸其身,更击之。令诸姬各持烧铁共灼望卿,望卿走,自投井死。昭信出之,椓弋其阴中,割其鼻唇,断其舌……与去共支解,置大镬中,取桃灰毒药并煮之,召诸姬皆临观")。

后来昭信又陷害一名姬妾荣爱,"爱恐,自投井,出之未死……去缚系柱,烧刀灼溃两目,生割两股,销铅灌其口中。爱死,支解以棘埋之。"凡是因为受到刘去宠幸而被昭信秘密杀害的女子,就有 14 人之多。如此种种手段真是够残忍了!所以昭信之毒在中国古代堪为第一!

81. 万贞儿

【生平考略】明朝著名的妃子,原籍青州诸城(今山东益都县一带)人,父亲万贵为县衙掾吏,犯法流配边疆。万贞儿年仅四岁便充入掖庭为奴,十多年后出落得花容月貌。孙太后怜她聪明伶俐,命她在红寿宫管理服装衣饰等事。宪宗小时常去祖母处玩耍,贞儿带着宪宗游玩戏谑,也就日益亲近,久而便成莫逆之交。贞儿是个有心人,一心巴结这位皇太子,盼望有出头之日,对宪宗格外献媚。她虽比皇帝大 19 岁,却牢牢占据了皇帝的心,并且拥有他一生的宠幸,这一方面是因为万妃可能确实具有与众不同、风骚入骨的狐媚手段,另一方面,就是她的阴狠毒辣与残忍了。她把持后宫,威行朝野,消灭了很多妃子以及她们的孩子,导致皇帝无后,引发皇室纷争。

【主要劣迹】明英宗的儿子朱见深即帝位时 17 岁,正是青春年少的时候。两宫太后在进行了认真挑选后,由周太后做主,替宪宗择定吴氏为皇后。

大婚之后,皇帝新郎并不贪恋吴皇后的青春美色,而是常常宿在嫔妃万氏宫中,这使吴皇后又气又羞。她不明白,自己哪一点比不上徐娘半老的万妃,无论姿色才学还是门第修养？她更不明白的是，比皇帝年龄大19岁的万妃用什么手段把皇帝的心死死拴住？

原来，大婚前的宪宗，早已同年过30的宫女万贞儿有了私情。天顺六年，年已15的皇太子把万贞儿要进东宫做自己的贴身侍女。尽管贞儿已年过30，但因仍是处女，且华色犹浓，看上去不过二十左右。为了勾引情窦初开的太子，她使出种种狐媚手段，终于把太子勾上手，两人便瞒着宫里人，干起了风流韵事。

宪宗即位后，唯恋着万贞儿一人。照他心思，真想册立万贞儿为皇后，但以一个年龄比他大19岁，又是微贱的宫女之身，想坐上皇后宝座，几乎是做梦。迫于礼制，也迫于母命，宪宗只得与吴皇后成婚，而于万氏，只能给她个小小妃嫔的名号。

万贞儿可不甘心，仗着皇帝的无比宠幸，她根本不把吴皇后放在眼里。大婚以后，皇帝经常临幸她的寝宫，与她朝夕相处，相亲相爱，这越发助长了她的骄气。因此，她每次谒见吴皇后时，总是板着脸不给面子，甚至故意拿架子，这使吴皇后非常生气。起先碍着宪宗的面子还隐忍着，到后来实在忍耐不住，免不了斥责她无理。可万妃非但不知收敛，却对皇后恶语相讥。一次惹得吴后性起，命宫人将她拖倒在地，亲自取过杖来打了她几下。

这下可不得了，万妃找到宪宗，哭闹不休。宪宗大怒，一道废后诏书下达，命吴氏退居别宫，还把司礼监牛玉罚往孝陵种菜。

万妃觊觎后位，要宪宗替她去向太后说项，但周太后嫌她年长，且出身微贱，始终不肯应允。

过了两个月，周太后下旨，要宪宗册立已同柏氏一起被封为贤妃的王氏为皇后。王皇后生性软弱怕事，知道皇帝宠幸万妃，自己更不是万妃的对手，只得处处谦虚忍让，做个傀儡皇后也就罢了。

成化二年，万妃生下皇长子，宪宗大喜，立即晋她为贵妃，又派出使者四出祷告山川诸神。谁知偏偏天不从人愿，未等满月这位龙子竟是短命夭折，万贞儿也从此不再有娠。但是夺取皇后之位的野心并未放弃，因此她就十分妒恨妃嫔们生子，如知道哪个妃嫔怀胎，她就千方百计逼令喝药打胎。迫于万贞儿在宫中的权势，妃嫔们只有含泪服从。

几年过去了，宪宗一直没有子嗣，宫廷内外，朝野上下为之忧心。大臣们屡屡奏请，要皇帝广施恩泽，宪宗也为之愁眉不展。到成化五年，柏贤妃生下一个皇子，宪宗高兴非凡，大事庆贺，并立即立为皇太子。第二年二月，皇太子突然生起病来，病势来得凶猛，令御医们束手无策，一天一夜后竟夭折了。宪宗哭得死去活来，宫人太监们觉得太子病得奇怪，偷偷查访下来，果然是万贞儿派人毒死了太子。但是，谁也不敢去告发。

光阴似箭，一晃又过了六年。此时的万贞儿不但仍宠冠六宫，而且是威行朝野，连宪宗也制掣不了她了。她内连宦官，外结权臣，太监梁芳、钱能、郑忠、汪直等，俱谄事贵妃，以宫廷采办为名，大肆搜刮，动用内帑无数，宪宗也不敢多问。

这天，宪宗偶然从太监张敏口中得知他有个儿子，被养育西内密室，现已六岁了。因怕招惹祸患，故隐匿不敢报。宪宗又惊又喜，怀疑自己在做梦，当下传旨摆驾至西内，派张敏去领皇子前来见面。

这个皇子原来是宪宗跟宫中一管理内府库藏的纪氏所生，因怕遭到万贞儿的嫉妒和残害，在纪氏命张敏将其溺死时心生不忍，冒着杀头的危险，把皇子偷偷藏入密室，取些蜜糖、粉饵之类的食物喂养。由于张敏行事小心，一次次躲过了万贞儿的耳目。不久，废皇后吴氏知道了这件事，便把皇子接到自己居住的西内，悉心予以照料，皇子才安然活了下来。

宪宗看到儿子后异常高兴，派怀恩去内阁报喜，并说明原委。大臣们皆大欢喜，第二天早朝一齐向宪宗道贺。宪宗命内阁起草诏书颁行天下，并封纪氏为淑妃，移居西内。因六岁皇子尚未取名，又命礼部会议，替皇子定名叫祐樘。

万贞儿一人恨得咬牙切齿。这一年的六月，好端端的纪妃竟暴病而亡。是被毒死的，还是被勒死的，谁也不敢过问，但谁都心中有数。宪宗也不追究，只是下令予以厚葬，并谥纪妃为“恭恪庄禧淑妃”。张敏见淑妃被万贞儿害死，料想自己也难逃毒手，便吞金自杀了。

万贞儿还想除去眼中钉朱祐樘。可是她想了各种办法，皆因宫中有所防范未能得手。这以后，她一有机会，就向宪宗吵闹，要求废掉皇太子朱祐樘，另立邵宸妃的儿子兴王朱祐杬。尽管此时万贞儿已年近六十，可宪宗对她又亲又怕，根本离不开她，怎敢不听从她呢？太监梁芳等人勾结万妃，大肆侵吞内府钱财，害怕将来太子即位后会惩治他们，也帮着万贞儿一起攻击太子。宪宗只得答应了。

第二天，宪宗找司礼太监怀恩商量，怀恩连连说不可，惹得宪宗很不高兴，竟把怀恩贬到凤阳去守皇陵。正想再召集群臣们商议废立之事，忽报东岳泰山发生地震，钦天监正据天象所测，说此兆应在东宫，宪宗以为废太子会惹怒天意，不再提易储之事，这才保住了太子的地位。

万贞儿费尽心机也无法动摇太子的地位，不免肝火攻心，不久便得了肝病，于成化二十三年春死去。

万贞儿以一个卑微的宫女，半老徐娘之身，竟一举夺宠，宠冠后宫，做了二十多年无名有实的皇后。个中缘由，颇值回味。

十五、荒淫奢侈的后妃姬妾

82. 赵姬

【生平考略】赵姬，生年不详，卒于公元前 228 年。邯郸（今河北省邯郸市）人，出身于富商的家庭，秦庄襄王嬴异人的王后，善歌舞，性淫荡。是中国历史上第一位皇太后。

【主要劣迹】赵姬原是巨商吕不韦的爱妾，姿容艳丽且能歌善舞，被吕不韦视为至宝。一天她对吕不韦说自己怀上了吕不韦的儿子，吕不韦便定了一个离奇的计划，他让赵姬装扮起自己，并请异人来府上饮酒。在席间异人经不起赵姬的勾引，便诚恳地请求吕不韦把赵姬送给自己，吕不韦假装生气，遂沉思一会，诚挚的对异人说："我已经为你倾家荡产了，难道还会在乎一个女人吗？"第二日便送赵姬于异人。

时值秦赵长平大战，异人回不了咸阳。翌年，秦昭王四十八年（公元前 259 年）一月，她生下一个儿子，取名为政，秦国国君姓嬴，便叫嬴政，又因生在赵国，而赵秦二国有着共同的祖先蜚廉（蜚廉一子恶来为秦之先人，一子季胜为赵之先人），所以也称赵政，他就是后来的秦始皇。

嬴异人是秦昭王襄王的孙子，秦太子安国君的次子，母夏姬。夏姬失宠早逝，秦国把异人当作人质送于赵国。安国君的正妻华阳夫人没有儿子，吕不韦用计说服华阳夫人，收异人为儿子，改名子楚。后来，安国君继位为秦孝文王，立华阳夫人为后，立子楚为太子。孝文王在位一年而死，子楚继位为秦庄襄王，立赵姬为王后，嬴政为太子。庄襄王在位三年而死，嬴政继位为秦王，封赵姬为太后。吕不韦在秦庄襄王即位时已出任宰相，嬴政即位后仍任宰相。

嬴政即位时年仅 13 岁，大权操纵在吕不韦和太后手中。由于赵姬原是吕不韦的爱妾,这时虽贵为太后,仍与吕不韦情丝难断,经常幽会。吕不韦怕随着秦王的年纪长大,奸情暴露,对自己不利,力图摆脱赵太后的纠缠。后来,秦人嫪毐因犯强奸罪入狱,吕不韦趁机对他假施宫刑,充当太监服侍太后,以满足太后的淫欲。缪毐受宠于太后,并使寡居的太后怀孕。二人害怕奸情暴露,便假称占了一卦,宜徙宫以避时躲灾。她征得了嬴政的同意以后,就带着假太监缪毐,移住远离皇宫的雍城,先后生了两个儿子。秦太后知道这样下去不会隐瞒太久,便与缪毐商谋:一旦被嬴政知道,就取嬴政而代之,并以他们的儿子作为嗣君。

公元前238年(秦始皇九年),秦王开始亲政,嫪毐乘机发动叛乱,被秦王出兵镇压,嫪毐被处死,他的两个私生子也被杀,太后被幽禁。次年,又免去吕不韦的相位。

秦王下令,有敢为太后事诤谏者杀无赦。先后有二十七人因此被杀,陈尸于宫墙阙下。齐人茅焦,居然不怕死,又冒死为太后事请谏,说天上有二十八宿,现在才死了二十七人,愿凑足二十八人之数,他力陈秦王为了得天下人心,不可冒不慈不孝的罪名。秦王为他所感动,拜茅焦为仲父,尊为上卿,迎太后归咸阳。但他担心生母与吕不韦鸳梦重温,又让自己丢脸,便令吕不韦"就国河南",即离开咸阳去洛阳的封地。

吕不韦被逐回洛阳,却仍然有着巨大的政治活动能量,门前的宾客络绎不绝,高谈阔论。这又引起嬴政的猜忌,便下诏斥责吕不韦道:"你对秦国有什么功德,竟然号称仲父,食十万户?你还是带家属回到蜀地去吧!"

秦王嬴政二十年(公元前235年),吕不韦知道秦王不会放过自己,终于绝望,饮毒酒自尽于蜀地。

秦始皇嬴政之母,以一舞姬之身而为垂名千古的天下母,可说是一大传奇。吕不韦死后,她在悲苦中苟活了三四年,于咸阳宫抑郁而死。

83. 夏姬

【生平考略】春秋时代郑穆公的女儿,她是春秋时代有名的美女,因为嫁给陈国的夏御叔为妻,因而称为夏姬。御叔早死,留下夏姬与一子夏征舒。

夏姬自幼就生得杏脸桃腮,蛾眉凤眼。长大后更是体若春柳,步出莲花,羡煞了不知多少贵胄公子。由于母亲管教严格,并无私相授受的机会,但却异想天开地编织了不少绮丽的梦境。也许是幻想,或者是真有其事,在她及笄之年,曾经恍恍惚惚地与一个伟岸异人同尝禁果，从而也得知了返老还童、青春永驻的采补之术。之后她曾多方找人试验，当者无不披靡，因而艳名四播，于此也就声名狼藉。父母迫不得已，赶紧把她远嫁到陈国，成了夏御叔的妻子。夏御叔是陈定公的孙子，他的父亲公子少西，字子夏，所以他就以“夏”为姓，官拜司马，算是陈国的兵马总指挥。由于他是国君的孙子，因此在株林地方有块封地。

【主要劣迹】夏姬嫁给夏御叔不到九个月，便生下了一个白白胖胖的儿子，被人疑是夏姬从郑国带来的野种。这个孩子取名夏南，从小受到最好的教育，成就了一个出类拔萃的人才。

夏御叔壮年而逝，据说是死在夏姬的“采补之术”上。夏姬成了一个不甘寂寞的小寡妇，花开花落，独守空闺，没有多久，经常进出株林豪华别墅的孔宁与仪行父，先后都成了夏姬的入幕之宾。

夏姬的美艳与风情，特别是床第之间的旖旎风情，使得孔宁与仪行父两人欲仙欲死。这种三角关系一直持续了数年，终于在长时期的争风吃醋心态下，把当时的国君陈灵公也拉了进来。

对于这个一国之君，夏姬使出了浑身解数，陈灵公身心俱醉。从此，陈灵公有事没事便经常跑到株林夏姬的豪华别墅中来，夏姬事实上已成了陈灵公的外室。

夏南学成归国，不但见多识广，而且精于骑射。陈灵公为了讨好夏姬，立刻任命夏南承袭他父亲生前的官职与爵位，夏南成为陈国的司马，执掌兵权。

为了报答君侯的恩遇，更为了光耀门楣，夏南恪尽其职，干得有声有色。然而一首歌谣无情地刺伤了夏南纯洁的心灵。

“胡为乎株林？从夏南；治酒欢会兮！从夏南！”意思是说陈灵公的车驾经常来往于株林道上，都是要去会见夏南；而株林别墅中的笙歌美酒，也是陈灵公与夏南在通宵达旦的欢会！讽刺是十分明显的。夏南本人一直在郑国“留学”，回国立即被委以重任，哪里有时间与陈灵公私下在株林见面与欢会呢？有没有与陈灵公私会，夏南本人最清楚。那么陈灵公以国君之尊，经常风尘仆仆地往株林跑，究竟所为何来？株林住着的就是自己的母亲，答案不难找到。年轻气盛的夏南脸色大变，血脉贲张，他暗地里发誓：如果事情就此打住，那就算了，倘若继续发展下去，使他难以立足做人，那么将来就会产生连他自己也不敢想象的严重后果。

夏南回国后，陈灵公虽然收敛了一些时日，终于忍不住对夏姬的思念，又仗恃着自己是一国之君，而且还重用了夏南，于是偕孔宁和仪行父，在夏南归国后的第二个月初，再度驾临株林别墅。夏南听到消息，连忙赶回，初时夏姬还知道略避嫌疑，等到酒酣耳热，就已经了无禁忌，彼此放浪形骸。

夏南忍无可忍，拂袖而起，迅即传令随行吏士把宅第团团围住，接着带领得力家丁，手执弓箭，凶神恶煞般地来到厅堂，对准陈灵公，一箭就结束了他的老命。随即率兵入城，只说陈灵公暴卒，立世子妫午为君，史称陈成公。

孔宁和仪行父仓皇逃到楚国，隐匿了淫乱的事情，只说夏南弑君，是人神共愤的事情。楚庄王偏听一面之词，竟决意讨伐。

陈国的民众大都知道陈灵公与夏姬的淫乱经过，并没有拥戴楚军，面对楚国的大军压境袖手旁观，夏南被捉，处以“车裂”的刑法。夏姬被带到楚庄王面前，但见她颜容妍丽，对答委婉，不觉为之怦然心动。然而楚庄王毕竟是“春秋五霸”中的人物，比较明智，为了楚国的形象，不得不把她赐给了连尹襄公。不到一年，连尹襄公战死沙场，夏姬假托迎丧之名而回到郑国，此事原本可以就此结束，不料大夫屈巫久慕夏姬美艳，于是借出使齐国的方便，绕道郑国，在驿站馆舍中与夏姬成亲。

欢乐过后，夏姬在枕头旁问屈巫：“这事曾经禀告楚王吗？”屈巫也算一个情种，说道：“今日得谐鱼水之欢，大遂平生之愿。其他在所不计！”第二天就上了一道表章向楚王通报：“蒙郑君以夏姬室臣，臣不肖，遂不能辞。恐君王见罪，暂适晋国，使齐之事，望君王另遣良臣，死罪！死罪！”

屈巫带着夏姬投奔晋国的时候，也正是楚庄王派公子婴齐率兵抄没屈巫家族之时。夏姬以残花败柳之姿，还能使屈巫付出抄家灭族的代价，真是红颜祸水。她在新婚之夜的枕头旁套问屈巫，使屈巫下最后的决心，可说心计也是很深的。

84. 赵飞燕

【生平考略】赵飞燕，即孝成赵皇后（前45—前1），原名宜生，是汉代著名的舞蹈家，长安宫人，因其舞姿轻盈如燕飞凤舞，故人们称其为“飞燕”。

赵飞燕、赵合德的母亲是江都王的女儿，嫁给了中尉赵曼，却暗中与舍人冯万金私通而生下二女，将她们丢在郊外，居然三天不死，以为命大福大，才又抱回抚养。

赵氏姐妹在父母双亡后，便投靠同里的赵翁家中，成为赵翁的一对义女，过着寄人篱下、苟延残喘的日子。赵翁当时年近花甲，没有子女，如今平白捡到一对豆蔻年华的少女，自然是非常高兴。他看到赵氏姐妹的艳丽姿色，预见到她们非凡的前景，于是不惜工本地对她们投资，请来教书先生，加以教养。赵氏姐妹聪颖好学，追求上进，很快具备了大家闺秀的风范。

不久，赵氏姐妹便被有钱有势的富平侯张放罗至府中，充任歌舞姬，开始卖笑生涯。

富平侯张放和汉成帝年纪相仿，情趣相投，经常一起寻欢作乐，放浪形骸。一次汉成帝驾临富平侯府时，在张放有意安排的轻歌曼舞中，赵飞燕的出场，顿时使汉成帝如痴如呆。她娇脆的歌声，轻盈的舞姿，及其纤眉秀发，含情双眸，闪烁出无限诱人的风情与醉人的魅力。

不久赵飞燕就被送进宫去，暂时以待诏宫女身份侍候许皇后起居。许皇后明白皇帝丈夫的心意，叫赵飞燕入侍汉成帝。赵飞燕受到宠幸的第二天即被封为婕妤。

赵飞燕确实能歌善舞，通音律，晓诗书，妖娆媚艳。她表演的一种舞步，手如拈花颤动，身形似风轻移，令成帝十分着迷。成帝为她举行的舞技表演设在后宫太液池中瀛洲高榭上。成帝以玉环击节拍，冯无方吹笙伴奏。赵飞燕跳起《归风送远曲》，一阵风起，赵飞燕险些跌入池中，多亏冯无方抓住她的裙裾，才有惊无险。汉成帝又命宫女手托水晶盘，令赵飞燕在盘上歌舞助兴，她绝妙的舞技前所未有，给汉成帝带来全新的视觉享受，成帝对她更加迷恋。

由于赵飞燕获宠，赵氏一门得以荣光。入宫不久，她就把妹妹赵合德推荐给汉成帝，以弥补家族势力的不足。

赵合德入宫数日，就被封为婕妤，两姐妹轮流承欢侍宴。成帝一刻见不到赵氏姐妹，便心神不安。姐妹俩的话，成帝更是言听计从。原先被皇帝宠爱有加的许皇后与班婕妤，此时备受冷落。许皇后被废掉，班婕妤也侍奉皇太后去了。赵氏姐妹掌握后宫生杀大权，不可一世。赵飞燕被册立为皇后，赵合德也被封为昭仪，两人并得宠幸，权倾后宫。

【主要劣迹】赵氏姐妹使出浑身解数讨好皇帝。两人的蛊惑手段不同，与赵飞燕的身轻如燕相比，赵合德身躯丰满，性感无比，着体便酥，恰好形成了对汉成帝另外一层强烈的补偿心理。还是在赵合德与汉成帝第一次床第后，汉成帝就把赵合德叫做“温柔乡”。由此汉成帝的情感快速地从赵飞燕那里撤出，转移到了赵合德的身上，赵飞燕则从此饱尝孤独的寂寞和苦涩的滋味。但毕竟受宠的是自己的妹妹，无奈之余还有稍许的安慰。

赵氏姐妹专宠10余年，久无子息，且始终没有生育的征兆。她们害怕别的嫔妃怀孕生子，威胁后位，就疯狂地摧残宫人。“生下者辄杀，堕胎无数”。当时，民间就流传着“燕飞来，啄皇孙”的童谣。曹宫女生一男孩，竟被逼死，皇子也被扔出门外。许美人生一子,赵合德哭闹不已,逼迫成帝赐死母子。这些案件在《汉书·外戚传》中有活灵活现的记述。虽说是否真实还有待进一步考证,但赵氏姐妹的专宠跋扈却也不是毫无依据。

赵飞燕知道,要想永保皇后桂冠,须生下一子,继承帝业。因此她焦灼地盼望着有个孩子。为了增加生育的机会,她常趁汉成帝夜宿赵合德处,秽乱宫廷,希望怀孕。此事竟被汉成帝撞见,愤怒至极,一定要杀了她。后在赵合德声泪俱下的求情下,汉成帝终于原谅了她。后又经赵合德的导演和撮合,汉成帝念及旧日恩爱之情,于一晚留宿东宫。孰料其后赵飞燕为继续争宠,竟诈称怀孕。此事虽未外泄,却因最后的所谓"生子夭折"让盼子心切的汉成帝对她心灰意冷。

当时的朝政已被王氏外戚把持,汉成帝本有亲政的能力,但权力又夺不回来,内心很是痛苦无奈,于是就纵情声色来掩盖自己内心的悲哀。赵合德正值女性的鼎盛时期,需求益加强烈,因此不得不以春药来刺激皇上的欲念。绥和二年春天,因为欢娱过度,汉成帝竟然停止了呼吸。赵合德自觉羞愧不已,饮药自杀;赵飞燕被打入冷宫,寂寞而终。

从主观上讲,赵飞燕姐妹入宫,并未干预朝政,也未谗害忠良,只为争取汉成帝宠爱,齐心对付共同的情敌,作为一个单纯的女人来说,似乎无可厚非;但作为一国之皇后,只追求皇上的专宠,一味沉浸在感官的享乐中,对于由此造成的皇帝不理国事、外戚干预朝政、国家陷入混乱,则负有不可推卸的责任。

85. 山阴公主

【生平考略】山阴公主,名楚玉,是南北朝时期宋明帝刘子业的妹妹。嫁与驸马都尉何戢为妻,是一个非常不守妇道的女人。

【主要劣迹】婚后的山阴公主,极为淫秽,加上刘子业溺爱于她,更是胡作妄为。为了满足她的淫欲,她居然向皇帝哥哥提出了这样的要求:"我和你虽然性别不同,但都是先帝的骨肉,你在六宫有上万的女人,而我只有驸马一个,太不公平啦。"(原文:"妾与陛下,男女虽殊,俱托体先帝。陛下六宫万数,而妾惟驸马一人,事太不均。")刘子业大概觉得她说得很有道理,于是给予了她郡王的待遇,又给她配置了三十位面首(面,是面貌漂亮,首,是头发漂亮,用现在的话说就是美男。后来就成男宠、男妾的代称了)。

但她还不够满意,又看上了吏部郎褚渊,向皇帝提出要他,皇帝也答应了。

这位褚渊伺候公主，才当了十天面首，就被强迫得受不住了，直到以自杀相威胁才得以脱身（“渊侍公主十日，备见逼迫，以死自誓，乃得免。”）。刘子业只做了半年多皇帝，就被叔父刘彧杀死。山阴公主也死于乱刀之下。

86. 张丽华

【生平考略】南朝陈后主的贵妃，歌妓出身，具有敏锐才辩及过人的记忆力，主通音律，有诗才；但奢侈荒淫无度，给隋朝以可乘之机，被灭国，张丽华被视为祸水。

【主要劣迹】歌妓出身的张丽华后来做了南朝陈后主的贵妃，她长相上最大的特点是发长七尺，光可鉴人，眉目如画。此外，更具有敏锐才辩及过人的记忆力，所谓“人间有一言一事，辄先知之。”她在做龚贵嫔的侍儿时，陈后主一见钟情，封为贵妃，视为至宝，以至于陈后主临朝之际，百官启奏国事，都常常将张丽华放在膝上，同决天下大事。特别是张丽华为他生下一个儿子之后，立即立为太子，张丽华在他心目中的地位更加提高、巩固和加强。

陈后主除宠爱张丽华之外，还有龚贵嫔、孔贵嫔，还有王、李二美人，还有张、薛二淑媛，还有袁昭仪、何婕妤、江修容等。当时陈后主在光照殿前，又建“临春”、“结绮”、“望仙”三阁，高耸入云，其窗牖栏槛，都以沉香檀木来做，至于其他方面当然是极尽奢华，宛如人间仙境。

陈后主自居临春阁，张丽华住结绮阁，龚孔二贵嫔同住望仙阁。三阁都有凌空衔接的复道，陈后主往来于三阁之中，左右逢源，得其所哉！妃嫔们或临窗靓装，或倚栏小立，风吹袂起，飘飘焉若神仙。此外陈后主更把中书令江总，以及陈暄、孔范、王瑗等一般文学大臣一齐召进宫来，饮酒赋诗，征歌逐色，自夕达旦。著名的亡国之音《玉树后庭花》就是这时由陈后主写的：

丽宇芳林对高阁，新装艳质本倾城；
映户凝娇乍不进，出帷含态笑相迎。
妖姬脸似花含露，玉树流光照后庭；
花开花落不长久，落红满地归寂中！

陈后主即帝位的时候，北朝的隋文帝杨坚正大举任贤纳谏，减轻赋税，整饬军备，消除奢靡之风，随时准备攻略江南富饶之地。而陈后主竟然与张丽华等嫔妃奢侈荒淫无度，臣民也流于逸乐，给隋朝以可乘之机。

【"胭脂井"的由来】隋文帝开皇八年三月，发兵五十一万八千人，由晋王杨广节度，分进合击，直指陈朝都城建康。晋王杨广由六合出发，秦王杨俊由襄阳顺流而下，清合公杨素由永安誓师，荆州刺史刘思仁由江陵东进，蕲州刺史王世绩由蕲春发兵，庐州总管韩擒虎由庐江急进，其他还有吴州总管贺若弼及青州总管燕荣也分别由庐江与东海赶来会师。大军攻破建康。其中韩擒虎亲率五百名精锐士卒自横江夜渡采石矶，紧接着贺若弼攻拔京口，形成两路夹击，最先进入朱雀门的是韩擒虎。当时陈朝后主陈叔宝惊慌失措。平日围绕在他身边的一般侍臣，还力劝他仿照梁武帝见侯景的故事，摆足架势会见韩擒虎。当年侯景以千人渡江，攻下台城，去"拜见"梁武帝，面对八旬老翁，犹觉天威难犯，背上冷汗涔涔而下，惶惊不已。而今时移势易，韩擒虎不是当年的侯景，而陈后主也不是昔日的梁武帝。陈后主不理会群臣的看法，只说："非唯朕无德，亦是江南衣冠道尽，吾自有计，卿等不必多言！"大家听他说："吾自有计"，立即作鸟兽散。韩擒虎本期望攻入宫中，抓住皇帝，立一头功，想不到宫殿中空空如也，鬼影也没有一个，陈后主不知去向，这可大事不好。陈后主虽然无能，但一个有野心的人却可利用他起事给政权带来不稳定因素，当即下令搜查。后宫佳丽都已列在景阳殿前听候发落，还不见了张丽华与孔贵妃，韩擒虎差一点把官苑掀翻过来。最后只剩下后花园中的一口枯井了，一群士兵趴在井口大呼小叫，但井中寂然无声，士兵中有人建议用大石头投入井中，这时井中忽然传来讨饶的声音。于是用粗绳系一箩筐坠入井中，众人合力牵拉，觉得十分沉重，大家首先以为皇帝的龙体确实不同凡体，等到拉上一看，才发现陈后主、张丽华、孔贵嫔三人，紧紧地抱在一起坐在箩筐中。士兵们一见欢声大笑。据传由于井口太小，三人一齐挤上，张丽华的胭脂被擦在井口，从此，这口井被叫做"胭脂井"，但也有人不齿于陈后主与张丽华、孔贵嫔的行为，把它叫做"耻辱井"。

【张丽华的影响】韩擒虎在井内找到陈后主等三人后，并没有为难陈后主，等到贺若弼入城，听说韩擒虎已抓到陈后主，赶来相见，对他说："小国之君，入大国之朝，不失作归命侯，无劳恐惧！"陈后主一再拜谢，惶恐战栗不已。

诸事停当，各路军马业已次第攻略陈国各州郡，统帅晋王杨广派遣高颎先行入城，收图籍、封府库，并索张丽华。高颎一一照办，唯独认为："昔太公蒙面以斩妲己，今岂可留张丽华。"于是在清溪旁将张丽华处斩。从此杨广恨透了高颎，也埋下了后来杀高颎的种子。

张丽华已经香消玉殒，杨广为之惋惜了好长一段时间，因为要争夺皇位的继承权，不得不多所矫饰，装出一副礼贤下士，恭谨仁厚的模样，故示俭约，不好声色。及其登位而为隋炀帝，接二连三地糟蹋女子，甚至不惜杀兄奸嫂，但都不能满足他对张丽华的想念。最后不惜开凿运河，三下江都，劳民伤财，归根结底，就是对江南风物人情与佳丽的思慕，特别是因为他未曾得到张丽华，在心理上借以获得一些补偿。这听上去似乎是对隋炀帝荒淫无度的开脱，但足见张丽华的狐媚妖冶。

【杜牧《秦淮夜泊》的出处】唐朝大诗人杜牧夜泊秦淮，闻岸上酒家女子还在月下高歌陈后主的玉树后庭花，歌声凄婉，兼蕴南朝幽怨气韵，良夜宁静，益增遐思，于是作《秦淮夜泊》：

烟笼寒水月笼沙，夜泊秦淮近酒家；
商女不知亡国恨，隔江犹唱后庭花。

南朝虽亡，但张丽华留下的风流韵事，至今仍惹人玄想不已。桨声灯影里的秦淮河，几许风流随风而逝。

87. 徐昭佩

【生平考略】南朝梁武帝第七个儿子萧绎的偏妃，东海郯县（今山东省郯城北）人，梁朝侍中信武将军徐琨的女儿，可谓名门之后。

公元517年（南朝梁武帝天监16年），徐昭佩应召入宫，立为湘东王萧绎的王妃。公元552年（南朝梁元帝随军圣元年），萧绎即位为梁元帝，因与妻子一向不和，故称帝后不愿立徐氏为皇后，后位一直空着，徐氏只从王妃晋为皇妃。

【主要劣迹】徐妃生性忌妒、行为淫荡。宫中失宠的姬嫔，徐妃视为知己，常与她们交杯对饮，发现宫女怀孕，则以刀杀之。先后与智远道人、朝臣季江通奸，后得知贺徽长得俊美潇洒，用“白角枕”写了一首情诗向他求爱，两人情诗往来。给梁元帝得知后，无法忍受，加之自己的爱姬王氏生子后去世，怀疑是给徐氏下毒害死，便逼着徐氏自尽。公元554年（南朝梁元帝太清3年），徐妃投井身亡，被草草埋葬于江陵的瓦宫寺旁。

【成语典故】

徐妃半面妆

由于梁元帝是独眼，一次临幸时，徐妃只作“半面妆”（半面梳妆，半面未妆），梁元帝知道她是有意嘲笑自己，盛怒之下，挥袖而去，一连几年不再理睬徐氏。这就是“徐妃半面妆”的故事，李商隐《南朝》诗有“休夸此地分天下，只得徐妃半面妆”之句，后世以“妆半”来称赞其美貌。

徐娘半老，风韵犹存

徐妃性嗜酒，经常饮醉，遇元帝入房，辄吐于衣中；她又是一个淫荡的女人，常与瑶光寺的智远道人私通。

梁元帝的朝臣季江，是个美男子，徐妃当时已半老，仍招引季江与之通奸，季江叹气道："徐妃虽老，犹尚多情。"（《南史·皇妃传》），后来便以"徐娘半老"作为年纪虽大，而尚存风韵的妇女的典故。

88. 韦后

【生平考略】韦后即韦皇后（？—710），唐中宗的皇后。京兆万年（今陕西西安）人。神龙元年（公元705年）中宗复位，勾结武三思等专擅朝政，以其从兄韦温掌握实权。

【主要劣迹】弘道元年（公元683年）唐中宗李显即位，次年，立为皇后。同年，中宗被武则天废黜，迁于房州（今湖北房县），韦氏随行。神龙元年（公元705年），中宗复位。每临朝，韦后都要置幔坐在殿上，预闻政事。中宗任用曾为武则天掌文书的昭容（宫中女官）上官婉儿主持撰述诏令，以武三思为相。当时朝中形成一个以韦氏为首的武、韦专政集团。武三思通过韦后及其爱女安乐公主，诬陷并迫害拥戴中宗复位的张柬之、敬晖等功臣。中宗对揭发武、韦丑行的人处以极刑，武三思因而权倾人主，作威作福。

中宗的太子李重俊非韦氏所生，遭到韦后厌恶，安乐公主与其夫武崇训（武三思子）经常侮辱重俊。重俊于神龙三年七月发动部分羽林军杀死武三思与武崇训，谋诛韦后、安乐公主，因随从的羽林军倒戈，政变失败，重俊被杀。武、韦集团权势依旧不减。

此时内地水旱为灾，户口逃散，民不聊生。中宗却与韦后恣意淫乐，不理朝政，还处死上书告发韦氏乱政的人。据说，景龙四年（公元710年）韦氏恐其与人私通的丑行暴露，安乐公主想要韦氏临朝，自为皇太女，遂合谋毒死中宗。景龙四年（公元710年），韦后临朝摄政，立李重茂为帝，史称唐少帝。韦后又任用韦氏子弟统领南北衙军队，并欲效法武则天，自居帝位。临淄王李隆基（后来的唐玄宗）与太平公主（武则天女）发动禁军攻入宫城，杀韦后、安乐公主、上官婉儿及诸韦子弟，迫少帝让位，立相王李旦（李隆基父）为帝，即唐睿宗。韦后之乱，至此结束。

89. 安乐公主

【生平考略】唐中宗李显之女，韦后所生，本名李裹儿，生于公元684年。

唐中宗李显生有八个女儿，李裹儿是中宗被废后，与韦氏赴房州时韦氏在途中分娩的，排第七。因当时情况窘迫，匆忙中解下衣服做襁褓，所以取名为裹儿。李裹儿十多岁时，姿性聪慧，容貌美艳，中宗与韦氏对她十分宠爱，自幼听其所欲，无不允许，所以安乐公主从小就养成了骄横任性的脾气。待中宗被召回到东宫后，武则天看见李裹儿，也格外欣赏她的秀外慧中，遂封为安乐公主。成年后她先嫁给武三思之子武崇训，后又嫁给武承嗣之子武延秀。

【主要劣迹】武则天死后，唐中宗复位，安乐公主渐渐恃宠而骄，行为放荡。嫁与武崇训后，又与武崇训的同族兄弟、比武崇训年轻英俊且通晓番语胡舞的武延秀结下风流私情，终日在府中打情骂俏。

中宗的太子李重俊，非韦氏所生，他经常遭受到韦后的排斥、太平公主的欺侮和武三思的戏弄，而自己无权无势，只得忍气吞声，但暗地里却积蓄势力。武崇训唆使安乐公主请中宗废太子，李重俊甚为不平，神龙三年发动部分羽林军杀死武三思与武崇训。武崇训在李重俊的叛乱中被杀死，安乐公主便乐得与武延秀共叙幽欢，二人明目张胆，公然与夫妇一般同起同卧。中宗闻知，索性将安乐公主许配武延秀。韦氏见武延秀翩翩少年，也不禁惹起欲火，后来竟迫令武延秀侍寝，居然母女同欢。

安乐公主与中宗的另一个女儿长宁公主竞相大兴土木，广建宅第，并在装修的奢侈豪华等方面互相攀比，不仅在建筑规模上完全模仿皇宫，甚至精巧程度上超过了皇宫。安乐公主还自行强夺民田，开凿大池，集天下巧匠，在洛州昭成佛寺中，造一座百宝香炉。

安乐公主开府置官，势倾朝野。她把国家官爵分别标定价格，县长若干，刺史若干，公开兜售，价款缴足，不管是屠夫酒肆之徒，还是为他人当奴婢的人，只要纳钱三十万，便由公主立降墨敕授官。一时所授官职竟有五六千人。安乐公主常常自写诏书，拿进宫去，一手掩住诏书上的文字，一手却捉住了中宗的手在诏书上署名。中宗爱女心切，竟然也不看到底写些什么，签名了事。因此宰相以下的官员多出其门。常有土豪劣棍，走了安乐公主的门路，忽然诏书下来拜了高官，不但吏部衙门不知，中宗也莫名其妙。

安乐公主自幼养在武则天身旁，很羡慕武则天独断朝纲的做法，便异想天开要做皇太女。中宗抚着公主的脖子开玩笑说:“等你母后做了女皇帝,再立你为皇太女也不迟。”安乐公主便天天在背地里怂恿韦氏,效仿武则天临朝听政。韦后因中宗体弱多病,便自行开始独断独行,气焰一天盛似一天。而中宗终日躲在宫中,找几个美貌的宫女调笑解闷,所有军国大事,全听韦后一个人主持。

许州参军燕钦融直言上谏,韦后的手下宗楚客擅令骑士,把他用锁链拿回,掷于殿庭石上,折断颈项,立时毙命。中宗未免动怒,宗楚客十分恐惧,怕皇上会杀了自己,便入宫告诉韦氏说皇上已有变志。韦氏也担心私通马秦客、杨均事泄而招大祸;安乐公主则希望韦后临朝后自己能做皇太女,所以母女联合起来,由韦氏亲自制饼,把毒药放入馅中。中宗食饼中毒而死。

为了满足自己的权力欲,竟然伙同生母杀死自己的亲生父亲,安乐公主的行为为世人所唾弃。

90. 虢国夫人

【生平考略】唐蒲州永乐(今山西芮城县)人,生年不详,约卒于至德元年(公元756年)。她是唐玄宗贵妃杨玉环的姐姐,父杨玄琰曾任蜀州司户,她随之居住在蜀中,长成嫁裴氏为妻。裴氏早亡。后经其妹杨贵妃引荐入宫,跟另两个姐姐一起被唐玄宗封为虢国夫人、韩国夫人和秦国夫人。

虢国夫人杨花花排行第三,以天生丽质自美,不假脂粉。杜甫《虢国夫人》诗云:“虢国夫人承主恩,平明上马入金门。却嫌脂粉宛颜色,淡扫蛾眉朝至尊。”(《杜诗详注》卷二)乃为事实之写照。

【主要劣迹】三夫人被封后,并承恩泽,出入宫掖,势倾朝野,公主以下皆持礼相待。此外,杨贵妃堂兄杨铦、杨锜也日见隆遇,时人号为五杨。五杨宅中,四方赂遗,日夕不绝,官吏有所请求,但得五杨援引,无不如志。随着杨贵妃的宠遇加深,尤其是魏、韩、秦三夫人也宠遇愈隆,唐玄宗每年赏赐给她们的脂粉钱就有千贯之多。而五杨又竞相构筑宅第,互相攀比,见所建比自己住宅宏丽的即拆撤重建,每建一堂花费都在千万以上,土木之工,昼夜不息。这其中又属虢国夫人最为豪侈,所建新宅园的中堂召工圬墁,约用钱200万贯,圬工还求再加厚赏。虢国夫人增给绛罗500疋,尚嫌不满意,且嗤鼻夸言:可取蝼蚁、蜥蜴,散置堂中,一一记数,过后收取,若丢失一物,即不受工钱。由此不难想见她豪侈的情况。

此外,虢国夫人的堂兄杨国忠也得宠于唐玄宗,五杨又添一杨,当时都城中有歌谣唱道："生男勿喜女勿悲，生女也可妆门楣。"唐玄宗每年十月要游幸华清宫，届时，虢国夫人与韩、秦两夫人，及杨国忠、杨氏兄弟一并从幸，车马仆从，连接数坊，锦绣珠玉，鲜华夺目。不久，杨铦去世，所剩杨氏五家，各自为队，队自异饰，分为一色，合为五色，仿佛云锦集霞，或百花之焕发。他们所经之处，沿途遗失丢弃的首饰珠宝玉器很多，香风飘达数十里。

虢国夫人还淫荡不羁，平时与唐玄宗眉来眼去，又与杨国忠同车来往，或三朝庆贺，或五鼓待漏，倩妆盈巷，蜡炬如昼，从不避嫌。

不久，秦国夫人死，虢国夫人和韩国夫人更权势冲天。当时十宅诸王和百孙院婚嫁，也都由她们两人介绍，而且每次介绍都要索取贿赂千贯之多，所奏请无不称旨。

安禄山叛乱后，唐玄宗准备让皇太子李亨为天下兵马元帅，监抚军国事。一时，虢国夫人与诸杨相聚而哭，随之谋划一番，让杨贵妃出面，谏阻了唐玄宗的内禅。但安禄山的叛军还是凶狠地向长安杀来，唐玄宗被迫逃离长安，路经马嵬坡（在今陕西兴平县）时，禁军大将陈玄礼密启太子诛杀杨国忠父子，随即禁军又逼迫唐玄宗下令让杨贵妃自缢而死。当时虢国夫人也逃出长安西行，当她得知杨国忠、杨贵妃相继遇难的消息后，与其子女及杨国忠妻一起骑马逃奔陈仓（治所在今陕西宝鸡市东渭水北岸）。县令薛景仙闻讯后，亲自率人追赶。虢国夫人仓惶中逃入竹林，在此杀死其子裴徽裴柔，然后自刎，未死，被薛景仙抓获，关入狱中。这时，虢国夫人并无惧色，从容询问抓她的为何人。不久，刎伤出血凝结喉中窒息而死，被葬在陈仓郊外。

杨贵妃因得宠于唐玄宗而扬名于时，事垂千史。虢国夫人又因杨贵妃扬名于时，事垂千史，虢国夫人的这种裙带关系正是当时政治昏暗的具体表现。她曾借助于这种裙带关系，一时权倾天下，奢侈挥霍，收受贿赂，浊乱朝政，对天宝时期唐朝的政治起了很坏的作用。

参考文献

车吉心主编:《中国皇后全传》,山东教育出版社 1993 年版。

赵剑敏主编:《细说后妃》,中国人民大学出版社 2007 年版。

肖黎、马宝珠、吕延涛主编:《影响中国历史的 100 个女人》,广东人民出版社 2003 年版。

金斯顿著:《中国四大美女传记文学　霓梦——西施》,华龄出版社 2001 年版。

金斯顿著:《中国四大美女传记文学　媚魂——杨玉环》,华龄出版社 2001 年版。

金斯顿著:《中国四大美女传记文学　色影——貂蝉》,华龄出版社 2001 年版。

金斯顿著:《中国四大美女传记文学　飞艳——王昭君》,华龄出版社 2001 年版。

德龄公主著:《我和慈禧太后》,刘雪芹译,长江文艺出版社 2004 年版。

利宝编著:《四大名妓之:李师师》,光明日报出版社 2002 年版。

利宝编著:《四大名妓之:董小宛》,光明日报出版社 2002 年版。

赵强、郑军著:《辽宫雄后:萧燕燕》,三秦出版社 2000 年版。

高志辰编著:《陈圆圆》,黑龙江人民出版社 2003 年版。

董云卿编著:《西施》,黑龙江人民出版社 2003 年版。

赵孟祥主编:《中国皇后全传》,中国社会科学出版社 1997 年版。

高阳著:《汉宫名媛王昭君》,团结出版社 2005 年版。

乔继堂著:《正说历朝八十后》,中国国际广播出版社 2005 年版。

石楠著:《一代名妓柳如是》,作家出版社 2005 年版。

丁燕石著:《正说孝庄》,浙江人民出版社 2006 年版。

尚爱兰著:《中国公主》,21 世纪出版社 2005 年版。

窃书女子著:《叶赫那拉——正说光绪皇后》,作家出版社 2006 年版。

刘培林著:《金陵八艳》,光明日报出版社 2006 年版。

[美]德龄著:《慈禧后宫实录》,沈紫、林清译,学林出版社 2002 年版。

林语堂著:《武则天正传》,陕西师范大学出版社 2006 年版。

上官平著:《超级女人:中国后妃正史》,中国青年出版社 2006 年版。

赵学儒编著:《正说历代非常女性全集》,武汉大学出版社 2006 年版。

王本刚主编:《历史在女人面前拐弯》,金城出版社 2006 年版。

鲍震培:《从案头到书场——“说书体小说”对樊梨花形象的再创作》,载《明清小说研究》,1998 年版。